广东省优秀社会科学家文库（系列一）

蔡鸿生自选集

蔡鸿生 ◎ 著

·广州·

版权所有　翻印必究

图书在版编目（CIP）数据

蔡鸿生自选集/蔡鸿生著．—广州：中山大学出版社，2015.11
[广东省优秀社会科学家文库（系列一）]
ISBN 978-7-306-05435-7

Ⅰ.①蔡…　Ⅱ.①蔡…　Ⅲ.①中外关系—文化交流—文化史—文集　Ⅳ.①K203-53

中国版本图书馆 CIP 数据核字（2015）第 215073 号

出　版　人：徐　劲
策划编辑：嵇春霞
责任编辑：熊锡源
封面设计：曾　斌
版式设计：曾　斌
责任校对：林彩云
责任技编：何雅涛
出版发行：中山大学出版社
电　　话：编辑部电话 020-84111996，84113349
　　　　　发行部 020-84111998，84111981，84111160
地　　址：广州市新港西路 135 号
邮　　编：510275　传　真：020-84036565
网　　址：http://www.zsup.com.cn　E-mail：zdcbs@mail.sysu.edu.cn
印　刷　者：广州家联印刷有限公司
规　　格：787mm×1092mm　1/16　17.5 印张　290 千字
版次印次：2015 年 11 月第 1 版　2015 年 11 月第 1 次印刷
定　　价：60.00 元

如发现因印装质量问题影响阅读，请与出版社发行部联系调换

蔡鸿生

1933年4月生,广东澄海人。中山大学历史系教授、博士生导师。中国中外关系史学会理事、中国海交史学会名誉会长、中山大学峒山基金杰出教师。长期从事世界古代史和中外关系史的教学和学术研究,主要研究领域包括唐代蕃胡的历史文化、市舶时代的南海文明、俄罗斯馆与中俄关系、清代广州与西洋文明等,在古代罗马史、中国佛教史等领域颇有建树,得到国际学术界的高度评价,是世界知名的中外关系史学家。1990年,获广东省普通高校教学优秀成果二等奖;1994年,获广东省优秀社会科学研究成果一等奖;2002年,专著《唐代九姓胡与突厥文化》获第三届中国高校人文社会科学研究优秀成果三等奖等。

"广东省优秀社会科学家文库"（系列一）

主　任　慎海雄

副主任　蒋　斌　王　晓　李　萍

委　员　林有能　丁晋清　徐　劲

　　　　魏安雄　姜　波　嵇春霞

"广东省优秀社会科学家文库"（系列一）

出版说明

哲学社会科学是人们认识和改造世界、推动社会进步的强大思想武器，哲学社会科学的研究能力是文化软实力和综合国力的重要组成部分。广东改革开放30多年所取得的巨大成绩离不开广大哲学社会科学工作者的辛勤劳动和聪明才智，广东要实现"三个定位、两个率先"的目标更需要充分调动和发挥广大哲学社会科学工作者的积极性、主动性和创造性。省委、省政府高度重视哲学社会科学，始终把哲学社会科学作为推动经济社会发展的重要力量。省委明确提出，要打造"理论粤军"、建设学术强省，提升广东哲学社会科学的学术形象和影响力。2015年11月，中共中央政治局委员、广东省委书记胡春华在广东省社会科学界联合会、广东省社会科学院调研时强调："要努力占领哲学社会科学研究的学术高地，扎扎实实抓学术、做学问，坚持独立思考、求真务实、开拓创新，提升研究质量，形成高水平的科研成果、优势学科、学术权威、领军人物和研究团队。"这次出版的"广东省优秀社会科学家文库"，就是广东打造"理论粤军"、建设学术强省的一项重要工程，是广东社科界领军人物代表性成果的集中展现。

这次入选"广东省优秀社会科学家文库"的作者，均为广东省首届优秀社会科学家。2011年3月，中共广东省委宣传部和广东省社会科学界联合会启动"广东省首届优秀社会科学家"

评选活动。经过严格的评审，于当年7月评选出广东省首届优秀社会科学家16人。他们分别是（以姓氏笔画为序）：李锦全（中山大学）、陈金龙（华南师范大学）、陈鸿宇（中共广东省委党校）、张磊（广东省社会科学院）、罗必良（华南农业大学）、饶芃子（暨南大学）、姜伯勤（中山大学）、桂诗春（广东外语外贸大学）、莫雷（华南师范大学）、夏书章（中山大学）、黄天骥（中山大学）、黄淑娉（中山大学）、梁桂全（广东省社会科学院）、蓝海林（华南理工大学）、詹伯慧（暨南大学）、蔡鸿生（中山大学）。这些优秀社会科学家，在评选当年最年长的已92岁、最年轻的只有48岁，可谓三代同堂、师生同榜。他们是我省哲学社会科学工作者的杰出代表，是体现广东文化软实力的学术标杆。为进一步宣传、推介我省优秀社会科学家，充分发挥他们的示范引领作用，推动我省哲学社会科学繁荣发展，根据省委宣传部打造"理论粤军"系列工程的工作安排，我们决定编选16位优秀社会科学家的自选集，这便是出版"广东省优秀社会科学家文库"的缘起。

本文库自选集编选的原则是：（1）尽量收集作者最具代表性的学术论文和调研报告，专著中的章节尽量少收。（2）书前有作者的"学术自传"或者"个人小传"，叙述学术经历，分享治学经验；书末附"作者主要著述目录"或者"作者主要著述索引"。（3）为尊重历史，所收文章原则上不做修改，尽量保持原貌。（4）每本自选集控制在30万字左右。我们希望，本文库能够让读者比较方便地进入这些岭南大家的思想世界，领略其学术精华，了解其治学方法，感受其思想魅力。

16位优秀社会科学家中，有的年事已高，有的身体欠佳，有的工作繁忙，但他们对编选工作都非常重视。大部分专家亲自编选，亲自校对；有些即使不能亲自编选的，也对全书做最后的审订。他们认真严谨、精益求精的精神和学风，令人肃然起敬。

在编辑出版过程中，除了16位优秀社会科学家外，我们还得到中山大学、华南理工大学、暨南大学、华南师范大学、华南农业大学、广东外语外贸大学、广东省社会科学院、中共广东省委党校等有关单位的大力支持，在此一并致以衷心的感谢。

广东省优秀社会科学家每三年评选一次。"广东省优秀社会科学家文库"将按照"统一封面、统一版式、统一标准"的要求，陆续推出每一届优秀社会科学家的自选集，把这些珍贵的思想精华结集出版，使广东哲学社会科学学术之薪火燃烧得更旺、烛照得更远。我们希望，本文库的出版能为打造"理论粤军"、建设学术强省做出积极的贡献。

"广东省优秀社会科学家文库"编委会
2015年11月

目录

学术自传 / 1

"商队茶"考释 / 1

《朔方备乘》俄罗斯馆纪事补正 / 25

清朝使臣与俄国汉学家的交往 / 39

俄罗斯馆与《资本论》中的王茂荫 / 55

突厥法初探 / 59

突厥奉佛史事辨析 / 81

唐代九姓胡礼俗丛说 / 98

唐代九姓胡崇"七"礼俗及其源流考辨 / 121

市舶时代广府的新事物 / 130

宋代广州蕃长辛押陁罗事迹 / 142

俄美公司与广州口岸 / 158

清代广州的荷兰馆 / 181

王文诰荷兰国贡使纪事诗释证 / 196

清代广州行商的西洋观 / 208

清初岭南僧临终偈分析 / 218

岭南尼庵的女性遗民 / 232

狮在华夏 / 242

哈巴狗源流 / 256

附录 蔡鸿生主要著述目录 / 265

学术自传

◎ 蔡鸿生

我是岭南土著，原籍澄海，1933年生于汕头市。从小经历社会动荡，缺乏健全的文化基因。1953年考上中山大学，从此才受到历史学的专业教育。1957年毕业，留校任教。1985年晋升教授，并兼任宗教文化研究所所长，至2006年退休。

经历过半个多世纪的风风雨雨，读书、教书，也写书，书生气倒沾了一些，专家型则尚未成型，只能算是一名跨世纪的历史学人而已。主要研究领域：俄罗斯馆与中俄关系、唐代蕃胡的历史文化、市舶时代的南海文明、清代广州与西洋文明。此外，还探讨过僧史和尼史。可以说，我所涉足的学术领域，不今不古，非洋非土，其客观的规定性就是要立足中国，放眼世界，考察不同时期双边互动的历史情景，尤其是两种异质文化从接触到交融的情景。略人所详和详人所略，是我一贯坚持的著述原则。

学问是一个望不到边际的认识领域，有起点而无终点。即使是大师巨子，也不敢宣称自己什么时候到顶了。人们耳熟能详的"学海无涯"、"学无止境"一类话，作为古代学者的悟道之言，在信息时代依然保持着它的棒喝作用。予生也晚，但与学问结缘却也颇久了。可惜悟性不高，一直未能深入学境的腹地，至今仍然是一个碌碌的"边民"，无任何"前沿"意识可言。像南宋诗人陆放翁那样的敏感："树杪忽明知月上，竹梢微动觉风生"，我是自愧不如的。倒是清代画家郑板桥的对子："多读古书开眼界，少管闲事养精神"，反而正中下怀。因此，长期安于在"自留地"上笔耕，不计较丰收还是歉收。按个人治学的习性，惯于进窄门，走小路，找陌生人交朋友。因此，凡所考述，只有拾遗补缺之微意，完全不存在成大器的奢望。古语云："不贤识小。"对我来说，要紧的是识小，至于贤不贤何妨待人评说。"我只想造希腊小庙。选山地作基础，用坚硬石头堆砌它。精致，结实，匀称，形体虽小而不纤巧，是我理想的建筑。"沈从文先生这段夫子自道，正合我心，但愿读者知之，谅之，教之。

　　早在八十多年前，陈寅恪先生就在《吾国学术之现状及清华之职责》一文中，语重心长地写道："今世治学以世界为范围，重在知彼，绝非闭户造车之比。"治学之路通向世界，是精神生产克服"小农意识"的必然趋势。安于一隅，不屑知彼或懒于知彼，往往会沦为"乡曲之学"，纵然没有自我陶醉，实则已经掉队了。我在唐代蕃胡研究中，尽管对国际突厥学和粟特学的成果不敢玩忽，但毕竟语言工具贫乏，能弄到手的书刊也寥寥无几，往往徒叹奈何。1996年秋季，应邀访问瑞典隆德大学和英国牛津大学，得以利用两校丰富的馆藏，补读了一些过去未读的书，在"知彼"方面略有寸进。但从总体上说，我对有关学术领域的了解，依然挂一漏万。明知不可"闭户造车"，却仍处于"贫血状态"，这是无可辩解的。季羡林教授生前为拙著《唐代九姓胡与突厥文化》作序时，使我又一次感受到来自前辈的督责："居今日而谈学问，必须中西兼通，古今融会，始能有所创获，有所前进。坐井观天，固步自封，是绝对不行的。任何学问，现在几乎都是世界性的。必须随时掌握最新动态，才真正能跟得上时代的步伐。稍一疏忽，即将落伍。"金玉之言，落地有声。时代的步伐已迈入21世纪，我虽然是一个诞生于20世纪30年代的人，仍然是希望"有所前进"的。

"商队茶"考释

清代对欧洲的茶叶贸易,分南北两路:南方由广州经海路输入西欧,北方由恰克图经陆路贩运俄国。欧洲人对"茶叶"的称谓,也因闽南方言与北方官话的差异而形成不同的借词:

> 英人呼茶曰"替",法人呼茶曰"代",俄人呼茶曰"柴"。茶、柴二音相近,以其贩走北路故也。①

北路茶叶贩运的基本形式是商队,故被称为"商队茶"。在近代欧洲茶叶市场上,俄国的"商队茶"具有比海运国家更强的竞争能力。关于这一点,米勒在《西伯利亚的征服和早期俄中交往、战争和商业史》中已经指出:"输入俄国的茶叶在味道上和质量上,比从广州运到欧洲的茶叶好多了。这两种茶叶也许原来一样的好;但是,据说经海洋运输大大损害了茶叶的香味。"魏源《海国图志》卷八三也作过如下解释:"因陆路所历风霜,故其茶叶反佳,非如海船经过南海暑热致茶味亦减。"

"商队茶"的独特性及其在欧洲商业竞争中的意义,早已引起马克思的注意。他除了指出在恰克图卖给俄国人的茶叶,"其中大部分是上等货,即在大陆消费者中间享有盛誉的所谓商队茶,不同于由海上进口的次等货";同时,还特别强调在对华关系中,"俄国人自己独享内地陆路贸易,成了他们没有可能参加海上贸易的一种补偿"②。难怪早在1840年,俄国就有人欢呼"一个恰克图抵得上三个省"③。对陆路贸易的垄断地位,不仅在两次鸦片战争期间形成俄国的商业优势,直接影响到后来列强在华势力范围的划分,而且,清代中俄关系的某些重大政治事件,也可从中找到经济的动因。例如,沙皇政府为什么对太平天国进行武装干涉,它致理

---

① 张德彝:《四述奇》卷一四,"光绪五年八月初六日"条。
② 马克思:《俄国的对华贸易》,《马克思恩格斯选集》第2卷,人民出版社1995年版,第9—10页。
③ 瓦西里·帕尔申:《外贝加尔边区纪行》,中译本,商务印书馆1976年版,第136页。

藩院的咨文说得一清二楚："因贵国内乱，以致我恰克图买卖连年壅滞，敝国欲迅速代平叛乱。"(《筹办夷务始末》，咸丰朝，卷一六)另一方面，"商队茶"贸易也与整个国际形势息息相关。例如1812年的拿破仑战争，引起俄国社会生活的动荡，使华茶运俄量急剧下降：1811年，经恰克图运俄的白毫茶46405普特，1812年仅为24729普特，几乎缩减了一半。① 可见，通过恰克图的"商队茶"贸易，其重要性是不应该低估的。

事实上，到了近代，恰克图贸易基本上就是茶叶贸易。1839至1845年间，茶叶已占恰克图全部出口商品的91%。② 然而，长期以来，人们对那条在18、19世纪联结中、俄两大帝国的"茶叶之路"，并未给予足够的重视。如果说，海运茶因与通商口岸的开放有关而引人注目，那么，"商队茶"则由于内陆转贩而被忽略了。从现存的清代文献看，无论是官方文书，还是私人著述，都缺乏对"商队茶"的系统记载，令人难以进行全面的钩索综合。这里暂且从考释若干重要的史料入手，借以探索"商队茶"兴起的背景、华商茶帮的盛衰，以及"俄茶倒灌"和俄罗斯馆与"商队茶"的关系，等等。所有这些，虽属一鳞半爪，却是全面考察中俄两国商务与外交的相互关系所不可缺少的研究。

一、茶叶入俄之始

俄国人并不是茶叶贸易的先驱。早在"商队茶"兴起之前，西欧的海运国家已经从中国南方贩运茶叶了。据薛福成《出使英德义比日记》"光绪十六年三月二十二日"条说：

> 中国茶之到欧洲，始于明万历四十年，荷兰之东印度公司携带少许，以供玩好。国朝顺治八年，荷兰始载茶至欧洲发售。越十年，茶市益行，英京始立茶税之律。当时甚为珍贵，馈送王公不过一二磅而已。又越三十年，茶务益盛，英京始多收茶叶之税。③

---

① 科尔沙克：《俄中通商历史统计概览》，喀山，1857年俄文版，第110页。
② 霍赫洛夫：《18世纪90年代至19世纪40年代中国的对外贸易》，《中国的国家与社会》，莫斯科，1978年俄文版，第93页。
③ 《庸庵全集》第八册。并参见施莱格尔：《茶叶初传荷兰考》，《通报》，1900年，第468—472页。

与上述情况相仿,"商队茶"在其形成过程中也经历了从礼品到商品的转变,但年代比海运茶略迟。在荷兰人首次携带茶叶入欧后四年,即万历四十四年(1616),哥萨克什长彼得罗夫才在卡尔梅克汗廷初尝茶味,并对这种"无以名状的叶子"表示惊异。至崇祯十三年(1640),俄使瓦西里·斯达尔科夫从卡尔梅克汗廷返国,带回茶叶200袋(每袋重3俄磅,1俄磅合409.51克),奉献沙皇,是为华茶入俄之始。①

清朝初年,来华的俄国使臣继续将茶叶作为礼品带回俄国。康熙十四年(1675),俄使尼果赖在觐见后接受"御赐"茶叶4匣,以及托他转送沙皇的茶叶8匣。② 除这种官方交往的礼品茶外,作为商品的茶叶也开始在俄境出售。17世纪后期,托波尔斯克市场上已有少量茶叶供应。③ 1674年(康熙十三年),莫斯科也有商店经营茶叶,零售价每磅30戈比,消费者为富裕人家,茶叶进口量还是不大的。④ 自康熙二十八年(1689)订立《尼布楚条约》后,根据该条约关于"嗣后往来行旅,如有路票,准其交易"的规定,边关贸易日益活跃,华茶经尼布楚入俄的数量也略有增长。如1698年(康熙三十七年),俄国"客商"加·罗·尼基丁采购的价值32000卢布的中国货,内有茶叶5普特(每普特重16.38千克)7俄磅,每普特按莫斯科市价为20~25卢布。⑤ 1699年(康熙三十八年),以郎古索夫为首的沙俄国家商队到达北京,⑥ 此后即隔三年一次,定期前来贩运金银、棉布、丝绸和瓷器,但尚未大笔成交茶叶。1729年至乾隆二十年(1755),俄国停派商队来京贸易,正式开放恰克图互市,茶叶才逐渐变成"买卖城"最大的买卖。据俄方记载,乾隆十五年(1750),经恰克图运俄的砖茶7000普特、白毫茶6000普特。嘉庆十五年(1810),这两类茶已达75000普特,几乎增长六倍了。⑦

恰克图互市的繁荣,吸引了越来越多的俄商,以至在1792年(乾隆

---

① 巴德雷:《俄国、蒙古、中国》,第2卷,伦敦,1919年英文版,第118页。
② 巴德雷:《俄国、蒙古、中国》,第2卷,伦敦,1919年英文版,第398页。
③ 维尔科夫:《十七世纪托波尔斯克市场的中国货》,《苏联历史》,1958年第1期,第110页。
④ 科尔沙克:前揭书,第51页。
⑤ 《客商尼基丁在西伯利亚和中国经商记》,载《巴赫鲁申学术著作》第3卷,莫斯科,1955年俄文版,第242页。
⑥ 《故宫俄文史料》,1936年版,第274—275页。
⑦ 斯卡里科夫斯基:《俄国在太平洋的商务》,彼得堡,1883年俄文版,第141页。

五十七年）订立《恰克图市约》时，俄方已正式组成六大商帮：（1）莫斯科帮——经营呢绒、海象皮、海獭及其他俄国货；（2）土拉帮——经营羊羔皮、猫皮和小五金；（3）阿尔扎马斯克、伏洛格达帮——经营芬兰狐皮和北极狐皮；（4）托波尔斯克帮和（5）伊尔库茨克帮——均经营皮革、貂皮、狐皮和毛外套；（6）喀山帮——专营皮革制品。① 这些用毛皮换取茶叶的俄国商帮，开创了"彼以皮来，我以茶往"（《朔方备乘》卷三七）的贸易传统，使"商队茶"不仅在贩运形式上而且在交换内容上，都与海运茶截然不同。

二、"西帮茶商"的贩运活动

在恰克图互市中，俄国商帮的对手是山西商人，即所谓"西帮茶商"。《朔方备乘》卷三七云：

> 其内地商民至恰克图贸易者，强半皆山西人，由张家口贩运烟茶、缎布、杂货，前往易换各色皮张、毡片等物。

山西人"善贾"，在中国历史上早已出名。据《北史》卷一五《魏宗室常山王遵传》载："河东俗多商贾，罕事农桑，人至有年三十不识耒耜。"这种河东古俗，一直保持到清代。《阅微草堂笔记》卷二三云："山西人多商于外，十余岁辄从人学贸易，俟蓄积有资，始归纳妇，后仍出营利。"清初为内务府办进皮张的"八家商人"，也均籍隶山西。乾隆《万全县志·志余》对此记述颇详：

> 八家商人者，皆山右人，明末时以贸易来张家口。曰王登库、靳良王、范永斗（斗，《介休县志》卷九作"年"字）、王大宇、梁嘉宾、田生兰、翟堂、黄云发，自本朝龙兴辽左，遣人来口市易，皆此八家主之。定鼎后，承召入都，宴便殿，蒙赐上方服馔。自是每年办进皮张，交内务府广储司。

---

① 科尔沙克：前揭书，第94—95页。

山西商人既有悠久的贸易传统，清初又获得较高的政治地位，因此，关内与塞外的商业联系，便长期掌握在他们手中。对"商队茶"的贩运，吸引大批山西商人深入武彝茶区。关于武彝茶区"西商"的财力和风度，在衷干《茶市杂咏》①中有具体的记述：

清初茶叶均由西客经营，由江西转河南运销关外。西客者，山西商人也。每家资本约二三十万至百万。货物往还，络绎不绝。首春客至，由行东至河口欢迎，到地将款及所购茶单点交行东，恣所为不问。茶事毕，始结算别去。

张家口是西帮茶商屯栈之地，从福建采买的茶叶都在这里接运，经"买卖路"转贩"买卖城"（恰克图）。据咸丰十年九月察哈尔都统庆昀奏：

由口赴恰道路，除军台之外，商贾之路有三，分东西中：东路自乌兰坝入察哈尔正蓝旗界，经内札萨克西林郭勒盟之阿巴噶王、阿巴哈那尔贝子等旗游牧，入外萨克车臣汗部落之阿海公旗游牧，经达里冈爱东界，入车臣汗部落之贝勒等旗游牧，达于库伦，由库伦方达恰克图，此东一路也。西路自土默特翁棍坝、河洛坝，经四子部落沙拉木楞图什业图汗旗，至三音诺彦旗分为两路，其一西达里雅素台科布多，其一东达库伦，由库伦达恰克图，此西一路也。中路自大境门外西沟之僧济图坝，经大红沟、黑白城子镶黄旗牛群大马群、镶黄旗羊群各游牧，入右翼苏呢特王旗，经图什业图汗车臣汗部落之贝勒阿海公等旗游牧，渡克鲁伦河达库伦，方达恰克图，此中一路也。

自张家口至恰克图，计程约4300余里，地旷人稀，风餐露宿，且行且牧，三路均极艰难。因此，西帮茶商不得不结队而行，其组织形式大体如下：

晋中行商，运货来往关外诸地，虑有盗，往往结为车帮，此即秦

---

① 《中国近代手工业史资料》，第一卷，第304页。

西之商队也。每帮多者百余辆，其车略似大古鲁车（达呼利之车名），轮差小，一车约可载重五百斤，驾一牛，一御者可御十余车，日入而驾，夜半而止，白昼牧牛，必求有水之地而露宿焉。以此无定程，日率以行三四十里为常。每帮车，必挈犬数头，行则系诸车中，止宿则列车为两行，成椭圆形，以为营卫。御者聚帐棚中，镖师数人，更番巡逻。入寝，则犬代之，谓之卫犬。①

山西茶帮以牛车为家，俗名"一间房"。道光年间遣戍军台的诗人吴嘉宾，曾赋《塞上新乐府八首》，其中《一间房》诗自注云："张家口牛车赴恰图（恰克图）商贾，长年往来不息，以车为家，名一间房。"

不过，牛车并非唯一的运输工具，到了冬季，塞外草衰，骆驼似乎更适于远行。姚元之《竹叶亭杂记》卷三，记骆驼队自库伦抵恰克图的情景如下：

> 客货俱载以骆驼，俄罗斯人每以千里镜窥之，见若干骆驼，即知所载若干物，商未至前四五日已了然，盖其镜已见于三四百里外矣。

因此，俄国驻恰克图的商务专员对华商货物的记载，也采用骆驼和大车两种计算单位。如1817年（嘉庆二十二年），运抵买卖城的中国货为2500驼和1420车；1818年（嘉庆二十三年）为3450驼和1420车。道光年间的贸易额继续增长，1829年（道光九年）已达9670驼和2705车了。②

显然，鸦片战争前"西帮"贩茶数量已经相当可观，据《海国图志》卷八一云：

> 俄罗斯茶在北边蒙古地方买去。在一千八百三十年买去五十六万三千四百四十榜（磅），在一千八百三十二年买去六百四十六万一千

---

① 《清稗类钞》第17册，第73页。并参见［日］寺田隆信著，张正明等译：《山西商人研究》，山西人民出版社1986年版，第303—313页。

② 霍赫洛夫：前揭书，第96—97页。并参见庞义才、柒绍淼：《论清代山西驼帮的对俄贸易》，《晋阳学刊》，1983年第4期，第12—21页。

棒（磅），皆系黑茶，由喀（恰）克图旱路运至担色（托木斯克），再由水旱二路分运娜阿额罗（下诺夫哥罗德）。

尽管恰克图茶市规模日益扩大，但从经营方式看，则仍具有结队贩运和以货易货两大特色。因此，即使在生意兴隆的19世纪上半期，"商队茶"贸易也还是一种中世纪式的贸易。恩格斯指出："俄国人在进行低级形式的贸易，利用有利情势和玩弄与此紧密相连的欺骗手腕方面，都具有几乎无与伦比的本领。"① 恰克图互市，正是俄商施展这种本领的场所。据俄方记载，19世纪50年代中期，"买卖城"的中国商号（即"铺子"）达一百家，"其中九十家有铺面，但仅三十七家与俄商做批发生意，其余都是小商"②。多年的批发生意，使中国商号背上了无法兑现的"夷商钱票"包袱，陷入极端被动的状态。据咸丰二年（1852）十月乙未，库伦办事大臣奏称：

> 现在商民所存夷商钱票，以银计算，共合八万余两。设骤行禁止，夷商不肯按票偿银，恐苦累商民，易生情节。③

西帮茶商所受的"苦累"，随着中国社会半殖民地化的加深，终于变成了一种苦难，迫使他们在第二次鸦片战争期间，一度只卖不买。马克思曾指出这个情况："在恰克图的边境贸易，事实上或条约（按：指《恰克图界约》）上都是物物交换，银在其中不过是价值尺度。1857—1858年的战争迫使中国人只卖不买。于是银就突然成了购买手段。俄国人为了遵守条约上的字句，把法国的五法郎银币铸成粗陋的银器，用来当作交换手段。"④ 鸦片战争后，俄国加紧对华商业扩张，西帮茶商在恰克图的传统地位面临新的挑战。俄方力争陆路自运的特权，以便"俄国商人由陆路

---

① 恩格斯：《论俄国的社会问题》，《马克思恩格斯选集》第2卷，人民出版社1995年版，第618—619页。
② 科尔沙克：前揭书，第328页。
③ 《筹办夷务始末》，咸丰朝，卷六。
④ 马克思：《政治经济学批判》，《马克思恩格斯全集》第13卷，人民出版社1998年版，第140页。

出入中国直至南方各省，购买商品并发回俄国"①。

正像通商口岸的开放使广东"十三行"失去对海运茶的控制一样，西帮茶商的没落，也与沙俄取得陆路通商的特权分不开。据同治七年（1868）八月恭亲王等奏称：

> 从前恰克图贸易之盛，由于俄人不能自入内地贩运，自陆路通商以后，俄人自行买茶，不必与华商在口外互换，因之利为所夺；兼且道途梗阻，货物渐稀；商东又因湖北汉口等处屡次遭兵，资本荡然，将恰克图存本陆续提用，以致生理益绌。

按《中俄陆路通商章程》订于同治元年（1862），至同治八年（1869）又另订《改订陆路通商章程》，放宽原有限制并削减税额。它对西帮茶商的打击，至光绪初年已达到极其严重的地步。据光绪六年（1880）十月二十六日，王先谦片云：

> 从前张家口有西帮茶商百余家，与俄商在恰克图易货，及俄商自运后，华商歇业，仅存二十余家。②

仅仅三十年间，西帮茶商便因"生理益绌"而纷纷"歇业"，只剩下五分之一的商号了。这种急转直下的贸易颓势，固然主要是"俄人自行买茶"所造成的，但从清朝那套对"商队茶"的管制方法看，封建主义对商业资本的盘剥，确实也是非同小可的。

三、"部票"制度的沿革

清政府对边关互市，也像对口岸贸易一样，历来实行严格的管制。与西帮茶商关系极其密切的"部票"制度，是在嘉庆四年（1799）正式订立的。《朔方备乘》卷三七云：

---

① 巴尔苏科夫：《穆拉维约夫——阿穆尔期基伯爵》，中译本第2卷，商务印书馆1974年版，第204—205页。
② 《清季外交史料》卷二四。

四年，奏定贸易商人支领部票章程，嗣后察哈尔都统、归化城将军、多伦诺尔同知衙门给票后，即知照所往地方大臣官员衙门，不准听其指称未及支领部票由别衙门支领路引为凭贸易，一经查出，照无部票例治罪。其商人部票，着大臣官员检验存案，务于一年之内勒令催回，免其在外逗留生事。如商人已到所往地方，欲将货物往他方贸易者，即呈报该处衙门给予信票，一面知照所往地方衙门。再遇有私行贸易并无部票者，枷号两个月，期满笞四十，还回原省，货物一半入官。

至同治元年（1862），又奏准：

商人在恰克图贸易，向于理藩院领取茶票，嗣后仍按旧章。每茶三百箱，作票一张，收规银五十两。所领商票仍限一年缴销。①

可知，"部票"即商队贸易的营业执照，与作为通行证的"路引"不同。现参照其他有关记载，把上述章程与实施情况结合起来，对"部票"制度略作如下的说明。

第一，"部票"又称"院票"，其颁发权力属于理藩院，申请及查验手续则在"张理厅"，即张家口理事同知衙门办理。察哈尔都统庆昀对其职责范围是很清楚的："富商大贾往来恰克图等处贩货，向由张理厅开造请领茶票姓名字号，前赴理藩院领取印票来口，如商货起运之时，先期报明，于票尾加用印信，查验放行。"（《筹办夷务始末》，同治朝，卷一五）

第二，"部票"支领后，在贩运过程中还应到库伦换领"信票"前往边境，抵买卖城再将部票呈验，方算完成合法贸易的全部程序。《竹叶亭杂记》卷三对此有明确的记述："我之货往客商由张家口出票，至库伦换票，到彼缴票。"无票或以路引充票者，科同罪，所谓"货物一半入官"，并不意味着另一半留归原主。按咸丰五年（1855）八月部院章京巴克唐阿在恰克图处理的案例，其实是"货物一半照例充公，一半赏给原拿之人"，即缉私者。这就是说，一经破获，全数没收。

第三，"部票"有效使用期为一年。每票法定的贩货量，有两种折算

---

① 《大清会典事例》卷九八三。

法：或按茶箱计算，"每茶三百箱，作票一张"。武彝茶的包装规格为"每净茶一箱按中国库平重五十五斤，连包裹茶箱重足八十斤"（咸丰八年《中俄关于议结塔城焚俄贸易圈案议定条款》）；或按骆驼计算，"每票一张，行商驮货以二百驼为率"，照塞外交通惯例，"每驼一只驮载茶斤，总以二百五十斤以下"（《筹办夷务始末》，同治朝，卷五一）。小本铺户驮载茶斤不能成票者，附搭大铺票内，各自造送清单报验，名为"朋票"。

很清楚，在"部票"制度之下，西帮茶商的贸易活动，在时间空间上都没有自由。章程中"务于一年之内勒令催回，免其在外逗留生事"的条文，非常鲜明地表现出封建强制的性质。至于他们每年从张家口"出票"多少，清代文献缺乏系统记载。俄国外交档案，则有如下的数字：1850年（道光三十年）出票268张，分发商号五六家，大商号出票可达6张以上，中小商号则4张、2张、1张不等。计自1851年（咸丰元年）至1855年（咸丰五年），张家口60家做恰克图生意的大商号，每年出票共为400至500张。① 至于同治年间的情况，这里只能引片断资料，以见一斑。计自同治元年（1862）九月起至次年三月止，张家口"市圈商民领院票后运赴恰克图售卖者，已至二百五十四票"（《筹办夷务始末》，同治朝，卷一五）。这些票商的捐税负担十分沉重，与俄商相比，处于非常不利的地位。据同治七年（1868）正月恭亲王奏：

> 俄商贩茶回国，止纳正税一项，而华商贩茶出口，交纳正税之外，到恰克图后，复交票规每张五十两。咸丰十年，因军饷支绌，奏准每商票一张，在察哈尔都统衙门捐输厘金六十两，凑拨察哈尔驻防常年兵饷。华商厘纳既重，获利无多，是以生计日穷，渐行萧索。②

一票贩运的茶斤总值"合银六千两"（即每箱二十两），要剥三层皮：正税（按每箱四两计、一票纳税银一千二百两），票规（五十两，至光绪初年，又加门丁十三两，领催十三两，共七十六两），加百分抽一的厘金（六十两），自然"获利无多"了。可见，西帮茶商从1860年代末期起

---

① 霍赫洛夫：前揭书，第94—95页。
② 《筹办夷务始末》，同治朝，卷五八。

"渐行萧索",是与清政府越来越把"部票"制度变成一种搜刮手段相联系的。

在"生计日穷"威胁下,山西商人曾一度改陆运为水运,但仍无法从俄商手中夺回利权。据刘坤一《议覆华商运茶赴俄、华船运货出洋片》"光绪七年正月十五日"条云:

> 自江汉关通商以后,俄商在汉口开设洋行,将红茶、砖茶装入轮船,自汉运津,由津运俄,运费省俭,所运日多,遂将山西商人生意占去三分之二。而山西商人运茶至西口者,仍走陆路,赴东口者,于同治十二年禀请援照俄商之例,免天津复进口半税,将向由陆路运俄之茶,改由招商局船自汉运津,经李鸿章批准照办,惟须仍完内地税厘,不得再照俄商于完正半两税外,概不重征,仍难获利,是以止分二成由汉运津,其余仍走陆路,以较俄商所运则成本贵而得利微,深恐日后俄商运茶更多,而山西商人必致歇业。①

一面是俄商的竞争,一面是官府的勒索,终于酿成"商队茶"贸易的危机。到同、光之际,西帮茶商已视"买卖路"为畏途了。

四、"西商"改道与"南柜"兴起

中俄陆路贸易,自咸丰元年(1851)签订《中俄伊犁塔尔巴哈台通商章程》后,添设伊犁、塔城两地,连同恰克图共开三处通商。因此,"商队茶"的贩运,也有"西路"与"北路"之分。

西路茶商称为"西商",与在恰克图互市的"北商"虽同为山西人,贸易活动却是大异其趣的。大体而言,有三方面的不同:

(1)经营项目。西商一贯在安徽建德采办朱兰茶,又名千两茶;而北商所贩茶斤,则为福建武彝茶或白毫茶。

(2)贩运路线:"此项千两朱兰茶,专有茶商由建德贩至河南十字店,由十字店发至山西祁县忻州,由忻州而至归化,转贩与向走西疆之商,运至乌鲁木齐、塔尔巴哈台等处售卖。"故不走张家口、恰克图

---

① 《刘坤一遗集》第二册,中华书局1959年版,第607—608页。

一线。

（3）销售对象。"此项千两朱兰茶，惟西洋人日所必需，非俄人之所用，伊亦不买。"①

可见，西商与北商各有活动领域，原是互不相干的。然而，这种平分秋色的状态，到1860年代中期便因清朝发生政治危机而被打乱了。

同治三年（1864），在太平天国运动影响下，库车、伊犁一带爆发农民起义，反清斗争波及天山南北。经行西路的"商队茶"受阻，不得不谋求改道运销。同治六年（1867），西商程化鹏、余鹏云、孔广仁等，呈请绥远城将军准予"由恰克图假道行商"，"所经之路，由归化城走喀尔喀部落，即至库伦，由库伦即至恰克图，由恰克图出向俄边，即由俄卖予西洋诸商"。这份呈文郑重声明："张家口商民向贩运武彝茶斤，系福建土产；程化鹏等向办之货，系安徽土产，各不相碍。"（《筹办夷务始末》，同治朝，卷五一、五六）次年，经总理衙门、户部和理藩院派人调查，证实"西商贩茶至恰克图地方，与北商生计毫无妨碍"（《筹办夷务始末》，同治朝，卷六一）。因此，总理衙门正式议奏："姑准西路之茶，改由北路出恰克图一带销售，仍俟西疆收复，改照旧章。"（《筹办夷务始末》，同治朝，卷五四）

同治十年（1871），沙俄侵占伊犁地区，进行长达十年的殖民统治。在整个伊犁危机期间，当然不能复兴西路，"改照旧章"。同治十一年（1872），署伊犁将军荣全奏："请饬采购茶斤，拟招集华商，渐聚各城，冀复从前旧规，以免行使俄票之累。请于绥远城代买挂锡裹箱，每箱重约六七十斤红梅茶二百箱，上细朱兰茶二百箱，解赴科布多，储存备用。"（《筹办夷务始末》，同治朝，卷八八）尽管如此，自改道恰克图之后，西商已再难招集了。建德茶区的命运，也相应地发生重大变化。据《益闻录》第二六七号报道：

> 建德为产茶之区，绿叶青芽，茗香遍地，向由山西客贩至北地归化城一带出售。同治初年，则粤商改作红茶，装箱运往汉口，浮梁巨贾，获利颇多。自光绪四年后，茶价暂低，因而日形减色。今岁（光绪九年）价更不佳，亏本益甚，故茶商之往建德者较往年仅得一

---

① 均见《筹办夷务始末》，同治朝，卷五六。

半，而市面荒凉几无人过问。

西商改道后，代之而起的，是陕甘总督左宗棠一手扶植的湖南茶帮。湖南的"广庄红茶"，又名"洋庄红茶"，是在太平天国起义期间显露头角的。据同治《安化县志》卷三三云：

> 咸丰间，发逆猖狂，园客裹足，茶中滞者数年。湖南通山夙产茶，商转集此。比逆由长沙顺流而窜，数年出没江汉间，卒之通山茶亦梗。缘此沽帆取道湘潭，抵安化境，倡制红茶，收买畅行西洋等处，称曰广庄。

"广庄"之称，因倡制红茶为广东商人而得名。在清代茶业中，改制红茶几乎都与粤商有关，建德如此，安化也不例外。随着茶业日益畅旺，湖南自咸丰六年（1856）起办理茶捐，"洋庄红茶"除山户厘金外，经茶商采做成箱者，每箱"收银六钱"（《筹办夷务始末》，同治朝，卷五）。靠茶起家者，不乏其人。例如，著名的湘帮茶商朱紫桂，就是在咸、同之际崛起的。《清稗类钞》第一七册，有一段他的发家史：

> 湘乡朱紫桂，初赤贫，读书村塾，三月而辍，以樵采营生。成童，执爨于米肆，甚勤。巨商刘某委之司店事，尤干练。越数年，以所得薪资红利，自设一肆，积千余金，遂业红茶，岁盈巨万，时同治丁卯也。紫桂既小康，即以少年失学为憾而补读，既而逐岁贸茶，积资近百万，湘枭汉浒，几无不知有朱紫桂名矣。

按"同治丁卯"为六年（1867）。如前所述，可知程化鹏改道行商之日，也即朱紫桂业茶致富之时。两事同系一年，是非常值得注意的。因为，从此之后，湘帮茶商便逐步主宰了新疆的茶叶市场。

在清代经济生活中，"湘枭汉浒"之货，由楚达陇，行销西北，早已有之。因此，左宗棠任陕甘总督（同治八年十月至光绪六年十一月）期间，添设"南柜"，引湘红入疆，可说是沿故道，创新业。据《左文襄公奏稿》卷四五《甘肃茶务久废请变通办理折》（同治十三年二月十六日）云：

> 甘省茶商，旧设东、西两柜。东柜之商，均籍山、陕；西柜则皆回民充商，而陕籍尤众。乱作，回商多被迫胁，死亡相继，存者寥寥。山西各商逃散避匿。焚掠之后，资本荡然。引无人承，课从何出？
>
> 甘省行销口外之茶，以湖南所产为大宗，湖北次之，四川、江西又次之。
>
> 兹既因东、西两柜茶商无人承充，应即添南柜，招徕南茶商贩，为异时充商张本。

经过左宗棠精心扶植，"南茶商贩"完全取代了"山西各商"的地位，终于形成这样的局面："在上个（19）世纪70年代中国当局对西部边区的茶叶贸易实行了专卖垄断，只允许湖南商人经营茶叶。"① 晚清湖商三"巨擘"，就是由此孕育出来的。刘声木《苌楚斋续笔》卷九备记其事：

> 光绪年间，湖南一省以贩运安化红茶至俄国出售，后皆成巨富。其中尤以湘潭叶焕彬吏部德辉、余介卿观察金声、长沙朱雨田阁学三人为巨擘。三家之中，又以朱雨田阁学称最。

按朱雨田，名昌琳，为"南柜"总商，在长沙设"乾益"银号，在新疆设"乾益升"茶庄，领票包运西北，转销俄国。② 因此，光绪二十一年（1895），湖南巡抚陈宝箴"设官钱局、铸钱局、铸洋圆局，以朱公昌琳领之"（《散原精舍文集》卷五）。起用巨富办钱局，也堪称知人善任了。

当"南柜"极盛之时，湘秤与库秤并行于新疆茶市，声势是非同凡响的。然而，在湘红大走红运的时候，一个阴影已经跟在它后面了，这就是印度红茶倾销欧洲所造成的威胁。正如黄遵宪《岁暮怀人诗》所慨叹那样："天竺新茶日本丝，中原争利渐难支。"光绪十三年（1887），户部

---

① 鲍戈亚夫连斯基：《长城外的中国西部地区》，商务印书馆1980年版，第170页。
② 《湖南省志》一，第101页。

主事缪佑孙奉命赴俄考察商务，曾与阿蝶沙（敖德萨）茶商列弯拉宾诺维池晤谈，获悉"英人以印度茶夺华商利十分之二三，俄境亦颇有贩者，用以参和，更无他异"（《俄游汇编》卷八，"光绪十四年五月十八日"条）。这种打击华茶的"参和"术，是俄商从英商学来的：

  南洋、印度、日本之茶，虽不及中茶之腴丰，然英人巧伪，每于十分之中掺入三四分，乃几乎无以辨之。其尤作伪者，乃于印度茶中掺用华茶，云此即印度茶也，人人贪其价之稍廉而争购之，以为与华茶无大分别也。其分掺时华茶多而印茶少，故不能辨；久之而华印各半，又久之而印茶多，华茶益少，以是潜为转移。

上述情况，是王之春在《使俄草》卷六，"光绪二十一年（1895）三月初十日"条揭露的。华茶与印茶"潜为转移"的结果，湖南"洋庄红茶"便变成洋商"巧伪"的牺牲品，滞销日甚，不得不另谋出路了。

五、吴大澂购办红茶运俄试销始末

清末湖南茶业的颓势，曾经引起地方督、抚的关切。吴大澂购办红茶运俄试销，就是一次挽狂澜于既倒的努力。

大澂字清卿，又字愙斋，江苏吴县人。工篆书，精金石，富收藏，亦官亦学，颇负时望。在湖南巡抚任上，吴大澂于光绪二十年（1894）八月二十七日与湖广总督张之洞联名上奏：

  近年湖北、湖南两省，茶商颇多亏累，半由茶色不佳，或遇阴雨潮湿，或有掺和粗杂，以致不能得价；半由洋商压镑、退盘、割价，多方刁难，而此项红茶除洋商之外，别无销路，以致甘受抑勒。

其实，茶商、园户是不甘受俄商抑勒的。张之洞在其《晓谕理产茶各处示》（光绪二十年五月初七日），曾披露过一个这样的事例：

  本年三月间，俄国百昌茶行（按即 K. S. Popoff Bros）商人达尼罗夫前赴羊楼峒（湖北咸宁境内）办茶，行至新店地方，被该处闲人围绕，内有无知顽童掷石致伤，并于羊楼峒地方出有匿名揭贴……揭贴谓中国茶务向来称盛，近因洋人来此，以致亏累等语。①

针对茶商亏累和民怨日增这种情况，两湖的督抚大吏决定由官府出面，选办红茶运俄试销：

> 经饬江汉关道恽祖翼选办上等红茶二百箱，南北两省各半，与俄商设法婉商，即附其茶船运赴俄国阿叠萨（敖德萨）海口试行销售。经臣电商出使俄国大臣许景澄，托其代为委员照料。其茶价、箱工、杂费、出口关税等项，共洋例银五千四百七十二两零。
>
> 复经臣吴大澂电商俄商佘（当作"佘"）威罗福，拟再购红茶若干箱，分运俄境，水陆两路试销，即托该商照料。旋接复电商允，已经饬江汉关道恽祖翼照办。旋据复称，头茶早已销毕。复经设法选购二茶中之最上红茶一百二十箱，亦作南北两省各半，发交顺丰洋行，分运俄境，水运之漠斯科洼（莫斯科），陆运之恰克图，两路试销。计茶价、箱工、杂费、出口关税等项，共洋例银一千八百一十六两五钱零。②

于此可知试销茶斤很少，总共才 320 箱，尚不足两张"茶票"的贩运量。在"商队茶"的历史上，这只是沧海一粟。但托运红茶牵涉的人事，却是值得注意的。吴大澂与俄商佘威罗福的关系，其历史渊源如何，颇有探讨的必要。

俄商佘威罗福，在清代文献中又译成"佘威罗伏"或"佘威列甫"，即米·格·舍维略夫（Михахл Григорьевич Щевелев），1863 年（同治二年）毕业于恰克图华文馆。③ 缪佑孙《俄游汇编》卷八，曾记其人其事如下：

> 佘商于海参崴，曩年珲春勘界，曾充该国翻译官，盖少时游学于

---

① 《张文襄公公牍稿》卷二八。
② 《清季外交史料》卷九产主。
③ 斯卡奇科夫：《俄国汉学史纲》，莫斯科，1977 年俄文版，第 113 页。

中国，通华文，解华语，且洞达中外人情世故者也。

按珲春勘界，事在光绪十二年（1856）。当时，吴大澂以"钦差会办北洋事宜大臣、都察院左副都御史"的头衔，作为清方首席代表参加谈判。他与俄国"翻译官"佘威罗福，有过三次会外的接触：

> 四月二十一日，拜会俄员，内有"佘威罗伏，火轮洋商公司"；
> 六月十六日，"巴拉诺伏（东海滨省巡抚兼理军务将军，俄方首席代表）与马秋宁（南乌苏里界务官）、多谟日落伏、佘威罗伏同来，聚谈竟日"；
> 六月二十九日，吴大澂"与巴使同车至佘威罗伏家宿焉"。①

吴氏记佘威罗福供职于"火轮洋商公司"，与缪佑孙说"佘商于海参崴"是一致的。据俄文资料，此人早在1880年（光绪六年）已在海参崴创办航运公司，拥有火轮"贝加尔号"，每年由沙皇政府资助6000卢布，往来汉口、上海、长崎各地，包运客货邮件。② 自1876年起，他与托克马科夫在汉口合资开办茶行，至1883年初，佘威罗福拆股独立经营，该行遂改字号为"新泰洋行"。吴大澂与这名茶业和航运业的老板既已结识在先，日后将运俄试销的红茶"托该商照料"，就不难理解了。至于他发交红茶的"顺丰洋行"，则是俄商李特维诺夫1863年（同治二年）在汉口创办的砖茶厂。19世纪90年代该厂已经年产茶15万箱，成为两湖红茶加工和外运的操纵者了。

吴大澂以湖南巡抚的身份，为疏通湖南红茶外销的渠道，不惜求助于萍水之交的佘威罗福，可谓用心良苦矣。至光绪二十五年（1899），张之洞在《购茶运俄试销有效拟相机酌办折》中，对试销沾沾自喜，并主张扩充仿办：

> 佘威罗福代销茶价计本仅一千九百余两，现赢出八百余两，利息尤为独优。查中外通商以丝茶为大宗，关系厘税巨款。近来茶市年逊

---

① 顾廷龙：《吴愙斋先生年谱》，哈佛燕京学社，第135—145页。
② 斯卡里科夫斯基：前揭书，第463页。

一年，远不及前。若不极力整顿，一听江河之日下，则茶务之盈绌，实为国计民生利病所攸系。前年运俄红茶既查明确有厚息，以后自当扩充仿办。官为之倡，商为之继。驯至招商局可以自造茶船，自立公司，于俄境自设行栈销售，收回利权，庶于商务厘税不无补益。惟上次运茶赴俄，系托俄商茶船带往，该船甚为不愿，再三婉商，勉强依允，言以后不能再带。缘俄商专造茶船，兼程取利，行驶最速，工费最多，故不欲中茶附装以分其利。且以后俄商佘威罗福能否再允代售，亦不可知。臣当设法相机与俄商俄船婉商，如肯代寄代销，再当会商湖北、湖南两抚臣酌量筹款，续行购运销售，以究商情。

但托俄商、附俄船，无异自投弱肉强食的罗网，纵然分到一杯残羹，也挽救不了江河日下的颓势。更何况"中茶附装以分其利"，俄商已声明下不为例，是注定要失败的。果然仅此一试，那个受制于人的"水陆两路试销"计划，便烟消云散了。

六、"俄茶倒灌"——"商队茶"的终结

"商队茶"的终结，是与传统的茶叶之路被西伯利亚铁路所代替相联系的。光绪二十六年（1900）七月初一日，工部左侍郎杨儒在变法条议中说："悉卑利铁路克日告成，陆路通商，强邻逼处，满蒙情形从此一变。"（《清实录·宣统政纪》卷四七）上述预见，完全被往后的事实所证明："这条铁路像铁链一样把欧洲和亚洲连接起来，它使东方地区的移民和经济的发展起了革命性的变化，并且预示远东的整个力量对比将被打破，转向有利于俄国的形势。"① 所谓"俄茶倒灌"的反常现象，就是"转向有利于俄国的形势"的一种表现。

早在 19 世纪 80 年代，我国西北地区已出现少量的"俄茶倒灌"。1880 年（光绪六年），到塔城、古城和科布多等地贸易的 41 个俄国商队，计输入工场棉纺织品 175381 卢布，中亚织物 12140 卢布，茶叶仅值 11760

---

① 科尔沙克：前揭书，第151页。

卢布。① 如果说，这是俄国强占伊犁，排挤华商所造成的暂时现象，那么，西伯利亚铁路建成后，"商队茶"的贩运就发生根本性的变化了。

北路方面，据宣统三年（1911）四月丁酉，理藩部会奏称：

> 蒙古商务，向以茶为大宗，理藩部例有请茶票规，为大宗入款。近年销数顿减，不及旧额十之三四，实因西伯利亚铁路交通便利，俄茶倒灌，华茶质窳费重，难与竞争。②

西路方面，也同样"难与竞争"。早在光绪六年（1880）九月十五日，张之洞已经在奏稿中慷慨陈词："查张家口，恰克图一路，旧有茶商二十八家，利息丰盛。自咸丰季年俄商盛行，今存者止三家耳。西（安）、汉（中）若引入俄商，吾民生计尚堪设想哉！"③ 至于在西伯利亚境内设行售茶的华商，就更难维持生计了。光绪十四年（1888）九月，户部主事缪佑孙返国，途经托木斯克，"至中国茶肆万和兴小坐，据称茶业近益折阅，缘俄商自运者既多且贱也。此城居民约千余家，少富室硕贾，人情刁悍。前曾有逋欠千余金，控诉令长，终不能归结者。"（《俄游日记》）到额尔口（伊尔库茨克），他也见不到华商有多大起色："有中国茶商十余家，大半汾州（山西）人，生理亦无大利。乌拉尔以东俄民，多轻华人矣。"（《艺风堂友朋书札》，缪佑孙致缪荃孙第六十六函）自光绪三十二年（1906），签订《俄商借道伊、塔运茶出口章程》之后，俄商将在内地收购的茶叶沿途倾销，使新疆境内的"湖商"深受打击，茶业每况愈下。据宣统二年（1910）十二月，伊犁将军广福奏称：

> 从前甘肃湖商运茶，行销蒙古哈萨克各部落，及俄国沿边一带，销场尚旺。嗣光绪三十二年，订有俄商运茶假道伊、塔回国新章，不独俄境不能运销华茶，且有俄商贩运华茶在伊、塔境内洒卖，此外影

---

① 加斯东·加恩著，江载华、郑永秦译：《彼得大帝时期的俄中关系史》，商务印书馆1980年版，第261页。
② 斯卡奇科夫：前揭书，第156页。
③ 斯卡奇科夫：《俄国驻北京布道团的医生》，刊《苏联的中国学》，俄文版1958年第4期，第143—144页。

射偷运者，更不知凡几。私茶充斥，销场疲滞。①

很明显，到了辛亥革命前夜，"商队茶"的运销局面已经全部改观。在"俄茶倒灌"冲击下，封建性很强的"西帮"和"南柜"——败下阵来，终于在清王朝的丧钟声中由"疲滞"而奄奄一息。

七、俄罗斯馆与"商队茶"的贩运

"商队茶"贸易由互市到自运的转变，以及中国南北茶帮由盛而衰的过程，已略见以上诸节。至于俄罗斯馆与"商队茶"的贩运有何关系，也拟征引一些资料，稍加探讨，以明问题的大概。

清代北京的俄罗斯馆，与广州的"夷馆"似乎毫无共同之处，"驻京喇嘛"比"留粤大班"给人的印象"清高"得多。其实，在谋求商业权益方面，它所起的作用是并不逊色的。俄国人自己承认："俄国派赴北京的布道团，虽与贸易没有直接关系，但对我们仍然大有裨益。他们处于中国的中心，能够摸清它的特点及其居民的需要，并且熟悉那些合中国用的货物得以畅销的条件。"②俄罗斯馆这种特殊的地位，曾经长期引起西方海运国家的羡慕。《海国图志》卷八二引《澳门月报》云："俄罗斯有书馆在北京，中国情事俄罗斯可以知悉。"事实正是这样，俄罗斯馆对"中国情事"的搜集包罗万象，其中也有大量的商情。早在1731年（雍正九年），俄国枢密院已训令俄罗斯馆的学生"以学习为掩护，留在北京以便熟悉中国的商业"③。随着茶叶贸易比重的增长，他们注意的重点便集中到"商队茶"方面了。

对"商队茶"贸易，俄罗斯馆的喇嘛和学生，曾提供过系统的背景材料。第九班达喇嘛俾丘林，在其所著《中华帝国详志》（1842年出版）一书中，专章记述中国茶叶；第十三班随班学生涅恰耶夫辑译《中国茶叶条令》，于1851年呈达俄国外交部亚洲司（《清实录·宣统政纪》卷五三）。此外，他们还致力于中国茶种和茶样的搜集。第十一班随班医师基

---

① 《清季外交史料》卷一四九。
② 乔治·伦森：《俄国向东方的扩张》，商务印书馆1978年版，第136页。
③ 斯卡里科夫斯基：前揭书，第156页。

里洛夫于1840年换班返俄后,将茶种进行家植丛栽试验,取得成功,于1853年在《北方蜜蜂》公布试验结果(《清季外交史料》卷二三)。第十三班监护官科瓦列夫斯基1850年返俄时,带走大批茶样送交俄国贸易部,自诩其数量之多,"堪称欧洲第一"①。

俄罗斯馆在两次鸦片战争期间的情报工作,尤其引人注目。驻京的俄国喇嘛多次向亚洲司送去商业情报,及时反映中国茶叶市场的动向。

1844年(道光二十四年)3月8日,俄罗斯馆第十二班达喇嘛佟正笏,向亚洲司书面呈报中国茶业的近况:

> 茶园逐年增加,最近十年使中国茶商大获其利,对茶叶的需求虽然有增无已,但产地的茶价却几乎比往年下跌一半。茶区民户将茶叶跌价归咎于茶园太多,以及因大量购入鸦片所造成的白银短缺②。

1853年(咸丰三年)2月25日,第十三班达喇嘛巴拉第用隐显墨水给亚洲司写了一份秘密情报,详述太平军控制长江下游对"商队茶"贸易造成严重后果:

> 据来自张家口的传闻,中国目前的动乱对贸易额的不良影响愈来愈甚。从事恰克图贸易的华商,由于武装暴动者破坏商业城镇汉口并洗劫这些华商存放期票的当地商号,已亏损二百万两(合431万银卢布)。为恰克图订购的二十万箱茶叶,迄今运抵张家口的只有一半;至于其余茶帮何时到达,尚无确讯。人们甚且认为,由于中国南方动荡不安,本年到福建订购茶叶的商人将会寥寥无几,因此,明年(?)未必会有新茶运到。叛乱者在整个长江下游造成的恐怖,使取道樊城的交通已经中断。在这样混乱的时期,山西商人未必敢拿自己的资本去冒险。③

---

① 瓦里斯卡娅:《伊·彼·科瓦列夫斯基的游历》,莫斯科,1956年俄文版,第147页。
② 霍赫洛夫:前揭书,第107页。
③ 格·尔:《十九世纪三十至五十年代的北京布道团与俄中贸易》,《红档》,1932年第4期,第154页。

1857年（咸丰七年）6月间，又是巴拉第将武彝茶区的局势及时报告沙皇政府：

> 暴民向福建挺进，包围该省西境。今年二月间，他们大举侵入福建境内，为时不久就连续占领这个工商业区的若干城市；他们既控制了武彝山与福州府之间的水路交通，又占据了邻接武彝茶区的崇安县城。①

这些关于中国茶区、茶路和茶商的情报，不仅对沙皇政府制定侵华策略有重要意义，而且直接增强了俄商在对华贸易中的预见性和主动性，为乘机抑勒华商，夺取"商队茶"的暴利提供了门径。至于俄罗斯馆的喇嘛佟正笏如何一再要求理藩院添设伊犁、塔城两地通商，以及"官生"出身的孟第和孔气，在其天津领事任期内，如何谋求并扩大俄国在华陆路通商的特权，更不是什么秘密了。很清楚，在清代中俄关系史上，俄罗斯馆的经济职能，是与它的外交职能同时并存的。②

从以上的考释，可以约略看出"商队茶"贸易演变的阶段性。大体而言，"商队茶"的历史可分前后两期，而以同治元年（1862）《中俄陆路通商章程》的签订为界线。前期为边关互市时期，"彼以皮来，我以茶往"，贩运的主动权完全掌握在华商手里。尽管咸丰元年（1851）添设伊犁、塔城两处与俄通商，具有某些与恰克图互市不同的特点，但并未引起"商队茶"贸易性质的根本变化。至于后期，则是陆路通商时期，俄商自买自运，不必与华商在口外互换。随着俄商茶行和茶厂相继在天津、汉口、福州、九江出现，"西帮茶商"生意日绌，纷纷歇业。这个时期内，虽有"南柜"兴起，但只反映了清代茶帮本身的消长，并没有挽救茶业没落的趋势。在"俄茶倒灌"之下，它也同样陷入"销场疲滞"的绝境。

同、光年间的"商队茶"贸易危机，作为清朝连续危机和统治危机的经济表现，是即使督抚大吏也回天无力的。张之洞、吴大澂联合制订的

---

① 波波夫：《太平天国起义时代的沙皇外交》，《红档》，1927年，总21期，第195页。
② 另见拙作：《〈朔方备乘〉俄罗斯馆纪事补正》；并参见威德默：《18世纪俄国驻北京布道团》，哈佛大学1976年英文版，第148—167页。

"水陆两路试销"计划,不外是"商队茶"贸易史上一个苦心孤诣的"乌托邦"而已。它的破灭,无疑向后人宣告:没有中国社会的复兴,就没有中国茶业的复兴。

附考:恰克图茶市及其商业语言

恰克图茶市是季节性的集市。其特点正如伊犁将军奕山所奏:"恰克图距张家口数十站之遥,地居旷远,客商与俄商定期而来,事毕各返。"①

每年冬末春初,是恰克图贸易的旺季。"大笔生意通常从二月初开始,有时延续两个月,有时一个月,甚至两个星期就圆满成交了"。② 以1838年(道光十八年)茶市为例,成交额在2000箱以上的"西帮茶商"有下列字号:王守乔、达兴发、龙庆源、郭发成、乔发成、德兴羲、奚德察、梅友康、兴友号。③ 各个字号的货主成交后即回张家口,仅留伙计看守铺子,以待来年开市。因此,在恰克图与俄商保持常年接触的并非货主,而是他们的伙计。"西帮茶商"业务上的这种分工,促使伙计非学俄语不可,从而形成一种独特的商业语言。

茶市本身就是一所培养伙计的学校。据清代文献记载,"西帮"的伙友是这样成长起来的:

> 择齿近弱冠之年少略知写算者,使习为伙。历数载,察其可造,酌予身股,不给工资,惟岁给置备衣物之资。三年结账,按股分余利。
>
> 在俄边者通俄语,每日昏暮,伙友皆手一编,习语言文字,村塾生徒无其勤也。④

据俄方资料,早在19世纪20年代,到恰克图经商的"西帮"伙计已普遍学习俄语了。在缺乏正规训练的情况下,"伙友皆手一编",难免五花八门:"几乎每家铺子都有手抄的小辞典,这是商人用所谓汉化俄语

---

① 《筹办夷务始末》,咸丰朝,卷五。并参见许淑明:《雍乾时期北方边境贸易新城——买卖城》,《清史研究通讯》,1984年第1期,第11—16页。
② 科尔沙克:《俄中通商历史统计概览》,俄文版,第329页。
③ 帕尔申:《外贝加尔边区纪行》,第48—49页。
④ 《清稗类钞》第十七册,第70—71页。

自行编写的。"① 因此，尽管"中国人用俄语谈买卖，然而只有恰克图的居民能听懂他们的话。对没听惯的人来说，这种俄语就像说汉语一样"。② 可见，在"俄边者通俄语"云云，其实所"通"者无非是被称为"买卖城方言"的汉化俄语。无论词序、变格，或时态，都是不规范的。这种独特的"西帮"商业语言，与俄中贸易关系极其密切，因而，引起了俄国人的重视和研究。1831年《莫斯科电讯》发表恰克图来信，介绍15个例句。1854年《圣彼得堡新闻》也刊出专文，加以评论。可惜，现存的清代文献，尚未见到相应的记载。

由上可知，鸦片战争前夜海、陆两路的对外贸易，都出现过汉语与外语混杂的现象，并且各自形成一种畸形的商业语言。如果说广州口岸流行的洋泾浜英语，③ 曾经与海运茶相伴随，那么，恰克图流行的买卖城俄语，则是"商队茶"的派生物。然而，"伙友"并没有转化为"西崽"，因为，19世纪70年代以后，"西帮茶商"日趋没落，不得不放弃北边的茶庄，到内地去改营票号了。④

---

① 斯卡奇科夫：《俄国汉学史纲》，第109页。
② 帕尔申：前揭书，第50页。
③ 荷尔：《洋泾浜英语的语法和文本》，刊《美国东方学会会刊》第46卷，1944年英文版。
④ 山西茶商如何向票号转化，是个尚待深入研究的问题。书籍的若干零星事例，参见《山西票号史料》，山西经济出版社1990年版，第776—793页。

《朔方备乘》 俄罗斯馆纪事补正

《朔方备乘》是清代研究中俄关系的一部综合性著作，成书于咸丰十年（1860），对当时日益加深的边疆危机，做出经世致用的反应，为朝野所推重。它至今还闪耀着爱国主义的光辉。

作者何秋涛，字愿船，福建光泽人。道光四年（1824）生，二十四年中进士，授刑部主事。同治元年（1862）卒，年仅三十九岁。所著《北徼汇编》，经兵部尚书陈孚恩进于朝，改名《朔方备乘》，共八十卷。秋涛以短促之年，为博综之学，考故实，订山川，辨是非，明利害，草创之功不可没。如果说清代有"罗斯学"的话，这位青年学者应享有奠基人的荣誉。遗憾的是，此书问世之后，仅李文田作过《朔方备乘札记》，但偏重于地名山川的考辨，尚待研讨的问题还是很多的。正如孟森先生所指出："何愿船为近代北徼舆地专家，所著《朔方备乘》一书，负重名于清季，而讹谬时或不免。""读其书，尚不能不留心考订也。"①

关于俄国驻北京布道团的历史，也在《朔方备乘》旁搜广采之列。该书"凡例"有一则谈到"我朝设俄罗斯馆以待朝贡互市之人，立俄罗斯学以训慕义观光之士"，并用两卷篇幅加以考释。但因囿于传统的"理藩"偏见，且受资料限制，未能揭开俄罗斯馆的内幕。国外史学界，近年虽也写出有关俄罗斯馆的专著，但取材及重点因人而异。② 本节意在补正《朔方备乘》纪事中的若干错漏，或许可与论述俄罗斯馆沿革的章节互相发明。

一、换班年限

关于俄国驻北京布道团的班期，通常说法是十年更换一次。《朔方备

---

① 孟森：《明清史论著集刊》下册，中华书局1984年版，第379—380页。
② 斯卡奇科夫：《俄国汉学史纲》，莫斯科，1977年版；威德默：《十八世纪俄国驻北京布道团》，哈佛大学，1976年英文版。

乘》卷十二记述如下：

> 驻京俄罗斯之达喇嘛、学生等，每届十年换班。

姚元之《竹叶亭杂记》卷三，也持"十年一更"之说。徐继畬《瀛环志略》卷四，说得更肯定："每十年更易，沿为常例。"但据故宫存档《理藩院为住京喇嘛换班事咨俄罗斯萨那特衙门文》（道光二十五年七月初八日）转述第十二班布道团团长佟正笏呈文，则指出班期不一的复杂情况：

> 俄罗斯国拣选喇嘛、学生来至中国学习清文，换班年分不同，或逾十年更换，或不及十年更换，合计程途往返，总须十二年后方能归国。①

可见，在换班年限问题上，中俄双方的记述颇有歧异。究竟是"每届十年换班"，还是"换班年分不同"？应该考查清楚。

从 1715 年（康熙五十四年）第一班进驻北京，到 1858 年（咸丰八年）《中俄天津条约》改订班期，俄国布道团共有 13 班，按其换班年限可分三类：

（1）第一类驻京十年，共 5 班：第四班（1745—1755 年）、第六班（1771—1781 年）、第十班（1821—1830 年）、第十一班（1830—1840 年）、第十二班（1840—1850 年）；

（2）第二类不满十年，共 3 班：第二班（1729—1735 年）、第三班（1736—1744 年）、第十三班（1850—1858 年）；

（3）第三类超过十年，共 5 班：第一班（1715—1728 年）、第五班（1755—1771 年）、第七班（1781—1794 年）、第八班（1794—1807 年）、第九班（1807—1821 年）。

据此，可知按十年更换的班次，尚不过半数；更常见的反而是例外现象，即不满十年或超过十年。是因为，换班问题并不是孤立的，它经常受到俄中之间一些重大政治事件的制约。如班期最长的第五班，居留北京达

---

① 《文献丛编》，第二十七辑，第 4—5 页。

十六年之久。该班 1754 年（乾隆十九年）12 月 23 日抵京，原应于十年后即 1764 年更换，但因"俄罗斯渐渝禁约，私收货税"，破坏边境安宁，迫使清政府不得不从这一年起宣布"闭恰克图不与互市"，直至 1768 年（乾隆三十三年）才准予"市易如初"。① 因此，该班无法依期更换，迟至 1771 年 11 月 8 日才由新班接替，其责任完全应由沙皇政府承担。

自 1819 年（嘉庆二十四年）俄国外交部亚洲司成立后，为了适应日益扩大的对华外交事务的需要，沙皇政府迫切希望北京布道团更快地造就大批"中国通"。俄方屡次谋求缩短班期，其政治动机是显而易见的。前引咨文提及佟正笏"恳请定为五年换班"，表面上申述一种伦理性的缘由，"俱有父母在家，思念情切"，实际目的则在于加速随班学生的培训，并企图利用频繁换班来从事更广泛的窥探活动。理藩院对此并未觉察，反而表示一种盲目的谅解：

  本院查该住京喇嘛等十年一次换班，虽无明文，历有成案。今请改为五年一次更换，自属不得已之苦衷。

在这种糊涂观念指导下，清朝官员自然在换班年限上失去警惕。因此，到 1858 年签订不平等的《中俄天津条约》时，沙俄终于取得了换班的全部主动权。该约第十条规定："俄国人学习中国满、汉文义居住京城者，酌改先时定限，不拘年分。"②

二、首批"官生"事略

俄国布道团第一批随班学生入华年份及其姓名，《朔方备乘》卷十二有专条记载：

  是年（雍正五年），俄罗斯国遣其官生鲁喀、佛多德、宜宛、喀喇希木四人来学。即旧会同馆设学。

---

① 何秋涛：《朔方备乘》，卷三十七。
② 王铁崖编：《中外旧约章汇编》，第 1 册，商务印书馆 1957 年版，第 88 页。

据俞正燮《俄罗斯长编稿跋》，① 知此条系转录《皇朝文献通考·学校考》。下面以俄文史料为依据，分系年和人事两项，略加补正。

四名"官生"并非同年来华。前三名是俄国商队驻办专员郎喀于1727年（雍正五年）12月26日带来的，而第四名则迟至1729年（雍正七年）6月16日才随第二班布道团团长普拉特科夫斯基抵京。② 清代文献系年误差达十八个月，大概是因为四人均属"官生"而又同馆学习，故入学迟早未加确算所致。

"官生"之称，很符合这四个人的身份，比"学艺俄罗斯孩童"恰切得多。因为他们均已成年，有的还任过一官半职。按其事略，可得而知者如下：

"鲁喀"即卢卡·沃耶伊科夫，是托波尔斯克督军之子。1714—1725年在"斯拉夫、希腊、拉丁学院"读书，1726年加入萨瓦使团来华，任拉丁语翻译。次年，被郎喀指派为学习满、汉语文的"官生"之一。雍正十年（1732），曾申请将法籍耶稣会士巴多明所修拉丁文、汉文对照《同文广类》补译俄文，成三体辞书。可惜此人"学艺"未成便酗酒丧命，1734年1月7日死于北京。③

"佛多德"即费多特·特列季雅科夫，是伊兹马依洛夫使团蒙语翻译阿历克塞·特列季雅科夫之子，入华时仅十六岁。1732年返俄，旋即亡故，事迹不显。

"宜宛"即伊凡·普哈尔特，是生于莫斯科的一名德裔，入华前在俄国科学院任录事，1732年返俄后仍任此职。当时彼得堡华语人才寥寥无几，普哈尔特遂被院士凯尔捧为"出色的年轻人"。

"喀喇希木"即格拉西姆·舒里金，原为伊尔库茨克耶稣升天修道院附设蒙语学校学生，1729年被选拔为"官生"入华。此人也是酒徒，虽经郎喀用马镫皮带毒打仍不改酒性，1735年2月28日终因纵饮无度死于北京。④

这四外"官生"的事略，说明俄国驻北京布道团在雍、乾之际还处

---

① 《癸巳存稿》，卷六。
② 班蒂什－卡缅斯基：《一六一九年至一七九二年俄中外交文件汇编》，喀山，1882年俄文版，第142、164页。
③ 斯卡奇科夫：《俄国汉学史纲》，俄文版，第40页。
④ 加恩：《彼得大帝时期的俄中关系史》，中译本，第270页。

于草创阶段，随班学生的选拔和管理尚欠完善，"汉学"训练也未形成制度。从成效看，"鲁喀"之流，不外是沙俄培养"中国通"的一批早期试验品而已。

三、"满汉助教"与俄聘"先生"

《朔方备乘》记俄罗斯馆助教满洲一员汉人一员，并历述其建置和沿革如下：

（雍正六年）议准俄罗斯国学生俟送到时令其在俄罗斯馆居住，分与国子监选满汉助教各一人住馆教习清汉文。
（乾隆九年）国子监奏准俄罗斯学汉助教准为额外助教，资部别行铨补。
（乾隆十五年）奏准俄罗斯学满洲助教既非专设之员，其汉助教亦不必额外专设，应行裁汰。嗣后以六堂内助教兼管俄罗斯学务。

据此，可知俄罗斯馆"满汉助教"之制凡三变：初为临时选派，继则增设专职汉助教，后又一律改为兼职人员。他们的编制本属国子监，但又到理藩院的下属单位兼职。一身二任，教务松弛，势所难免。俄方对此喋喋不休，第二班布道团团长普拉特科夫斯基在其致枢密院的述职报告中，已大发牢骚："满、汉教师常不来馆教学，倘非每月到此一行，俄国学生就将嬉游度日了。"类似情况，一直延续到19世纪。第十班随班学生列昂节夫斯基在1822年（道光二年）9月30日的日记中写道："官府委派的满语教师，自正月以来，从未到馆。"① 可见，满汉助教之设，在很大程度上是有名无实的。然而，理藩院和国子监对此却熟视无睹，听之任之。

俄罗斯馆教学行政的腐败，为北京布道团留下一个可钻的空子。俄方私聘的"先生"，就是通过这个缝隙塞进来的。

第八班布道团团长索夫罗尼，自1795年（乾隆六十年）起拨出该团的部分经费，背着理藩院，在北京聘用私人为随班学生教习满语和汉语。

---

① 斯卡奇科夫：《俄国汉学史纲》，俄文版，第134页。

至1821年（道光元年），第十班布道团监护官季姆科夫斯基滞留北京期间，眼见满、汉助教每月只来馆授课二三次，也认为在"官派"教师之外，俄方非私聘"先生"不可。此后，俄罗斯馆中两类教师并存，便由临时措施变成一种经常的制度。据第十一班修士司祭吉谢列夫斯基所做的《布道团私聘教师名册附月薪表》，可知此制在19世纪30年代施行的若干具体情况：

(1) 受聘者：多为秀才，也有喇嘛；
(2) 语种：除满、汉语外，还教藏语；
(3) 月薪：白银四两；
(4) 任期：数月至一两年不等。①

这样，俄罗斯馆的管理体制便被打开一个缺口，理藩院失去对俄聘"先生"的控制，布道团则非法地取得了在中国办学的部分权利。俄方自聘教师的严重后果，到50年代就暴露得更加清楚了。第十三班随班学生兼天文师斯卡奇科夫（清代文献称之为"孔气"或"孔琪庭"），一人聘两名"先生"，既学语言文学，又稿社会调查，其活动范围由馆内扩展到馆外，由城内扩展到城郊。在他收买下，被聘的"高秀才"在第二次鸦片战争期间干了不少出卖民族利益的勾当。② 到了这个时候，俄国布道团便完成了它在俄罗斯馆的一大发明：把私聘"先生"变成起内奸作用的驯服工具，使清朝"以夷制夷"的政策受到无可奈何的挑战。

四、"喇嘛、学生"职称略释

俄国布道团人员虽长期住俄罗斯馆，并经常出入理藩院和户部，但因其活动极端诡秘，外人对该团组织结构难得详知。故何秋涛除泛泛提及"喇嘛、学生"两类人外，具体职称模糊不清。

按俄国驻北京布道团人员的配置，19世纪与18世纪略有不同，大体而言，神职人员即"喇嘛"较稳定，世俗人员即"学生"则有明显变动。

---

① 斯卡奇科夫：《俄国汉学史纲》，俄文版，第142页。
② 《太平天国起义日子里的北京》，莫斯科，1958年俄文版，第84页。

这种情况说明，它是在传统的宗教外衣下不断发展着新职能以适应日益加重的政治使命的。因此，对其职称略加考释，就并非多余的了。

（1）修士大司祭——清代文献通称"达喇嘛"，间或音译为"阿里西满得力"，源出希腊语，意为"一院之长"，故又称"掌院修士"。在东正教会的教阶制中，是位于主教之后的高级修士。北京布道团历班的团长，均由修士大司祭充任。俄国最高宗务会议授予他对全团实行家长制统治的权力："尔属下的修士司祭、修士辅祭、差役和学生，都要服从尔修士大司祭。要把你作为父亲、作为教诲并引导他们得到拯救的人来尊敬。因此，在各方面他们都要像羊群听命于牧人、孩子听命于父亲、学生听命于自己的教师一样听命于你，不容有任何不听话的现象发生。"① 北京的修士大司祭隶属伊尔库茨克主教区，在外交上和教务上应负如下职责：第一，及时传递俄国枢密院以及外交部亚洲司和东西伯利亚总督府与清朝理藩院之间的来往公文；第二，经常向沙皇政府呈送有关中国内政与外交的情报；第三，编写述职报告，包括布道事业的进展及神职人员、随班学生的表现等项目；第四，主持团内宗务会议（创自第十班）及其他重大的宗教活动（如新教堂落成的圣化仪式和每年二月奉献节的礼庆活动等）。

顺带说明一下，《癸巳存稿》卷六《俄罗斯长编稿跋》曾述及"其国有出使喇嘛，及有住京喇嘛"之分，大体上可作这样的区别："出使喇嘛"是指俄国来华商队或使团中的随行神父，没有定员，事毕即返俄；"住京喇嘛"之名，首见《中俄恰克图界约》第五条，系指北京布道团中的常任神父，定员四人，非换班不得擅离职守。从入华的年代来看，"出使喇嘛"比"住京喇嘛"更早，但前者也可能转为后者，如依腊离宛，原为1712年胡佳科夫商队神父，后来率领第一批"行教番僧"随图理琛来京；又如普拉特科夫斯基，原为1720年（康熙五十九年）伊兹马依洛夫使团的神父，其后又奉派充当第二班布道团团长，就是"出使喇嘛"变成"住京喇嘛"的例证。

（2）修士司祭和辅祭——在外交上教务上充当修士大司祭的助手。司祭级和辅祭级的修士，可为入教者施洗，听忏悔，及行临终祷告礼。当布道团团长出缺时，经上级许可，这两类神职人员有资格代理或接替修士

---

① 维谢洛夫斯基编：《俄国驻北京布道团史料集》，第一册，彼得堡，1905年，俄文版，第57页。

大司祭职务。

（3）教堂差役——是包括诵经士在内的各类职事僧，负责保管圣器，在教堂举行祷告时念经、鸣钟。自第十一班起停派差役，其名额由世俗人员填补。

（4）学生——俄国布道团的世俗人员基本上是由随班学生组成的。18世纪时，他们大多从神学校（教区中学）选拔，概称"学生"。居留北京期间，在国子监俄罗斯学（设于俄罗斯馆内）学习满、汉语文。自第九班（1807—1821年）起，改称"大学生"，通常来自彼得堡神学院，出身其他大学的也不少。其任务除学习语文外，还应从事分科研究（哲学、天文学、农学、医学等），并尽可能撰写"汉学"著作。随班学生在班期之内，也有到内阁俄罗斯文馆（八旗子弟俄语学校）兼任俄文教习，或到理藩院当翻译的。后一种人在清代文献中又被称为"通事学生"。[①] 与布道团神职人员不同，随班学生应另取一个汉名，如"晃明"（赫拉波维茨基）之类。[②] 班期满后，随班学生多数被亚洲司任用为外交官员（如商队专员、领事或翻译官），构成沙俄时代"中国通"的骨干力量。

（5）医生——俄国布道团配备随班医生，是第八班的修士大司祭索夫罗尼建议的："倘若其中有人懂得医学，哪怕只懂得一门医学，这对达到传教目的也不无好处，因为医生在那里（指北京）是很受尊重的。"[③] 但迟至第十班（1821—1830年）才开始实行。被派者多为莫斯科外科医学院毕业生，入华前已开业，有一定的临床经验。因此，驻京期间能够以"医术"攀结权贵，广泛接触各阶层人物。[④]

（6）画师——从第十一班（1830—1840年）至第十四班（1858—1864年），俄国布道团共设四任随班画师，他们均出身于彼得堡美术学院，擅长风俗画和人物画。居留北京期间从事两项主要活动：第一，通过写生和素描，记录中国的风土人情，如奇木托夫作的《北京街头即景》、《茶馆一瞥》之类，题材多样，各色人等均可入画，从达官贵人到小贩乞丐，无不包罗。第二，作为一种笼络手段，大量为清朝官员画像（第十

---

① 《嘉庆外交史料》，卷六，第32—33页。
② 《筹办夷务始末》，咸丰朝，卷三十三。
③ 维谢洛夫斯基：《俄国驻北京布道团史料集》，第一册，第60页。
④ 斯卡奇科夫：《俄国驻北京布道团的医生》，《苏联的中国学》，1958年，第四期，第146—148页。

一班画师列加绍夫曾为理藩院尚书禧恩画像）。此外，个别画师还拓印碑刻和钱币，绘制植物图谱，乃至描摹中国兵器和农具，供俄国有关部门研究之用。

（7）监护官——清代文献称为"照料喇嘛、学生之官员"，俄国布道团自1794年（第八班）至1858年（第十四班），共设七任监护官。这一类人物是沙皇政府为布道团换班特派的官员，由文官或武官一名充任，居留北京半年至一年左右。其主要任务是：第一，作为沙皇政府的全权代表，负责送新班人员来华，接旧班人员返俄；第二，刺探清朝国情，考察沿途资源，并采集标本。第十三班监护官伊·彼·科瓦列夫斯基住京七个月，曾窜到门头沟煤矿，实地考察四个矿井，窃取大量标本，带回俄国与顿巴斯煤进行比较分析。① 第三，解送布道团全部用款，并就边界或商务问题，与清朝官员谈判；第四，搜罗中国图籍，如第十班监护官季姆科夫斯基，返俄时带走地图118幅。历班监护官均在外交部担任要职。其中有两人当过亚洲司司长（柳比莫夫和科瓦列夫斯基），对布道团贯彻执行沙皇政府的对华政策，起了有效的监督作用。

最后，我们来研究一下俄国布道团两类人员比重的变化。

驻京十四班人员总数156名，其中神职人员88名，世俗人员68名。试将前七班（属18世纪）与后七班（属19世纪）分别统计，则神职人员由54名减为34名，约减三分之一；世俗人员由22名增至46名，即增加一倍多。换句话说，布道团的组织结构有一个明显的变化趋势，即从19世纪起，神职人员比重下降，世俗人员比重上升。这完全是贯彻前述沙皇政府1818年指令的结果。换句话说，布道团两类人员比重的变化，正是它的政治性由隐蔽到公开的过程在组织上的反映。

五、"俄罗斯进呈书籍"的缘起、收藏与译目

《朔方备乘》卷三十九"俄罗斯进呈书籍记"说：

> 道光二十五年，俄罗斯国王表言《丹珠尔经》乃佛教所重，而

---

① 瓦里斯卡娅：《叶·彼·科瓦列夫斯基的游历》，莫斯科，1956年俄文版，第140—143页。

本国无之，奏求颁赐，上命发雍和宫藏本八百余册赐之。越数月，其国王因肄业换班学生进京，乃尽缮俄罗斯国所有书籍来献，凡三百五十七号，每号为一帙，装饰甚华。有书有图，惟通体皆俄罗斯字，人不尽识，当事者议发还之。或曰斯乃所以为报也，却之转拂远人之情，则奏请收存于理藩院，以俟暇日将翻译焉。于是军机处存注档册，例须先译书名，乃得其三百五十七号之书目，好事者争相传录。

这则记事，除"尽缮俄罗斯国所有书籍"显为夸饰之辞外，尚有三处应予补正，即缘起、收藏与译目。现分述如次：

（一）缘起

"献书"一事，发生在俄国布道团第十二班的班期之内（1840—1850年）。查该旗开得胜人员仅在道光二十七年（1847）有过一次变动：修士司祭巴拉第奉召回国和随班学生戈尔斯基病死北京，因此缺员二名，但迄未递补。至于道光二十五年（1845），则并无"肄业换班学生进京"情事，更不是沙皇"奏求颁赐"，而是俄罗斯馆领班、修士大司祭佟正笏通过俄罗斯馆监督向理藩院请求购买一套藏文佛经。经道光皇帝批准，免费拨赠雍和宫藏本一套，黄绫装潢，极其珍贵。据故宫存档《理藩院咨俄罗斯萨那特衙门书籍十箱已点收进呈文》（道光二十五年十二月初三日），知双方经办官员一为库伦办事大臣，一为"额尔扣城固毕尔纳托尔"，①即"伊尔库茨克总督"，完全与"换班学生"无关。

（二）收藏

俄国图籍到京后，初分理藩院收存，并专聘俄罗斯馆的戈尔斯基分类清点，后又两次移存他处。薛福成曾备记其事：

> 咸丰八年，文宗显皇帝御批圈出四十一种，皆舆地图画之书，进呈乙览。其余遂存方略馆。同治八年，复移存总理衙门书库。②

---

① 《文献丛编》，第二十七辑。
② 《庸庵全集》，第五册。

入库之后，长期无人过问。直至光绪十一年（1885），御史赵尔巽才奏请检交同文馆翻译，但终未实行。光绪十八年（1892），广州广雅书院山长朱一新又重申选译俄国赠书的现实意义，其《无邪堂答问》卷四云：

> 今天下为我隐患者莫如俄。道光时，俄人曾进书籍三百余种，其国之政教、风俗、舆地、兵法，下至器物、种植之书，无不备。虽今昔情形稍殊，而大纲具在。若择其要者翻译之，颁诸海内，俾人人周知其情伪，以筹制防之术，不且视近出之书，信而不征欤？或谓俄之疆域日广，非旧籍所能尽，其技艺逊于英、法、德、美诸国，但译英、法、德、美之书足矣。不知觇国者，在审其政俗，不在区区技巧之末，彼国幅员虽阔，而旧有之地固无增损，其风土亦岂能骤变耶？

尽管朝野均有呼声，总理衙门仍置若罔闻，前后历时四十年，基本上原封未动。据傅增湘《藏园群书经眼录》卷六"俄罗斯进呈书目不分卷"条云："前岁（1930年）文友堂书坊收得旧钞目录一册，书衣题云：'道光二十五年俄罗斯进呈书，交理藩院收。'余因属赵生录存此副本，顷阅吴振棫《养吉斋丛录》，亦记及此事，其言曰：'道光二十五年俄罗斯国进呈本国书籍一种，由萨那特衙门移送库伦办事大臣，委解京师，计三百五十七号，八百余册，图二十二，仪器二具。奉旨交理藩院收藏。其书皆俄罗斯字，译出书目凡天文、地理、兵书、战法、炮械、医药、种树、本国各国史传、诗文集、性理、经解、律例之类，宏纤毕陈，地图尤为详悉。'今以此册证之，其号数册数一一符合，知即当时译出之目也。第自宣统时理藩改院为部，入民国后又废部为蒙藏院，展转改并，曹署迁移，此等巨帙散落何许已无可追寻矣。"辛亥革命后，这批赠书归北洋政府外交部收藏。民国初年，只剩下八十多册。外交部藏书目录凡例说："数十年来，残毁略尽，竭力搜罗，所得止此，以备典故。"到1947年，又散失掉一半，仅存四十多册了。①

---

① 张铁弦：《记1845年俄国所赠的科技图书》，《文物参考资料》，1958年，第7期，第45页。

（三）译目

总理衙门库存的十箱俄文图籍，虽无一册转为华言，但其总目则曾翻译两次。第一次由俄罗斯文馆译出，有编号、无分类，已载入《朔方备乘》第三十九卷中。第二次则由同文馆译出，仅文廷式著录过，并述重译的缘由如下：

> 光绪乙酉（十一年），余为赵次山御史尔巽草奏，请发出翻译。旋据总署复奏，以为旧书不如新书详备，俄书立论又不如英德法三国，可不必译，事遂中止。其实同文馆中学生精俄文者甚稀，故惮而置之也。惟书目则经俄文教习班铎率诸生分类译出。似较旧译为足据。

文廷式对重译书目何以较优，又有进一步说明：

> 按《朔方备乘》所列书目，与《北徼汇编》已参差不合。盖当时由俄罗斯文馆译出，馆中学生荒废已久，强为设名，多不足凭也。（同文馆初开，调俄文馆学生，无一通俄文者，遂尽撤之。）此次所译，大半出班铎手。其所定书目，亦未可尽据为典要，然较旧译则差为翔实矣。又按此所分类，不知系俄人原分抑班铎以意分之，其中类例次第，亦稍有不合者，岂未经整理之故欤。①

按第二次译目共分十八类：（1）文法书类；（2）行文语类；（3）史传类；（4）律例书类；（5）杂书类；（6）游历书类；（7）农书类；（8）兵法书类；（9）天文算学书类；（10）史书类；（11）地理书类；（12）医学类；（13）天产万物各学类；（14）工艺诸学类；（15）泉刀谱类；（16）训幼书类；（17）幼学书类；（18）图画类。从立名取字看，重译书目比初译更"雅"，但未必更"信"。如原为护林法令的《俄罗斯国防守丛林隘口推广条例》被译成《种树必读》，列于律例书类，连文廷式自己

---

① 《纯常子枝语》，卷三，1943年刻本。并参李思纯《学海片鳞录》二七"清道光间俄国赠书之异译"，载《文史》第三辑，中华书局1963年版，第115—116页。

也感到"殆不可解",可见他断新译"似较旧译为足据",完全是想当然的。

不过,第二次译目也自有其历史意义。因为它构成近代译名与现代译名的中间环节,提供了一批值得注意的过渡性译名。如地名"高加索",初译作"喀法喀斯",二译作"高家索";又如人名"拿破仑",初译作"那普哩勇",二译作"那波仑";此外如学科名"微积分",初译作"贴斐叶楞齐数书",二译作"微集分",都更接近今译。这对研究近代翻译史译名定型化的问题,是有一定参考价值的。

六、"罗刹坑"遗事

《朔方备乘》有关俄罗斯馆的纪事,只字未提北京的俄国公墓,显然是一处疏漏。

截至1860年(咸丰十年)改组为止,俄国布道团相继来华的十四班人员156名中,已知死于北京的有"喇嘛"(神职人员)26人,"学生"(世俗人员)17人,合计43名,约占总数四分之一。查其死因,除个别自杀和少数病殁外,酗酒暴卒者居多。很清楚,这个引人注目的死亡率,并非俄罗斯馆生活条件所造成,而是他们狂饮的恶习所致。

第一班布道团团长驻京才九个半月,就因纵酒染病,于1717年(康熙五十六年)10月14日死于北京,"被安葬在安定门东直门之间的墓地里"。① 据第八班布道团团长索夫罗尼记载:"所有其他俄国人都葬在这里。"② 在清代的北京城,东正教布道团的声势当然无法与天主教的耶稣会比拟,因此,这处墓地也就没有阜成门外的"滕公栅栏"(利玛窦、南怀仁等人墓地)那样出名。查朱一新《京师坊巷志稿》卷上,有"罗刹坑"一处,虽无附加任何解释,但其方位与上述记载相近,似即俄国公墓的俗称。自清初以来,既然东正教的圣尼古拉堂被北京居民叫作"罗刹庙",那么用"罗刹坑"来称呼"住京喇嘛、学生"的葬身之所,是完全于理可通的。

俄国公墓是北京布道团的教产之一,曾经多次维修,至清末已有相当

---

① 维谢洛夫斯基:《俄国驻北京布道团史料集》,第一册,第16页。
② 维谢洛夫斯基:《俄国驻北京布道团史料集》,第一册,第28页。

规模。下面略证俄文资料，以补《朔方备乘》所未备。

第十一班布道团驻京期间（1830—1840 年），对俄国公墓做过一次认真的整顿。主要做了两件事：一是由该班护送人员切列潘诺夫测绘一幅公墓平面图；二是由修士大司祭安文公（即阿瓦库姆）写了墓碑题记。[①]

1850 年（道光三十年）春，第十三班布道团监护官科瓦列夫斯基在主持俄罗斯馆观象台兴建工作的同时，又派人对俄国公墓再加修葺。

1900 年（光绪二十六年），义和团的拳民捣毁了安定门外这处"俄国坟茔"。据《辛丑各国和约十二款》第四款规定，清政府为此向俄方赔款一万两，供其重建公墓之用。[②]

十月革命后，东正教会曾将沙皇尼古拉二世近亲七人的遗骨偷运北京，1920 年停放于俄国公墓。唯其事已逸出本篇范围，兹从略。

[①] 斯卡奇科夫：《俄国汉学史纲》，第 143 页。
[②] 《拳时上谕》，第 84 页。

清朝使臣与俄国汉学家的交往

第二次鸦片战争的屈辱性的后果，迫使清政府不得不勉强修改它的"夷务"政策，从办事机构和交往方式两方面，做出若干有利于西方列强的调整。咸丰十年十二月（1861年1月，设立总理各国通商事务衙门；同治五年正月（1866年3月），首次派员到"西洋各国游历"，都标志着"天朝"由"尊"到"卑"的实质性的转变。这种"犹抱琵琶半遮面"的开放态度，总算使封建帝国的闭塞性略为减轻。因此，清朝官员才有可能在19世纪60年代中期之后，带着不同的使命前往俄国，直接在当地与俄国"汉学"家结识和交往，并记下自己的见闻。

俄国"汉学"训练的中心从北京俄罗斯馆①转移到彼得堡大学东方系，恰恰也是发生在19世纪的60年代。自第十四班布道团于1865年（同治四年）换班后，俄方即停派学生随班到北京学习，而改为在本国受训。彼得堡大学汉语满语专业招生人数，1860年8名，1867年11名，1875年增至15名。② 因而，与同、光年间清朝使臣接触的俄国"汉学"家，实际上包括两代人，即布道团出身的老一代和大学培养的新一代。他们在学术源流和政治倾向上的继承性，以及俄国"汉学"界对俄国外交界的依附关系，都可以从清朝访俄使臣的笔记中找到相应的印证。揭示这方面的历史真相，将会丰富人们对中俄关系史和俄国"汉学"史的认识。

一、斌椿、志刚与孔气、王西里的接触

同治五年（1866）春，总税务司赫德告假半年返英，建议总理衙门派员随行，"一览该国风土人情，似亦甚便"。③ 经恭亲王奕䜣奏准，指派

---

① 另详本书《〈朔方备乘〉俄罗斯馆纪事补正》。并参威德默：《十八世纪俄国驻北京布道团》，哈佛大学，1976年英文版，第154—166页。
② 斯卡奇科夫：《俄国汉学史纲》，莫斯科，1977年俄文版，第210页。
③ 《筹办夷务始末》，同治朝，卷三十九，第1—2页。

正白旗汉军斌椿（赏给三品衔，充总署副总办）及其子笔帖式广英，还有同文馆学生凤仪、德明、彦慧，组成一个官方观光团随赫德出访欧洲。使团于同治五年正月二十一日离京，历访英国、瑞典和德、比、法、俄六国，由斌椿写成《西洋各国乘槎笔记》一册，"将经过之山川形势、风土人情，详细记载，绘图贴说，带回中国，以资印证"。①

斌椿一行于同治五年六月初五抵彼得堡。次日，俄国"总理署官孔君来拜，云前在中华北京八年"。② 至"初十日，孔君来送行，代照料行李并代定车"。可知，在清朝官员第一次访问彼得堡的六天中，俄国外交部曾派出"孔君"负接送之责。此人究竟是谁？斌椿的随员德明（张德彝在同文馆的学名）有更详细的记述：

> （同治五年六月初六）是日有本地人姓孔名气者投刺，能华言，自称为"孔大人"。
>
> 初七日，甲午，晴。早往孔气家答拜，知其人居华京八年，能华言而不甚精，现充本国翰林，兼在总理衙门行走。其家案积诗书，壁悬画本，皆不惜重资购自中土。约登楼饮茶，见其妻女，并食以面饺等物。孔云："众当喜食，因与中土同也。"食毕辞出。③

可知，"孔君"即孔气，是康士坦丁·安德里昂诺维奇·斯卡奇科夫的省译。"现充本国翰林"云云，是指他正在彼得堡大学东方系任教。孔气在向斌椿一行作自我介绍时，只谈及自己"前在中华北京八年"，也即充当第十三班布道团随班学生居留北京（1849—1857）那段经历；虽"自称为孔大人"，但并未暴露曾任俄国驻塔城领事（1859—1862）这个引人注目的身份。至于说孔气"兼在总理衙门行走"，是指他当时也在俄国外交部亚洲司兼任翻译官。

除孔气外，与清朝使臣接触的还有一名"王书生"，即"王西里"。他的副寒酸相，恰恰与"孔大人"的排场形成鲜明的对照：

---

① 《西洋各国乘槎笔记》，同治八年刊本，第1页。
② 同治刊本的"孔君"，小方壶斋本作"孔公名气"，当系后人增改。
③ 张德彝：《航海述奇》，卷四。

  （同治五年六月初七）晚，有本国人王书生者拜。其人白发长眉，曾驻京十载，善华言，中土情形知之甚详，并能翻写满汉文字，极其精通。明遂与之游，延入其家，见其妻与三子二女。其家清苦。言自中国换班后，即设帐于俄京，授读满汉。奈所入馆俸不敷度支，而子女皆幼，不克养赡。斯人者，可谓勤于为学而拙于谋生矣。倾谈良久，时作叹息声。伊取出三四卷满俄合璧书与看，且献洋饼，形如重阳花糕者二盘劝食，并佐清茶一杯。明遂谢而辞归。

  在德明笔下，彼得堡大学这位穷教授的清苦形象，被描绘得活龙活现。想不到俄国第一流的"中国通"瓦·巴·瓦西里耶夫（1866年当选俄国科学院通讯院士，1886年为院士），竟为生计而"时作叹息声"。王书生在清朝使团离俄前夕，亲自到寓所送别，并说："公等再临敝邑，乞先赐音，以便欢聚数日，并祝一路福星，荣旋故里。"① 三年后，当另一个清朝使团到彼得堡时，王书生已没有重叙家常，而是大发高论了。

  继斌椿之后访俄的是志刚。他由总署章京加二品顶戴，充办理中外交涉事务大臣，率领同文馆学生六名，奉命随美国驻华公使蒲安臣前往有约各国报聘。同治七年（1868）二月出国，九年十月返京，著有《初使泰西记》一书，② 记录访问欧美十一国的见闻。

  志刚一行于同治九年（1870）正月十七日觐见沙皇亚历山大二世（1855—1881），四月二十日离俄。清朝使臣滞留彼得堡期间，沙俄"中国通"当然会找上门来的。据《初使泰西记》"同治九年三月十六日"条记载：

  有前在中国学习华文、今充其本国教习名瓦习礼者来晤，年已望六，执礼甚恭。论西洋事俱有见解，谓西洋各事中国无不可行，惟天主教断乎不宜；曾读中国书，论古事则尚功利而薄迂腐。仍是耸动中国早行西法之意。

---

 ① 小方壶斋本在引文开头增一段文字："予曾记北京谚云：有缘千里来相会，无缘对面不相逢。阁下至此，岂止千里乎！"未知所据。
 ② 志刚著、宜厔编：《初使泰西记》，光绪丁丑（1877）刻本。

很明显,"瓦习礼"是王西里的异译,也即那个白发长眉的"王书生",其时五十二岁(1818年生),仍任彼得堡大学东方系教授,故被称为"年已望六"的"本国教习"。从晤谈的时间和内容看,王西里是在中国使团离俄前三天赶来"论西洋事"又"论古事"的。这番临别赠言,大有深意,这就是已被志刚觉察到的"耸动中国早行西法之意"!至于他在中国反洋教运动如火如荼的年代,竟晓得用"天主教断乎不宜"的高论来讨好清朝使臣,则表明这位来华"习礼"十年的"王书生",并不带什么书生气,确实是"尚功利而薄迂腐"。

人们也许要问,三年前与斌椿频繁接触的那位"孔君",这回为什么消失了?按孔气于1867年奉派出任俄国驻天津领事,1870年升任总领事,此时他正忙于因天津"教案"误杀俄商三人向清廷要员办理交涉,自然是无缘与志刚在彼得堡会晤的。到崇厚使团访俄时,"孔君"重新露面,已被称为"孔领事"了。

二、崇厚使团与彼得堡的"中国通"

在清代中俄外交史上,崇厚是一名丧权辱国的反面教员。他于光绪四年(1878)奉特旨,充"头等钦差全权大臣"赴俄办理伊犁交涉。使团包括满员、汉员和洋员,浩浩荡荡,寓于彼得堡涅瓦河南岸的贵族住宅区。崇厚在八个月之内,就通商、分界和偿款三端,与布策会谈三十一次,最后签订了臭名昭著的《里瓦几亚条约》,"尽丝茶之利归之俄商,尽陕甘新疆之利并之俄国",[①] 为当时朝野所难容。崇厚使团在彼得堡的外交史,是一页清朝封建官僚被俄方软硬兼施而出卖主权的屈辱史。因此,查考一下那批陪伴使团人员赴宴、观剧、游览的沙俄"中国通"的姓名和身份,对了解中俄伊犁交涉的内幕,是很有必要的。

崇厚使团的二等翻译官张德彝(镶黄旗汉军,四品衔,兵部员外郎),在其外交日记《四述奇》中,相当具体地描述了彼得堡"中国通"的群像。

光绪五年(1879)正月十五夜,崇厚在彼得堡"英吉利堤岸"68号使团寓所举行一次礼节性的元宵酒会,来宾和场面如下:

---

① 左宗棠语,见《清季外交史料》,光绪朝,卷十六,第5页。

星使请俄前任驻华公使布策、总领事官孔琪庭、官学满文教习王西里又名王书生，皆系前丙寅夏来此会过者，乞假回国之领事官威柏尔、参将衺（"裴"字之讹）赛斯吉，及孟第、璞志等晚酌。按俄国宴客之仪，大桌旁置小桌一张，覆以白布，列舍利白酒等数小瓶，小面包、冷荤、糖果各数盘。客入饭厅，四面围立，各任取小食，或酒少许，以便开胃，后入座。饭毕立起，将出门，向主人握手致谢以为礼。当晚亦如仪而款之。亥正席毕。

　　按"亥正"为二十二点，可知这次西式的晚宴约进行两个多小时。入座前饮"舍利白酒"即 Sherry，是外交宴会常用的一种"开胃酒"。俄方应邀人员中，除布策外，其余六人都是学有专长的沙俄"中国通"。他们各有各的经历和身份，与清朝使团接触的情况也各不相同。

　　"总领事官孔琪庭"即前述的孔气，是在这一年卸任返俄的。"孔大人"当时58岁（1821年生），未退休，仍任亚洲司翻译。除出席这次酒会及随外交大臣热米尼到车站为崇厚送行外，其他场合未再露面。不过，在为报刊撰文评述伊犁问题方面，孔琪庭还是相当活跃的。

　　"乞假回国之领事官威柏尔"即卡·伊·维别尔（К. И. Вебер），因在"假"中，故与崇厚应酬仅此一次。他是专搞中国边疆地理的，编制过东北地图，并曾发表《直隶图说》（1892年，彼得堡版）和《图书集成舆地门索引》（1907年，彼得堡版）等论著。① 19世纪80年代中期，出任俄国驻朝鲜公使，1897年卸任。在19世纪末的沙俄外交界，威柏尔也是一名远东事务的专家。

　　孟第（德米特里·亚历克塞耶维奇·彼舒罗夫的省译）原为俄国驻天津首任领事，咸丰十一年二月二十五日恭亲王曾将"文士孟第署天津通商领事官"一事奏闻。此人与崇厚早已打过交道了。同治元年（1862），中俄签订《陆路通商章程》，其《续增税则》，就是由崇厚和孟第分别代表两国盖印画押的。② 这位"文士"本来是彼得堡大学数理系1853年毕业生，自愿报名随第十四班俄国布道团来华。1859—1860年居

---

① 斯卡奇利夫：《中国书志》，莫斯科，1960年俄文第二版，第344、617页。
② 《中外旧约章汇编》，第一册，第179—184页。

留北京期间,孟第专管俄罗斯馆观象台,并辑集《明史》地震资料,写成长篇论文《明代中国的地震》(1860年刊于《俄国地理学会会志》第29卷),开俄国研究中国地震史的先河。崇厚使俄期间,孟第已在彼得堡大学东方系任教,兼亚洲司翻译,代表官方出面接待。据张德彝记述,光绪四年十二月初八日,清朝使团下车伊始,"即时有前任驻华领事官、现充官学华文教习孟第来拜"。寒暄之后,"论及钦差等,渠以国书未经载明为辞",① 加以刁难,显然是想煞煞崇厚的下马威。二十八日,崇厚递交国书时,又是孟第随御前大臣来接,并与使团头等参赞邵友濂"同坐四马车"入宫。当时,孟第家住郊区"亚历山大村,距使团寓所二十八里",但他仍不得不经常陪伴清朝官员,勉力完成"官学华文教习"所承担的官差。在整个伊犁交涉期间,孟第是奉陪到底的。

所谓"参将裴赛斯吉",又是什么角色呢?张德彝等人到过他的家,据云:

> 伊曾由俄南界走蒙古,顺西路,入华南省、汉口等处而归。游历所及,载有日记。其屋列中土男女衣冠鞋袜,以及药材、食物、纸笔、书画、金银铜铁石瓷瓦木器具数千件,壁悬李(鸿章)、左(宗棠)二相国小影,及许多华人名刺。

显然,此人就是皮亚谢茨基,也即光绪元年(1875)七月初九日,左宗棠在兰州接见过的那个"皮斜斯齐"。② 曾于同治十三年(1874)至光绪元年来华考察"茶路"并搜集标本。他是彼得堡的职业医生,1876年发表《论中国的卫生条件与医学》一文。所著两卷本《中国纪游》(1880年,彼得堡版),轰动一时。故也成为那次"晚酌"的座上客。

璞志在官场上资历较浅,但却是沙俄"中国通"的后起之秀。崇厚使俄时,他是"俄国驻京公使派同回国翻译官"之一。璞志二字,应为波兹德涅耶夫(А. М. Позднеев)的省译。此人是王西里的学生,当时还年轻。19世纪80年代中期,璞志由官场重返学府,任彼得堡大学东方系学术秘书,充当系主任王西里的助手,并发表《论元朝秘史》(1884

---

① 《清季外交史料》,卷十五,第5页。
② 《清季外交史料》,卷二,第14页。

年)、《中国佛寺及僧徒生活概述》(1887年)等"汉学"论著。他于1892—1893年到蒙古旅行,写成《蒙古与蒙古人》两卷。1899年,璞志以蒙古学家的身份,赴罗马出席第十二届国际东方学家大会。同年创办海参崴东方学院,璞志为首任院长(1899—1903),并兼华俄道胜银行北京分行经理。① 他以造就"到东方从事行政事务和工商活动的人才"为己任,计自创办至十月革命前,毕业于该学院的有300名大学生和200名军官。② 可见,在崇厚使俄期间初露头角的璞志,后来变成了在俄国远东为沙皇政府培养"中国通"的著名"中国通"。

至于王西里这名清朝使臣的熟客,早在崇厚使俄之前,就已经相当热衷于维护沙俄在伊犁的殖民权益了。1876年(光绪二年)底,他自告奋勇地拟出一份总共十六条的《俄中条约草案》,虽放弃自己原先"拒还伊犁"的主张但仍扬言要中国与沙俄"一德一心"。③ 伊犁交涉在彼得堡开始后,王西里继续参与亚洲司安排的一些外交活动,但属于礼仪性而不是实质性的。这位老汉学家在那次"晚酌"之后,曾一度情绪低落,是因为发生家庭悲剧。据《四述奇》卷十二,"光绪五年(1879)二月十二日"条记载:

> 王西里之女王丽雅,因父女口角,开窗坠楼自死,时年十九。哀哉!即时星使(崇厚)令塔木庵(工部员外郎塔克木讷)持刺往吊。

崇厚离俄后,其职由头等参赞邵友濂署理。关于邵署使与"中国通"的接触情况,另详拙作《邵友濂使俄文稿中的王西里和孔琪庭》,④ 此处不赘。但有一事应顺便提及,即1884—1885年,彼得堡大学东方系曾聘汉语会话和书法教员一名,俄语对音作 Гуйжун,⑤ 此人即使团三等翻译桂荣,镶蓝旗汉军,毕业于同文馆俄文班,授户部郎中。此事当与王西里或孟第的引荐有关,可惜清代文献失载,难得详知。

---

① 郭玫曼:《华俄道胜银行》,伯明翰大学,1977年英文版,第27页。
② 斯卡奇科夫:《俄国汉学史纲》,俄文版,第254—259页。
③ 斯卡奇科夫:《俄国汉学史纲》,俄文版,第228页。
④ 《文物》,1977年,第8期。
⑤ 斯卡奇科夫:《俄国汉学史纲》,俄文版,第227—228页。

三、缪佑孙、王之春笔下的俄国"汉学"家

光绪十三年（1887）七月，户部主事缪佑孙奉命游历俄国，"跋涉七万余里，凡其境内山川险要、政治得失、帑藏盈绌、兵力厚薄、物产饶歉、户口众寡、俗习美疵，亲历亲览，爰度爰咨"，纂成《俄游汇编》八卷，① 是晚清一部比较详备的俄国旅行记。该书第八卷为日记，起光绪十三年七月二十五日，终十五年六月初一日，所记以彼得堡为主，兼及南俄和西伯利亚。

缪佑孙在彼得堡接触过的"汉学"家，除"瓦西理"即王西里外，最引人注目的是谢·米·格奥尔吉耶夫斯基（С. М. Георгиевский，1851—1893）。据《俄游汇编》卷八，"光绪十四年（1888）三月二十七日"条记云：

  偕佘威烈甫（按即米·格·舍维略夫，1886年珲春勘界时与吴大澂打过交道的俄方翻译官，此时在海参崴经商）访俄之华文塾师瓦西理，又同访格倭尔儿耶甫司克，其人能通十余国文字，曾游欧、亚二洲，在华数年。博览中国书籍，能晓其大义。赠所著译中学书一巨册，极称纲常大义为中国根本，又旁及古载籍，所读书则五经、四书、家语、老墨庄列、国策、国语、资治通鉴、三国志、路史、阙里文献考、太平御览、册府元龟、渊鉴类函、陔余丛考、五礼通考、颜氏家训、温公家范、文公家礼、历代名臣奏议、古文渊鉴、经义考、毛西河全集诸书，颇知考证古事，笃信孔孟。谈次谓中国开辟最早，至今能守旧制，欧洲诸国所不及也。

这则记述，是清代文献中罕见的俄国"汉学"史料，值得逐项加以说明：

第一，格氏出身神父家庭。1868年，毕业于莫斯科大学历史语言系。

---

 ① 缪佑孙：《俄游汇编》，光绪乙未（1895）上海石印本。缪佑孙此次游俄的感受，及归途中在西伯利亚诸城的见闻，他曾函告堂兄缪荃孙，计有第六十四号至第七十二号函，可参证。见《艺风堂友朋书札》卷上，上海古籍出版社1980年版，第296—306页。

1875年，入彼得堡大学东方系深造，是王西里、孟第等人的弟子。至1880年毕业，取得汉语专业硕士学位。旋即来华，1881—1882年在俄商茶行供职，先后到过北京、天津、张家口、汉口和福州各地旅行考察。上引文中"在华数年"一语，当指此事。返俄后，继续深造，研究中国古代象形文字，结合人民生活进行分析，于1889年获博士学位。

第二，格氏离华返俄后，于1885年出版《先秦史》，声名日噪。1888年，又在彼得堡出版《中国的生活原则》，正文长达494页。他赠给缪佑孙"所著译中学书一巨册"，当即指此。该书附录16页，均汉文古籍摘编，故缪佑孙才能够列举格式"所读书"的详目。格氏如此博览经史子集，显然是实践他的老师王西里早在1850年提出的所谓"全面观察"的"汉学"研究方法。后来，格氏在《托尔斯泰伯爵与"中国的生活原则"》一文中进一步阐明自己的主张："汉学（目前这一概念还很含糊）不应当看成是某一种学科，而应当看成是多种学科的综合。"① 强调"全面"、"综合"，确实是俄国"汉学"的特色之一。

第三，缪佑孙说"笃信孔孟"的格氏"极称纲常大义为中国根本"，这显然与他后来在《研究中国的重要性》（彼得堡，1890年版）一书中那个耸人听闻的说法："孔子哲学是中国各方面进步的动力"，一脉相承。

当时，彼得堡大学东方系还有一名学生与缪佑孙过从颇密。据《俄游汇编》卷八，"光绪十三年十二月二十日"条云：

> 夜，颗利索甫约观跳舞会，其人学馆中习华文者也。言其试多译中国理学书，如性理精义、朱子全书、文公家礼之类，随择一篇，命以俄文工其说；又必兼习满、蒙文字。其书之合满、汉文者，半为康、乾时官书，亦有私家所刊西厢记等。其译成俄文之中国书，则有古文尚书、孝经、三字经、杂小曲。于其案头见有魏源所著圣武记，华文石印颇精，又钞本四库全书目录第一百六七卷。

又，"光绪十四年正月十七日"条云：

> 颗利索甫来，出所译满文通鉴纲目四五页，又蒙古文杂说二页，

---

① 斯卡奇科夫：《俄国汉学史纲》，俄文版，第233—234页。

云将译圣武记,又欲借海国图志。出其塾师示诸生教一首,言中国之学以三纲五常为重,又分疏五常之义约百余言。文虽浅近,旨趣颇端。

这个"颗利索甫"即科列索夫(Н. Ф. Колесов),当时是彼得堡大学东方系汉、满语专业三年级学生。他向缪佑孙介绍的情况,对了解19世纪末彼得堡大学东方系如何进行多语种、多学科的"汉学"训练,有一定的参考价值。至于魏源的著作深受俄国"汉学"界重视,以致颗利索甫"欲借海国图志",那也不是偶然的。早在咸丰八年(1858)五月,兵部左侍郎王茂荫已奏请重刊《海国图志》,"使亲王大臣,家置一编,并令宗室八旗,以是教,以是学,以是知夷难御而非竟无法之可御"。① 这样一部清朝官方的"御夷"必读书,当然也是俄国汉学界所特别关注的。1889年(光绪十五年),颗利索甫在彼得堡大学毕业,奉派前来北京,充当俄国公使馆翻译。在义和团运动期间,和"庆亲王取得了秘密联系"②的就是此人。留京时,他专心研究清朝典章制度,后来与人合编一部长达四百多页的《中俄政法辞典》。像他的老师孟第一样,颗利索甫也是文士与文官一身二任的。

缪佑孙交往的范围并不限于彼得堡大学的师生,他于光绪十四年二月十三日还见过一位"知医"的毕叶士克,实即那个曾到崇厚使团寓所"晚酌"的裴赛斯吉,故所记与张德彝的印象大体相同:

访毕叶士克,其人善油绘,绝精妙,知医,曾充游历官至中国陕甘、湖广、江苏、天津、京师,著书甚富。

除彼得堡外,缪佑孙光绪十四年六月初三日游南俄的雅尔塔时,还接触过一名已改行经商因而无所著述的"汉学"家:

访梯都式金(原注:英人译曰第图晋),其人曾充同文馆教习,能为中国语,以酿蒲陶酒制白垩为业。

---

① 《筹办夷务始末》,咸丰朝,卷二十八,第46页。
② 科罗斯托维奇:《俄国在远东》,1922年北京俄文版,第93页。

查丁韪良《同文馆记》，知此人就是1872年（同治十一年）在聘的"俄文、德文教授第图晋先生"。

缪佑孙是取道西伯利亚回国的。光绪十四年十月十八日，他经伊尔库茨克时，"有博物馆之副院长坡塔宁来访"，据云：

> 坡塔宁曾游历中国二次，一由陆路归化城、科布多至哈密，入西宁、兰州，折而入蜀之松潘；一由海道至上海、芝罘、天津、京师。携一武弁，一猎户，所带译蒙古人，往来二年，用二万九千卢布。赠所著书一册。

格·尼·坡塔宁（Г. Н. Потанин，1835—1920）是普尔热瓦尔斯基之后又一个著名的沙俄探险家，多次来华从事地理考察和民族调查。由于"历年以来，俄人游行蒙古地方，骄横生衅，已非一端"，因此，坡塔宁1876年（光绪二年）那次"陆路"游历成了一次不光彩的经历："至喇嘛库伦地方，突遇数百人，将坡塔宁拉至马下，抢去帽子、手枪案件。"① 缪佑孙提到的他"赠所著书一册"，大概是19世纪80年代出版的旅行记。

在接待坡塔宁同时，缪佑孙还与"雅得琳侧甫"（俄名为Н. М. Ядринцев）会晤。据同月十九日条记云：

> 儒士雅得琳侧甫来访，其人矜考古，能言元之和林城所在，又云土尔基即唐时之西突厥，阿剌伯即汉时之大夏，俄称中国人曰唼台即契丹之音转，俄所称萨莫咽特即乌梁海人云。有著作考悉毕尔事甚详。

这名俄国"儒士"，当时任伊尔库茨克《东方评论》周刊主编，对"悉毕尔"（西伯利亚）情况颇熟，是著名的突厥文《阙特勤碑》的发现者（1889年）。他对缪佑孙说的一席"考古"之话，不外是俄国"治学"中的常谈罢了。

在缪佑孙之后，与俄国"汉学"家直接接触的还有王之春。

---

① 《清季外交史料》，卷十二，第17页；卷十三，第31—34页。

光绪二十年（1894），沙皇亚历山大三世（1881—1894）死于慢性肾脏病，尼古拉二世（1894—1917）即位。这位末代沙皇为太子时周游列国，1891年经香港到广州，船泊沙面。王之春以按察使身份代表广东巡抚刘瑞芬设宴款待，晤谈三次，故清廷派王之春（当时已调任湖北布政使）赴俄吊贺。抵彼得堡后，俄方嫌"王之春人微言轻，不足当此责"，清廷遂改派李鸿章为致贺专使。

王之春的出使日记名为《使俄草》，对此行记述颇详。卷四有他的《俄京竹枝词》八首（作于光绪二十一年二月十八日），既述景观，又露心态，颇具以诗证史的价值：

（一）

旧都懒说墨斯科，比得城中安乐窝。
远向和林过沙漠，不愁黑海有风波。

（二）

冰天雪地共谁偕，结伴行经大海街。
群挈马单廊下出，大毛风领小皮鞋。

（三）

每思选胜到芬兰，当作华清出浴观。
易地皆然偏就近，天魔易得美人难。
（原注：俄都亦有男女浴室。）

（四）

乡景曾观跳舞场，大家拍手笑声狂。
曲终有酒须同醉，鱼子鹅肝信口尝。

（五）

宫墙高峻近民居，忧乐同民景象舒。
入目晶莹无隔阂，方珪圆璧聚琼琚。
（原注：宫在大海街，其象方毗连博物院。）

（六）

架悬十字贡心香，礼拜传经有教堂。
石柱不妨镶孔翠，宝光还更耀金钢。

（七）

涅瓦江边任跑车，园分冬夏地幽遐。
微行往往逢君后，试剑谁惊白帝蛇。
（原注：俄主为世子时，曾将游历东方所购各物创东方博物院，任人观玩，集资散给穷民。兼之近来乱党安静，故不复有意外之虞。）

（八）

骈罗百货灿生光，皮币金砂擅富强。
只有金龙旧茶店，独留字号认华商。

在彼得堡期间，王之春曾与两名"中国通"会晤。据该书卷四，"光绪二十一年（1895）二月十二日"条云：

> 夜晤俄之华文塾师云：中国之书四书五经，以纲常大义为根本，其他孔子家语、老庄墨列、国策、国语、资治通鉴、温公家范、朱子全书、历代名臣奏议、陔余丛考、五礼通考诸书，皆有关经世之学，良由中国开辟最早、教化最先，孔孟之所言皆有名理，非若耶稣之教所言徒多怪诞也。

这名"华文塾师"究为何人，王之春并未明言。从其对中国古籍如数家珍的情况看，极易使人联想起那个曾对缪佑孙侃侃而谈的"格倭尔儿耶甫司克"。其实，格氏已于两年前（1893年）去世了。该"塾师"既具有排斥耶稣教的倾向，又有与清廷使臣晤谈的资格，则拟之为昔年曾与志刚论过"天主教断乎不宜"，此时已年过古稀的王西里，似乎比较近是。

王之春交往更密的另一名"中国通"，是王西里的得意门生"柏百

福"。据《使俄草》卷四,"光绪二十一年二月十六日"条云:

> 柏百福邀赴其家茶会,情文交至,意殊可感。柏君能通各国语言,居京师二十余年,故于华事尤甚悉云。

又同书卷三云:

> 柏百福,字茂林,曾在北京二十余年。

按"柏百福"一名是帕·斯·波波夫（П. С. Попов）的雅译,三字均取吉祥之意,正如他的汉名"茂林"也是好字眼一样。此人于 1870 年毕业于彼得堡大学东方系,即被亚洲司派到北京俄使馆实习。1876 年,在第三届国际东方学家大会上提出论文《中国刑法史概要》。1877 年,升为使馆一等翻译,并于次年与璞志一同随崇厚使团到彼得堡。他与王之春晤面时,已五十二岁（1842 年生）,居留北京二十四年了。

这个"于华事尤甚悉"的"中国通",表面上对王之春"情文交至",暗中却谏止沙皇不要答赠"宝星"（勋章）,弄得驻俄公使许景澄十分紧张,于光绪二十一年二月初八日电告清廷:

> 俄主欲答赠王使宝星示亲密,柏百福语中国看轻此事,仅授不佩,俄主为难。今外部询国家是否准佩,速复。小事被煽,有关邦交。可否以见西国君臣时准佩,请核复。①

柏百福在 19 世纪末沙俄对华外交事务中,是一名阅历颇深的人物,他自 1886 年（光绪十二年）起担任俄国驻北京总领事,迟至 1902 年（光绪二十八年）才卸任,亲身经历过义和团包围使馆的日日夜夜,曾在《欧洲通报》（1901 年二月号）发表过《北京被围两月记》。

柏百福的汉名"茂林",通常用于新闻报道,如 1884 年他发表在《东方评论》上的文章《安南、法国、中国问题》,就是署名 Маолинъ（茂林）。顺带说明一下,北京俄使馆第一任翻译官"柏林"也姓波波夫

---

① 《许文肃公遗稿》,卷十。

（А. Ф. Попов），同治二年（1863）由俄国公使巴留捷克推荐给总理衙门，任同文馆俄文教习，曾为恭亲王编译过《聘盟日记》，1870年死于北京。这两个"波波夫"俄姓相同，汉名又有一字相同，不可牵混。

在俄国"汉学"界，柏百福因翻译张穆的《蒙古游牧记》（1895年）和补订巴拉第的《汉俄合璧韵编》（1888年及1889年分册出版），以及新译《孟子》俄文本（1904年）而享有盛名，成为瓦西里耶夫学派的中坚人物。王西里1888年致他的信中，发过后生可畏的赞叹："现在我们这一家是你当头呀，你居于它的中心。"① 可见，在沙俄"中国通"两代人的交接中，院士王西里是把衣钵传给通讯院士柏百福的。

四、结语

同光年间清朝官员所写的五部出使笔记：《乘槎笔记》、《初使泰西记》、《四述奇》、《俄游汇编》和《使俄草》，对沙俄"中国通"与清朝使臣接触的情况，作了不同程度的记述。从这几部带有直观性的清代文献中，可以了解到19世纪后半期俄国"汉学"界的若干动向。

第一，沙俄"中国通"亦学亦官的生活道路，有深刻的历史根源。出身北京俄罗斯馆的老一代人，如王西里（第十二班）、孔琪庭（第十三班）和孟第（第十四班），都是由"官学生"变成"中国通"，在鲜明的官方背景下成长起来的。自从俄国"汉学"训练的中心转移到彼得堡大学之后，直接处于沙皇政府的监督和控制之下，新一代的"中国通"，如璞志、柏百福、颗利索甫等人，更是惟"外署东方总办"（外交部亚洲司）马首是瞻。从他们的活动情况看，俄国"汉学"界对俄国外交界的依附关系，在19世纪后半期并没有松弛。

第二，俄国"汉学"没有西洋"汉学"那种实证主义的学究气，它是非常重视综合性和实用性的。王西里对中国思想史、民族史和文学史的研究，孔琪庭对中国天文史、农业史和兵制史的研究，以及孟第对中国地震史和柏百福对中国刑法史的研究，都是概览式或通论式的东西。同时，新老两代"汉学"家都非常注意工具书的编纂，大至巴拉第与柏百福合编的《汉俄合璧韵编》，小至威柏尔独力完成的《图书集成舆地门索引》，都是有

---

① 斯卡奇科夫：《俄国汉学史纲》，俄文版，第238页。

所为而作的。难怪清朝使臣与沙俄"中国通"接触之后,对他们"博览中国书籍"和"于华事尤甚悉"之类经世致用的倾向,留下深刻的印象。

第三,瓦西里耶夫学派是19世纪后期俄国"汉学"的主流派。毫不奇怪,同、光年间与清朝使臣打过交道的"中国通",不少就是王西里的弟子(如璞志、柏百福和格倭尔儿耶甫司克)和再传弟子(如颗利索甫)。他们把彼得堡大学东方系"汉学"训练的传统带到遥远的海参崴,璞志创办东方学院的宗旨,是与王西里的主张一脉相承的。当然,不应该将这个"人才辈出"的学派看成只会唱一个调子。其实,"行西法"的主张固然为王西里及其嫡传弟子柏百福所津津乐道,但格倭尔儿耶甫司克则更致力于鼓吹"守旧制"乃中国之上策。可见,瓦西里耶夫学派的代表人物,对西方文化和传统文化在中国应以何者为主导,并不存在共识。但这并不妨碍它在俄国汉学界举足轻重,并领风骚数十年。

俄罗斯馆与《资本论》中的王茂荫

《资本论》第 1 卷第 1 篇第 3 章"货币或商品流通,有一条编号（83）的脚注,按现行"全集"本的译文为：

> 清朝户部右侍郎王茂荫向天子上了一个奏折,主张暗将官票宝钞改为可兑现的钞票。在 1854 年 4 月的大臣审议报告中,他受到严厉申斥。他是否因此受到笞刑,不得而知。审议报告最后说："臣等详阅所奏……所论专利于商而不便于国。"（《帝俄驻北京公使馆关于中国的著述》,卡·阿伯尔博士和弗·阿·梅克伦堡译自俄文,1858 年柏林版第 1 卷,54 页）

自 20 世纪 30 年代以来,我国学术界为正确译述这段注文,对其中涉及的人名、官衔和币制,做过大量考释,逐步消除了转译造成的困惑。正如郭沫若先生在《〈资本论〉中的王茂荫》①一文中指出的："翻译真不是一件容易的事情,尤其像《资本论》这样的著作,竟连半截脚注都是须得花一番考证的工夫的。"1937 年,吴晗先生发表长篇考证《王茂荫与咸丰时代的新币制》,②将王茂荫的事迹从史料中清理出来,澄清了注文译读过程中的混乱。时至今日,可以说注文的历史内容,已经基本清楚了；但它的资料来源,由于是从俄文转译的,依然"须得花一番考证的工夫",才能弄清原著及其作者的底蕴。

早在 20 世纪 50 年代初期,谭彼岸先生已经提出"王茂荫的俄文介绍者是谁"这个问题,并推断可能是"大主教巴拉第"。③尽管限于当时的资料状况,所论未得其实,但毕竟虽不中,也不远,已经难能可贵了。下面就个人查考所得,疏通证明。一孔之见,未敢视为足补前贤之缺。

---

① 此文已收入《郭沫若全集》,历史编,卷三,人民出版社 1984 年版,第 318—324 页。同卷的另一论文《再谈官票宝钞》,也可参看。
② 1956 年收入《读史札记》,改题为《王茂荫与咸丰时代的币制改革》。
③ 谭彼岸：《〈资本论〉中的王茂荫问题》,《岭南学报》,十二卷 1 期（1952 年）,第 171—172 页。

马克思直接参考的那部 1858 年柏林版德文书，无论全集本还是单行本《资本论》，都译作《帝俄驻北京公使馆关于中国的著述》，这是很不确切的。因为，"帝俄驻北京公使馆"是 1860 年（咸丰十年）根据《中俄北京条约》正式设立的，而公使巴留捷克则迟至 1861 年 7 月 8 日才到任。在此之前，北京只有"俄罗斯馆"，即俄国驻北京布道团的驻地（位于东江米巷玉河桥西街北），其性质、任务和成员，与公使馆完全不同。①查德译本所依据的俄文原著，其实是《俄国驻北京布道团人员论著集刊》。这是一套 4 卷本的"汉学"丛刊，第 1 至 3 卷刊于 1852—1857 年，第 4 卷刊于 1866 年，均由俄国外交部亚洲司在彼得堡印行。1909—1910 年再版，承印者为俄国驻北京布道团附属圣母安息教堂印刷所。《论著集刊》前 3 卷问世后，即由卡尔·阿伯尔博士和弗·阿·梅克伦堡译成德文，于 1858 年分两卷在柏林刊行（Arbeiten der Kaiserlich russischen Gesandtschaftzu Peking Uber China, sein Volk, seine Religion, Seine Institutionen, socialen Verhaltnisse. Aus dem Russischennach dem in St. Petersburg 1852—1857 veroffentlichten Original von Dr. Carl Abel und F. A. Mecklenburg, Berlin, 1858）。德译本是选本，而且正文与注解分卷出书，②故编次较俄文原著有所变动，记述王茂荫事迹的文章，原载第 3 卷，而在德文版中则被编入第 1 卷去了。

在 19 世纪的俄国汉学界，这套《论著集刊》是颇有声誉的。它的发起人是俄罗斯馆达喇嘛（即"掌院修士"）巴拉第（俗名彼·伊·卡法罗夫，1817—1878 年），作者有 10 人，均为俄国驻北京布道团的神职人员和世俗人员（随班学生和医师）。四卷本共辑集论文和资料 29 篇，涉及的范围极广，包括国计民生、宗教信仰、物产交通和风土人情等。甚至有《中式算盘》、《御膳用的香稻米》和《香港》之类的专题，难怪阿伯尔博士给德译本加上一个百科全书式的书名：《关于中国、中国人民、宗教、制度和社会关系的著述》。

现将《集刊》四卷的全部篇目译录出来，借以了解俄罗斯馆僧俗人员 19 世纪中期的汉学旨趣。

---

① 详见本书《〈朔方备乘〉俄罗斯馆纪事补正》，及《清代北京的俄罗斯馆》，《百科知识》，1986 年第 6 期。

② 斯卡奇科夫：《俄国汉学史纲》，莫斯科，1977 年俄文版，第 327 页。

第一卷：满族先世的肇始与发迹（戈尔斯基）
　　　　清室源流与满洲名义（戈尔斯基）
　　　　中国户口历史概览（杂哈劳）
　　　　中国人的脂粉调制法（戈什克维奇）
　　　　佛陀传（巴拉第）
第二卷：中国土地所有制（杂哈劳）
　　　　古代佛教史纲（巴拉第）
　　　　中式算盘（戈什克维奇）
　　　　中国佛徒发愿出家仪式（固礼）
　　　　中国医学（他他哩诺幅）
　　　　中国西藏关系史纲（伊拉里昂）
第三卷：甲申之变——明朝覆亡之际的北京事变（哈喇坡斐擦启）
　　　　中国盐法志（茨维特科夫）
　　　　山药（土豆）栽培（戈什克维奇）
　　　　御膳用的香稻米（戈什克维奇）
　　　　中国麻醉术与水疗法评介（他他哩诺幅）
　　　　中国人对长崎的记述（茨维特科夫）
　　　　基督教入中国考（茨维特科夫）
　　　　景教碑（茨维特科夫）
　　　　中国礼俗（茨维特科夫）
　　　　津沪间的海上交通（巴拉第）
　　　　香港（戈什克维奇）
　　　　养蚕法（戈什克维奇）
　　　　论道家（茨维特科夫）
　　　　关于钞法的会奏（叶夫拉姆皮）
第四卷：元朝秘史译注（巴拉第）
　　　　长春真人西游记译注（巴拉第）
　　　　中国回教（巴拉第）

　　介绍王茂荫的钞法条陈及其遭遇的文章，在《论著集刊》第 3 卷中题为《关于钞法的会奏》，是一份颇具匠心的编译资料。开头引述咸丰四年三月初五上谕，说明传旨严行申饬的原因；其次分列王茂荫《再议钞法折》中议订的四条章程，即"拟令钱钞可取钱也"、"拟令银票并可取银也"、"拟令各项店铺用钞可以易银也"和"拟令典铺出入均准搭钞也",并逐条插入恭亲王奕䜣等的核议意见;最后引述核议者的如下结论:"臣等详阅所奏,尽属有利于商而无益于饷,且该侍郎系原议行钞之人,所论专利于商而不便于国,殊属不知大体,所奏均不可行。"①《资本论》注文中的引语,就是从这里取材的。

这份编译资料的作者,署名"修士司祭叶夫拉姆皮"。此人生于1822年,俗名叶里塞·伊凡诺夫,出身彼得堡神学院,入僧籍后取法号"叶夫拉姆皮",1849年(道光二十九年)加入以巴拉第为首的俄国驻北京布道团第十三班来华,任修士司祭,兼管俄罗斯馆日常开支。至1858年(咸丰八年)换班返俄,共住北京10年。在俄罗斯馆的历史上,第十三班是"汉学"人才辈出的一班。叶夫拉姆皮居留俄罗斯馆期间,翻译过《列子》,并编写了太平军在"天京"的报道。此外,还曾撰述《中国人关于安南的纪事》,载于《东方文汇》1877年第1辑。② 可以看出,尽管他的汉学译著不如同班的巴拉第和孔气(斯卡奇科夫)那么多,但视野还是相当广阔的。特别应当指出的是,叶夫拉姆皮对咸丰初年钞法的论战认真研究,并且择要译述,介绍给俄国公众,这完全不是孤立的现象。跟他同班来华的布道团人员,还有两名也考察过当时的币制。监护官伊·彼·科瓦列夫斯基(即咸丰元年与奕山举行西北通商谈判的"阔瓦劣复斯寄"),居留北京期间(1849年9月至1850年4月),参观过户部铸币厂宝泉局,亲眼看到"铜钱不是冲制而是模制的"。③ 该班随班学生米·达·赫拉波维茨基(即参加草拟《中俄天津条约》满文本的"晃明")也曾搜集中国钱币史料,写成《钱币制度历史概览》,书中连铸钱原料的铜矿产地,也逐一著录,不厌其详。④ 可见,咸丰年间轰动朝野的王茂荫奏议问题,由《论著集刊》作专题介绍,绝不是一名修士司祭个人的偏好,而是俄罗斯馆对清代币制沿革和金融动向进行系列性研究的重要环节。当然,作为《资本论》中王茂荫问题的资料来源,叶夫拉姆皮这篇《关于钞法的会奏》,毕竟使清代中俄文字之交增添了一段值得回顾的佳话。

---

① 《俄国驻北京布道团人员论著集刊》第3卷,1910年北京俄文版,第262页。
② 斯卡奇科夫:《中国书志》,莫斯科,1960年俄文第2版,第471页。
③ 瓦里斯卡娅:《伊·彼·科瓦列夫斯基的游历》,莫斯科,1956年俄文版,第143页。
④ 斯卡奇科夫:《俄国汉学史纲》,俄文版,第434页。

突厥法初探

一、问题和方法

6世纪中期兴起于阿尔泰南部的突厥汗国，是一个以阿史那氏为首的军事行政的联合。在木杆可汗（553—572）时代，"其地东自辽海以西，西至西海万里，南自沙漠以北，北至北海五六千里，皆属焉"（《周书》卷五〇《突厥传》）。对这个庞大的多部落国家，阿史那氏不仅依靠武力，而且借助法制进行统治。中国文献记突厥有"家法"（《隋书》卷八四《突厥传》），鄂尔浑碑文也屡次提及"突厥法制"和"先人法制"。[①] 因此，对突厥法作一番钩沉索隐工作，是十分必要的。这里不敢奢望复它的原貌，只是试图透过法权的折光，去考察6至8世纪突厥汗国经济结构和政治制度的几个侧面。

估计到问题的复杂性，下面先作两点说明。

第一，范围问题。"突厥"是政治联合的名称，在民族关系上是一个复杂的混合体。它于6世纪末分裂为东（北）、西两大汗国。由于"西突厥本与北突厥同祖"（《旧唐书》卷一九四《突厥传》下），是突厥人自东向西扩张的结果；因此突厥法的分析，应以东突厥为主。不过，东突厥还有本部与属部之分。按突厥人本支世居金山（阿尔泰），后迁"乌德鞬山、昆河之间"（《新唐书》卷二一七《回鹘传》上），因此对突厥法的分析，又应以鄂尔浑叶尼塞河流域的突厥部落为主。这样的处理当然不够全面，但却更方便我们去了解突厥法的纯粹形态。

第二，材料问题。突厥时代遗存的法律材料并非完整的文件，而是散见于史书和碑刻的片断记载。自19世纪末以来，由于鄂尔浑叶尼塞突厥碑铭的发现，及对阿尔泰和南西伯利亚突厥墓葬的发掘，有关突厥史的考古材料已经大为增加了。但是这些文物对突厥法的反映还是很不充分的。

[①] 《阙特勤碑》东面第13行。岑仲勉：《突厥集史》下册，中华书局1958年版，第881页。

而且已被考出年代的碑铭又多属于骨咄禄可汗（约682—691）以后的时期。因此在组织材料的时候，很难始终遵循汉文文献与同时代突厥文物互证的原则。此外，本文有时也用其他游牧民族的一些法律材料作旁证。大家知道，突厥上承匈奴、柔然，下启回纥、蒙古。因此，要研究处于这个历史序列中间的突厥法制，当然非参考它前后诸环节的情况不可。

二、突厥法概述

（一）"地分"和"畜印"

突厥法的所有权问题，可以归结为对"地分"、"畜印"和"奴"三个概念的解释。马克思曾经指出："在每个历史时代中，所有权以各种不同的方式，在完全不同的社会关系下面发展着。因此，给资产阶级的所有权下定义，不外是把资产阶级生产的全部社会关系描述一番。"① 同样地，为了探明上述三个概念的含义，必须把突厥时代的全部社会关系描述一番。但是限于资料，我们的描述只能是粗线条的。

这里先谈物的所有权，至于"奴"，因为它与"臣"有不可分割的联系，应另立一项讨论。

"地分"或作"分地"，即有定界的牧地。公元前2世纪的匈奴，"逐水草迁徙，毋城廓常处耕田之业，然亦各有地分"（《史记》卷一一〇《匈奴列传》）。6世纪的突厥人也是这样，"虽移徙无常，而各有分地"②。但是史料并无载明"地分"归谁所有。下面作一试探性的解释。

598年，达头可汗致拜占庭皇帝摩里斯的信中，曾述及突厥的最高统治者与"金山"有这样的关系："土人称之为金山，是因为它盛产水果，而又兽畜繁多。突厥有这样的法律，让最强的可汗管辖金山。"③ 信中所谓"金山"，据沙畹等人考证，是位于塔里木河以北、龟兹附近的"白山"，即突厥可汗牙庭所在地。④ 如上所引，"金山"是丰美的牧场，达头可汗对它的管辖权是突厥法所认可的。至达头之孙统叶护可汗（约618—

---

① 马克思：《哲学的贫困》，《马克思恩格斯全集》第四卷，人民出版社1979年版，第180页。
② 《周书·突厥传》。关于突厥兴起的阿尔泰的状况，可参看杰特玛：《突厥之前的阿尔泰》，《远东古物博物馆馆刊》，第23卷，斯德哥尔摩，1951年英文版，第135—223页。
③ 狄奥菲拉特·西摩卡塔：《历史》第5卷，1957年俄文版，第161页。
④ 同上书，第212页。沙畹：《西突厥史料》，中华书局1958年版，第212页。

628）时代，"移庭于石国（今塔什干）北之千泉"（《旧唐书》卷一九四《突厥传》下）。据玄奘《大唐西域记》卷一所载，千泉也是一个丰美的牧场："千泉者，地方二百余里，南面雪山，三垂平陆，水土沃润，林树扶疏，暮春之月，杂花若绮，泉池千所，故以名焉。突厥可汗每来避暑，中有群鹿，多饰铃环，驯狎于人，不甚惊走。可汗爱赏，下令群属，敢加杀害，有诛无赦，故此群鹿得终其寿。"这就是说，统叶护可汗把他避暑之地划为禁猎区，① 并用"诛无赦"的峻法来捍卫它的不可侵犯性。由"金山"和"千泉"两个例子可以看出，牙庭附近的丰美牧场已被突厥可汗所垄断，变成他的直辖领地了。

其次，我们来看看各部"君长"与"地分"的关系。贞观四年（630）唐太宗破突厥后，下诏议安边之策。中书侍郎颜师古主张"因其习俗而抚驭之"。他说："臣愚以为凡是突厥、铁勒，终须河北居住，分置酋首，统领部落，节级高下，地界多少，伏听量裁，为立条例，远绥迩安，永永无极。"（《唐会要》卷七三）显然，按突厥"习俗"，酋长的节级是与被统领的部落和地界多少相适应的。换句话说，"地分"构成权力的基础。离开了它，酋首便不成其为酋首了。因此贞观二十年（646）唐太宗南败薛延陀后，铁勒、回纥等十一姓的使臣奏称："奴等各有分地，不能逐延陀去。"（《唐会要》卷九六）有地分也就有部落。处罗可汗次子阿史那社尔所以能够发出"部落丰余，于我足矣"（《新唐书》卷一一〇《阿史那社尔传》）的豪语，正是因为通过对牧地的支配权，他获得了物质的保障。

在突厥时代，虽然牧地已被酋长所控制，但它在形式上还是集体所有的。据《旧唐书》卷三《太宗本纪》云：贞观二十二年（648）"四月甲寅，碛外蕃人争牧出界，上亲临判决，然后咸服"。在这场风波平息以后，褚遂良曾大加歌颂："陛下圣德广运，无远不臻，碛外诸夷，来断境域。"（《册府元龟》卷三七）太宗所断既为"境域"，当然"蕃人争牧"就不是私人争执了。看来牧界由集体维护，正是因为牧地是集体所有的。但是，既然它实际上已被酋首所控制，那么我们也就必须提出一个问题：放牧者应承担什么义务呢？下面所提供的只是从间接材料引出的答案。开皇十九年（599），启民可汗（染干）因隋文帝给其部落畜牧之地，上谢

---

① 蒙古大汗也有禁猎区，见冯承钧译：《马可波罗行记》，中华书局1954年版，第373—374页。

表说:"或南入长城,或住白道(今呼和浩特北白道溪),人民羊马遍满山谷。染干譬如枯木重起枝叶,枯骨重生皮肉,千万世长与大隋典羊马也。"(《隋书·突厥传》)这种政治上的附庸关系,当然与经济上的依附关系有区别。不过,从这里却可以看出,在突厥人心目中,"典羊马"是用他人(或在他人势力庇护下的)山谷放牧的相应义务。又,7世纪末8世纪初的《翁金碑》第五行也有类似记载:"唐人以北的乌护诸匐中有七名(头目)为敌。其余人等则称(即认)我父为神圣'莫贺'并在这里放牧和(为他)劳作。"① 文中的"劳作",显然是换取放牧权利的代价。由于使用牧场必须负担看管牧畜的劳役,因而控制牧场便成为进行剥削的前提了。在这样的意义上,可以说"地分"提供了经济奴役的基础,它是突厥社会基本矛盾"诸匐与民众水火"② 的物质根源。

突厥时代"地分"的遗迹,曾在阿尔泰雅波干养马场发现过,它是一长列把谷地分为两边的圆滑巨石。照当地居民的传统说法,那列巨石是往昔雅波干草原神奇勇士的地界。吉谢列夫认为这并非无稽之谈,而是公有(公社、氏族集团和部落所有)牧场被君长(匐、汗及其贵族)支配的直接证据。③

总起来说,对《周书·突厥传》中"各有地分"一语,可作这样的解释:

第一,"地分"在形式上是游牧群集体使用的财产;

第二,"地分"实际上被各部酋首所控制;

第三,可汗有私人"地分",即牙庭附近的直辖领地;

第四,"地分"是贵族剥削牧民的物质基础。

在一定"地分"之内牧养的畜群,是突厥人赖以生存的物质资料。所谓"突厥兴亡,唯以羊马为准"(《旧唐书》卷六二《郑元璹传》),已

---

① C. E. 马洛夫:《蒙古和柯尔克孜的古突厥文碑铭》,1959年俄文版,第10页。"莫贺"意为"父"。伯希和在《吐谷浑为蒙古语系人种说》一文(见《西域南海史地考证译丛七编》,中华书局1957年版,第33页)中认为,这个名号是突厥人从柔然借来的。又,克劳逊对《翁金碑》第5行有另一种译法,附此以供参考:"中国北面的阿咥(?)和乌护中有七人心怀敌意(反对我们)。我的父亲……于是跟随御驾出征并为他效劳。"见他所著《翁金碑》一文,《皇家亚洲学会会刊》(*Journal of the Royal, Asiatic Society*)1957年英文版,第3、4期合刊,第188页。

② 岑仲勉:《突厥集史》下册,第880页。

③ 吉谢列夫:《南西伯利亚古代史》,1951年俄文版,第514—515页。并参克利亚什托尔内:《论突厥汗国的土地所有制》,《近东和中东封建土地所有制形态(1975年巴托里德学术年会文集)》,莫斯科,1979年俄文版,第98—99页。

经说明了它的重要性。

下面从"畜印"出发去考察牲畜的所有权问题。

在古代畜牧业中，畜印是所有权的标志。如5世纪的高车人"其畜产自有记识，虽阑纵在野，终无妄取"（《魏书》卷一〇三《高车传》）。如果说，高车时代的畜印是氏族公有的标记，那么见于《唐会要》卷七二的突厥诸部畜印，则是牲畜氏族公有制的遗风。因为史料证明，畜产私有的现象，在突厥人中已经十分普遍了。

突厥贵族虽然不像蒙古王公那样有私人畜印，[①] 但他们拥有的私畜数目却非常可观。毗伽可汗之弟阙特勤有"四千雄马"[②]。《犹克土兰碑》也提及墓志主人的"六千匹马"[③]。这些贵族，除通过自然增殖的途径外，主要依靠两种手段扩大畜群的数量：第一是暴力掠夺。7世纪80年代领导突厥人复国的骨咄禄（颉跌利施可汗）就是靠"盗九姓畜马"（《新唐书》卷二一五《突厥传》上）起家的。第二是"科税杂畜"（《周书·突厥传》）。否则他们就不可能在与唐朝的通聘和贸易中提供那样大量的"贡马"和"市马"了。

突厥的普通牧民也有少量私畜。他们在祭奠死者的时候，家人亲属多杀牛马而祭之（《周书·突厥传》）。其次，自备马匹出征是突厥牧民的义务。[④] 此外，阿尔泰古突厥牧民墓也发现过用一两匹马殉葬的实例。[⑤] 所有这些，都说明牲畜已经成为私人的财产，因而突厥法做出保护牲畜私有权的相应规定（详见"刑法"部分）。牲畜之所以更早和更完全地向私有制过渡，其原因在于它是"直接可以让渡"的"动产"。[⑥]

根据以上的探讨，突厥时代牧地所有制和牲畜所有制的特征，大体可以用马克思下面的话来表述："在这里，被占有的和再生产的事实上只是畜群而不是土地，但是土地在每一个停留地上都暂时为共同利用。"[⑦]

[①] 《马可波罗行记》："各君主或他人之畜养牲畜，如牛马骆驼或其他大牲畜，在畜身上作一记号，任其放牧于野中，不用人看守。各主之畜混放在一起，赖有记号可以辨识，牧后各归其主。"（上册，中华书局1954年版，第284页）

[②] 岑仲勉：《突厥集史》下册，中华书局1958年版，第887页，并参阅第907页注。

[③] 马洛夫：《叶尼塞突厥文字》，1952年俄文版，第19页。

[④] 参阅拙作《突厥汗国的军事组织和军事技术》，见《蔡鸿生史学文编》，广东人民出版社2014年版，第309—329页。

[⑤] 吉谢列夫：《南西伯利亚古代史》，俄文版，第531页。

[⑥] 马克思：《资本论》第1卷，人民出版社1953年版，第75页。

[⑦] 马克思：《资本主义生产以前各形态》，人民出版社1953年版，第75页。

（二）"奴"和"臣"

在突厥时代，"奴"这个概念有广泛的社会内容。首先，它是"臣"的同义语。隋开皇四年（584），沙钵略可汗曾"谓其属曰：'何名为臣？'报曰：'隋国称臣，犹此称奴耳。'"（《隋书·突厥传》）至唐开元十三年（725），毗伽可汗在提及属部"两蕃"时，仍说"奚及契丹，旧是突厥之奴"（《旧唐书》卷一九四《突厥传》上）。可见自6至8世纪，突厥人始终保持"臣犹奴"的观念。不仅东突厥如此，被征服的中亚君长也同样接受这一观念。7世纪初，高昌王为护送玄奘赴印求法，致西突厥叶护可汗信中就这样写："愿可汗怜师如怜奴。"（《大唐大慈恩寺三藏法师传》卷一）因此可以确定，臣属关系是"奴"这个概念的社会内容之一。其次，史料又证明，它还具有表示奴婢身份的实质意义。如：第一，木杆可汗曾赠给周大将军史宁"奴婢一百口"（《周书》卷二八《史宁传》）。第二，7世纪中薛延陀可汗向唐太宗建议："至尊破突厥，须收为奴婢，将与百姓。"（《旧唐书》卷一九四《突厥传》上）第三，年代属于7至8世纪的《和硕柴达木十号碑》有这样一行："……年十月，我在库素获得奴隶。"① 可见同样在6至8世纪，"奴"还有不同于"臣"的第二种用法，即指那些被赠送、分配和虏获的奴婢。

由上看来，在突厥时代，"奴"这个社会术语的内容具有二重性：当它被用来指集体（属部）时是表示附庸地位，当它被用来指个体（个人）时是表示奴隶地位。弄清楚"奴"的含义的二重性，才能够拨开史料的云雾，对突厥时代宗主与属部及奴主与奴婢的关系进行具体分析。

据突厥文《阙特勤碑》所述，属部对宗主的关系是，在经济上"派遣帮队"，在政治上"低首屈膝"，② 一言以蔽之就是纳贡称臣。

---

① 马洛夫：《蒙古和柯尔克孜的古突厥文碑铭》，第53页。他又认为，地名库素似可译读为"冬天"。

② 《阙特勤碑》小碑第8行及大碑第2行，见马洛夫：《古突厥文献》，1951年俄文版，第35—36页。"低首屈膝"这种臣属关系，有实物为证。在苏联郭尔诺阿尔泰自治省楚雷什曼河右岸一座7世纪末的墓葬中，曾发现圆形石刻一件，画面由三部分构成：左边是一个贵族大臣的脸型，面貌与现存古突厥石像相似，中间有兽面骑士三人，下马向坐于右边的一位贵妇跪拜，随侍在侧的是她的儿子。这件石刻，同时也证实了"北蕃夷俗，可贺敦知兵马事"的记载。参阅本文"家庭和婚姻"部分。

"低首屈膝"首先意味着接受突厥"吐屯"的统领。室韦被征服后，"突厥常以三吐屯总领之"（《隋书》卷八四《室韦传》）。契丹也是这样："突厥沙钵略可汗遣吐屯潘垤统之。"（《隋书·契丹传》）"其西域诸国王悉授颉利发，并遣吐屯一人监统之，督其征赋。"（《旧唐书》卷一九四《突厥传》下）有时突厥汗庭也用"和亲"的手段加强对属部的控制，如毗伽可汗把他的妹妹嫁给拔塞匐，① 康国王"屈术支娶西突厥叶护可汗女，遂臣于西突厥"（《旧唐书》卷一九八《康国传》），等等。不管哪种手段，都是为了巩固主从关系，以便"征发兵马、科税杂畜"（《周书·突厥传》）。附庸部落纳贡的形式是"派遣帮队"，其重大作用可以铁勒为例："自突厥有国，东西征讨，皆资其用，以制北荒"（《隋书》卷八四《铁勒传》）。又如黠戛斯，"每雨，俗必得铁，号迦沙，为兵绝犀利，常以输突厥"（《新唐书》卷二一七下附《黠戛斯传》）。可见突厥汗国的强盛，是建立在对属部进行剥削的基础上的。按古突厥碑记载，整个部落"被奴"的状况有如下表征：第一，失去本族的可汗；第二，失去自己的国家（伊利）；第三，失去部落的旧规；第四，失去为己谋利的可能性；第五，失去本部落的地分。② 因而宗主与属部的对抗关系，便成为突厥社会的基本矛盾之一。

关于突厥奴隶的来源，马长寿先生已有详细研究。③ 这里主要探讨奴主与奴婢的关系问题。

"奴"就是鄂尔浑碑文上的 qul，它源于动词 qulmaq（劳作），指外来的劳动人手。这个名词又是另一名词 orul（儿郎）的组成部分，后者是由

---

① 岑仲勉：《突厥集史》下册，第 882 页。
② 克利亚什托尔内：《亚洲内陆游牧国家的社会依附形式》，《中世纪东方国家的奴隶制》，莫斯科，1986 年俄文版，第 335 页。
③ 马长寿：《论突厥人和突厥汗国的社会变革》（下），《历史研究》1958 年第 4 期，第 52 页。其中一、二两个来源均可信从，唯据以说明第三个来源的下列译文："此七百人曾亡国家、失可汗之人民，依吾祖先之法度，曾亡国家、失可汗者，当为婢为奴，当为违反突厥法度之人民。"则颇有出入。按突厥文《阙特勤碑》大碑第 13 行，马洛夫译为"当（他）得到七百人之后，他便整顿和诲谕这些丧失了自己'伊利'（即自己的独立国家机构）和自己可汗的民众，被沦为奴婢的民众，废弃了（自己的）突厥法制的民众，他遵照我们祖先的法制把〔这些民众〕整顿和教养起来"（《古突厥文献》，第 37—38 页）。韩儒林先生（《突厥文阙特勤碑译注》，载《国立北平研究院院务汇报》第 6 卷第 6 期，第 20 页）及岑仲勉先生（《突厥集史》下册，第 881 页）据德文本和英文本所做的汉译，也与此大致相同。

oq（"箭"，指氏族）加 qul（奴），并以 r 代替两个 q 构成的。① 这些语言学材料，不仅证明突厥奴隶的外部来源，而且说明奴隶一经氏族收养，便被当作"儿郎"看待。由此似乎可以设想，在突厥人那里，有一种氏族所有的奴隶，相当于蒙古时代的"牧奴"（unagan bogol）。此外还存在着家庭私有的奴隶，他们多数是由战俘转化而来的。史载突厥"抄掠资财，皆入将士"（《旧唐书》卷六二《郑元璹传》），这显然是因袭匈奴用瓜分战利品来鼓舞士气的老办法："所得卤获，因以予之，得人以为奴婢，故其战，人人自为趣利。"（《史记·匈奴列传》）前引碑文"我在库素获得奴隶"可以为证。被掳掠的人当然男女都有，但突厥人似乎对女人尤其需要。武德三年（620），处罗可汗至并州时，"城中美妇人多为所掠"（《旧唐书·突厥传》上）。难怪早在大业三年（607）隋炀帝破契丹时，要分一半女俘虏给突厥了。（见《旧唐书》卷七五《韦云起传》）大概像其他游牧民族一样，被掠的妇女多数变成突厥"控弦之士"的妻妾。她们生下来的儿子，照例要低人一等，木杆之子大逻便就是因为"母贱，众不服"（《隋书·突厥传》），被剥夺汗位继承权的。至于男奴负担何种工作，文献只字未提，考古材料也只提供一些模糊的线索。考古学家将 6 至 8 世纪的阿尔泰墓葬，按其形制和随葬品分成三等，其中第二等是奴隶或贱民的墓葬，随葬品中有一种骨箭镞，而牧人墓出土的则是铁箭镞。按当时阿尔泰人生产状况，骨箭镞是用于射猎的。据此，奴隶可能参与畜牧射猎之务。不过，他们只看管牛羊，并不放牧马群。也就是说，生产性的奴隶，是牧羊人而不是牧马人。②

奴隶虽被包括在突厥人的家庭中，但他们终究只是主人的资财，若要恢复自由，就必须用金帛赎身。贞观五年（631），唐在宗下诏："隋乱，华民多没于虏，遣使者以金帛赎男女八万口还为平民。"（《新唐书·突厥传》上）永徽四年（653），唐高宗对陷于黠戛斯的"华民"，也同样遣使，"多赍金帛，仍往处分，云但有人即须赎"。（《太平寰宇记》卷一九九《黠戛斯传》）

---

① 伯恩施坦：《六至八世纪鄂尔浑叶尼塞突厥人的社会经济制度》，1946 年俄文版，第 116、125 页。

② 吉谢列夫：《南西伯利亚古代史》，第 534 页。并参克利亚什托尔内：《古突厥公社的奴婢》，《古代蒙古文化》，新西伯利亚，1985 年俄文版，第 166 页。

值得注意的是，被突厥沦为奴隶的"华民"，在颉利可汗统治末期，曾"自相啸聚，保据山险"(《旧唐书》卷六八《张公谨传》)。另一部分则"及颉利败，或有奔高昌者"(《旧唐书》卷一九八《高昌传》)。这表明突厥汗国的汉籍奴隶，曾经进行过以起义和逃亡为形式的阶级斗争。因而主奴之间的对抗关系，也是突厥社会的一个基本矛盾。

描述过"奴"这一概念所体现的社会关系之后，可以说突厥社会确实存在着奴隶制。而且从木杆可汗一次就赠史宁奴婢一百口，及被唐太宗赎回的"华民"达八万口之多等事实，又可看出突厥奴隶的数目相当可观。但是，如果把它与自由牧民出身的"控弦士四十万"(《北史》卷九九《突厥传》)相比，则奴婢在突厥人口中所占的比重毕竟并不太大，何况他们还是以氏族"儿郎"或家庭成员的身份去谋取直接生活资料的。因此在承认主奴关系是突厥社会基本矛盾之一的时候，却又不能夸大奴隶制所起的作用。大家知道，6世纪至8世纪的突厥人经营着"随逐水草"的游牧畜牧业，它的粗放性质决定牧民只有在好年景才能保持简单再生产，一旦"竟无雨雪，川枯蝗暴"，便会"赤地无依，迁徙漠南"，甚至弄得"莫不掘野鼠、食草根，或自相食，以活喉命"。① 这种缺乏物质储备的状况，使奴隶劳动的使用受到极大的限制。同时在游牧的畜牧业中，很难实现对奴隶劳动的监督。此外，奴隶人数过多，也会妨碍游牧人随畜逐水草的机动性。这些条件，使突厥人不得不把奴隶劳动局限于狭小的范围内，并用家属中化（收作妻妾或"儿郎"）的办法把这类劳动人手稳定下来，从而形成了父权奴隶制。

(三) 家庭和婚姻

6—8世纪突厥游牧社会最小的经济单位是父权制家庭，即中国文献所谓"帐"或"户"。它在古突厥语中，用 inijügün 和 arqarun 两个词来表示。前者的词根是 ini（幼弟），意为"幼房"。后者的词根是 arqa（背，站在背后的人们），意为"家族"。它们分别从家属或家长两个不同角度说明一个共同的事实：家庭是由年幼后辈组成的。因此，inijügün 和 arqarun 是一对同义词。其词义构成完全符合历史的实际情况，因为在突厥氏族制度崩溃的条件下，代之而起的父权制家庭是以享有继承权的年幼

---

① 岑仲勉：《突厥集史》上册，第314页。

后辈为基础的。

关于游牧人中父权制家庭出现的历史条件,恩格斯作过这样的论断:"畜群是新的谋生工具,它们的最初的驯养与以后对它们的照管都是男性的事情。因此,牲畜是属于他的了。如今生产所得的全部剩余都归男子了;妇女参加它的消费,但在财产中没有她的份儿。"① 在我们研究的这个时代,突厥家庭中的妇女早已被排挤到第二位了,她们成为家务劳动的承担者,如:"有客乞食于主人,引入帐,命妻具馔。"(《太平广记》卷二九七引《广古今五行记》)从萨彦阿尔泰的库莱墓葬群一座8至9世纪的女墓中,也发现过石制手磨的磨盘。② 这是"具馔"之"妻"操劳家务的确证。不过,既然"母权制的遗迹直到中世纪后期也还被发现",③那么它在6—8世纪的突厥人中间,当然会保留得更多。因为在随逐水草放牧和军事冲突频繁的情况下,由于男性家长经常外出,操劳家计的主妇也就握有家庭经济的大权,这种受游牧生活所制约的劳动分工,就是突厥妇女享有较高地位的现实基础,同时也是母权制残余得以长期保存的物质条件。被打上重视女系烙印的下列两个亲属概念,可作为母权制残余的例证:第一,视婿如儿。沙钵略可汗致隋高祖书称:"皇帝是妇父,即是翁,此是女夫,即是儿例。"(《隋书·突厥传》)毗伽可汗谢玄宗许降公主的表中也说:"卑下是儿。"(《册府元龟》卷九七九)第二,视甥如侄。突厥文《阙特勤碑》及《毗伽可汗碑》的撰人署名"甥也里特勤"。按突厥官制,"特勤"是可汗子弟的封号。这里外甥也封"特勤",证明突厥人对姊妹之子和兄弟之子一视同仁。④

母权制残余的牢固保持,决定突厥妇女在社会生活中能够获得一定的立足点。史载"北狄风俗,多由内政"(《贞观政要》卷九)。下面就是几个例子。

(1)可敦知兵马事:"北蕃夷俗,可贺敦知兵马事。……义成公主遣使告急于始毕,称北方有警,由是突厥解围。"(《旧唐书》卷六三《萧瑀传》)

(2)可敦参与废立可汗事:"处罗卒,义成公主以其子奥射设丑弱,

---

① 恩格斯:《家庭、私有制和国家的起源》,人民出版社1954年版,第155页。
② 吉谢列夫:《南西伯利亚古代史》,俄文版,第543、551页。
③ 恩格斯:《家庭、私有制和国家的起源》,人民出版社1954年版,第134页。
④ 《突厥集史》下册,中华书局1958年版,第891—892页。

废不立之，遂立处罗之弟咄苾，是为颉利可汗。"①

（3）可敦与可汗及廷臣一同接见外国使节："鸿胪卿袁振往谕帝意。默棘连置酒，与可敦、阙特勤、暾欲谷坐帐中。"（《新唐书》卷二一五《突厥传》下）

（4）可敦知争讼之事："其（菩萨）母乌罗浑主知争讼之事，平反严明，部内齐肃。"（《旧唐书》卷一九五《回纥传》）

（5）可敦阻止可汗杀人："可汗怒，欲杀之，为其妻所抑而止。"（《旧唐书》卷一〇九《契苾何力传》）

遗憾的是，从现存文献中只能找到有关贵族妇女的材料，至于一般妇女的情形如何，尚未发现直接记载。不过，从古代其他游牧人的情况来看，突厥普通妇女在社会事务上，大概还保留着有限的发言权。②

母权制残余的顽强生命力，使氏族时代的某些旧习也遗留于父权制家庭之中。

第一，收养制。安禄山曾被安贞节家收养。（《旧唐书》卷二〇〇《安禄山传》上）突厥碑文也有类似例证。《巴尔立克二号碑》载："（1）我，裘泥提利格，三岁丧父。（2）我兄，声名卓著的都督，将我抚育成人。"③据伯恩施坦解释，"裘泥提利格"一名是由 küni（妾）和 tirig（活的）两词构成的，意为"妾生者"。他在父亲死后，被一位显贵收养。④安禄山和裘泥提利格的身世表明，在 8 世纪的突厥游牧社会中，收养子是作为家庭成员存在的，而从后来安禄山"畜假子"谋叛一事（《新唐书》卷二二五《安禄山传》），又可推知被收养者扮演着家丁童仆的角色。

第二，寄养制。据《新唐书》卷二一五《突厥传》上："（贞观）八年，颉利死……其臣胡禄达官吐谷浑邪者，颉利母婆施之媵臣也。颉利始生，以授浑邪，至是哀恸，乃自杀。"颉利自幼寄养于吐谷浑邪家中。达官（即达干）之职，可能是他即位后为酬答养育之劳而授予的。收养制

---

① 《旧唐书》卷一九四《突厥传》（上）。义成公主即义城公主。
② 《后汉书》卷八九《乌桓传》："计谋从用妇人。"塔西佗《日耳曼尼亚志》的一段记载也很有趣："他们（指日耳曼男子）从不轻视妇女；和她们商量事务，尊重她们的意见。"（三联书店1958年版，第58页）
③ 马洛夫：《叶尼塞突厥文字》，俄文版，第21页。
④ 伯恩施坦：前揭书，第115页。

和寄养制,都是氏族制度的残余,它们在突厥汗国时代被保存下来,并为父权制家庭开辟广阔的劳动力来源。这说明氏族互助的古风,已经变成剥削行为的掩饰物。

根据上述材料,大体上可以把6至8世纪突厥家庭的本质和特征表述如下:它是带有大量母权制残余的父权制家庭。

现在转过来研究与家庭密切相关的婚姻问题。《北史》卷九九《突厥传》有专节记述突厥人的婚姻制度:"男女咸盛服饰,会于葬所。男有悦爱于女者,归即遣人娉问,其父母多不违也。父兄伯叔死者,子弟及侄等妻其后母、世叔母及嫂,唯尊者不得下淫。"文中"唯尊者不得下淫"一语,表明它具有强制的性质。因而这并不是单纯的婚俗,而是突厥人的婚姻习惯法。下面分成几个问题来讨论。

第一,关于婚姻缔结问题。

据上段引文,突厥青年是通过葬所之会来找寻对象的。他们之所以不得不在这种"剺面且哭,血泪俱流"的场合来追求悦爱,显然不是由于迷信,而是由于游牧社会的分散性和流动性,使经常的社交活动(在有限的意义上)成为不可能,因此只得利用"男女咸盛服饰,会于葬所"的机会来选择配偶。这种塞外殊俗,在内地人看来,可能认为"啼笑皆非",但他们却是"悲喜交集"的。其次,从"遣人娉问,其父母多不违也"一语,可知儿女私情通常是能够获得家长认可的。此外,聘礼虽不见于前引史料,但突厥刑法中既有"输妇财"的赔偿方法(详见"刑法"部分),则娶妇纳聘,应无疑义。大概在财产分化的条件下,突厥的普通牧民不容易积累一笔"妇财",所以他们对女俘虏才感到特别需要。

第二,关于收继婚问题。

在突厥汗国的历史上,义成公主是一位著名的被收继人。她曾先后为启民可汗、启民子始毕可汗、始毕弟处罗可汗、处罗弟颉利可汗之妻。这个婚例,证明突厥法容许长辈收继婚与平辈收继婚相结合。按前引《北史》材料,只是在下列情况下才不得履行收继婚:

(1) 被收继人之夫未死;
(2) 被收继人为收继人之生母;
(3) 收继人为长辈。

倘使不具备收继条件,则寡妇可以改嫁。如安禄山"少孤,随母在突厥中。母后嫁胡将军安波注兄延偃"(姚汝能:《安禄山事迹》),就是因为安禄山是她的亲生子，不可能成为收继人。至于她的亡夫是否还有其他子弟侄，史无明载，不得而知。看来安禄山之母是在无法履行收继的情形下改嫁的。由此可以设想，当夫家不存在合法收继人时，寡妇有权改嫁，亲生子随母改嫁也被容许。收继婚的习俗，在突厥人入侵中亚之后，仍被继续保持，如7世纪初叶护可汗长子呾度设死后，"前儿特勤篡立为设，仍妻后母"（《大唐大慈恩寺三藏法师传》卷二）。

第三，关于唐代长安教坊流行的所谓"突厥法"问题。

崔令钦《教坊记》"坊中诸女"条载："坊中诸女，以气类相似，约为香火兄弟，每多至十四五人，少不下八九辈。有儿郎聘之者，辄被以妇人称呼，即所聘者兄见呼为新妇，弟见呼为嫂也。……儿郎既聘一女，其香火兄弟多相奔，云'学突厥法'，又云'我兄弟相怜爱，欲得尝其妇也'。主知者亦不妒。他香火即不通。"文中"法"字的含义，指的是一种婚俗，与东突厥通行的"香火"结盟形式，名同而实异。由此似乎有理由认为在突厥人中间，除流行收继婚制及存在一夫多妻制外，① 还有一种被教坊艺人称为"突厥法"的兄弟共妻制的变种。它与恩格斯所说的"俱乐部婚姻"相似，一个可以"相奔"的"香火"，就是一个"婚姻俱乐部"。② 不过，此法用"突厥"命名，却除《教坊记》外，未见他证。③ 且自匈奴以来，蒙古草原并无这种婚俗。④ 又教坊艺人多为西胡或杂有西胡血统，⑤ 她们所染之习，当以溯源于中亚为合理。⑥ 因此所谓"突厥法"，是否突厥之"法"，是值得怀疑的。

从现存文献看来，兄弟共妻制是嚈哒境内特有的婚俗。据《周书》

---

① 突厥贵族多妻，见《阙特勤碑》北面第9行及《突厥集史》下册，第886页。
② 恩格斯：《家庭、私有制和国家的起源》，第59页。
③ 《大唐西域记》卷二〇记呬摩呾罗妇人首冠木角，是由于"境邻突厥，遂染其俗"。不能据此证明兄弟共妻制是突厥人传来的。因为表示夫父母的"木角"，与表示夫兄弟的"角帽"，作用大不相同。
④ 岑仲勉先生认为匈奴"父死妻其后母，兄弟死尽取其妻妻之"的婚俗，与《教坊记》所谓"突厥法""大致相类"（《突厥集史》，下册，第1117页），实际上是把收继婚与兄弟共妻混为一谈。任半塘先生的专著《教坊记笺订》（中华书局1962年版，第51页）仍袭此说。
⑤ 陈寅恪：《元白诗笺证稿》，文学古籍刊行社1955年版，第149页。
⑥ 向达先生认为教坊艺人学"突厥法"，是"因为当时突厥势盛，长安突厥流民又甚多，以至无形之间，习俗也受其影响也"（见《唐代长安与西域文明》，三联书店1957年版，第44页）。其实，开元年间长安的"西胡化"要比"突厥化"严重得多。

卷五〇《嚈哒传》云："刑法、风俗与突厥略同。其俗又兄弟共娶一妻，夫无兄弟者，其妻戴一角帽，若有兄弟者，依其多少之数，更加帽角焉。"《通典》卷一九三《吐火罗传》云："与悒怛杂居……多男少妇人，故兄弟通室，妇人五夫则首饰戴五角，十夫戴十角。男子无兄弟者，则与他人结为昆季，方始得妻，不然终身无妇矣。生子属其长兄。"慧超《往五天竺国传》又云："其吐火罗国，乃至罽宾国、犯引国、谢䫻国等，兄弟十五人、五人、三人、两人共娶一妻，不许各娶一妇，恐破家计。"从上引诸文看来，兄弟共妻制流行的区域是嚈哒国故地。《周书》"其俗又兄弟共娶一妻"之句，用意在强调"与突厥略同"中尚有不同的殊俗，而《通典》所谓"与他人结为昆季"，正是教坊艺人"约为香火兄弟"的样本。据古钱币学材料，作为这种婚俗外部标志的角帽，贵霜时代已经出现，它的发源地为喀菲列斯坦（今阿富汗努尔伊斯坦），即嚈哒人的主要住区。① 约自556年以后，突厥人入主嚈哒故地，部分嚈哒人迁至锡尔河与阿姆河之间的绿洲，至8世纪时已与当地居民同化。难怪叙利亚史籍把嚈哒称为"突厥"了。② 这些情况说明：第一，由于政治变迁，嚈哒人的兄弟共妻制后来成为西突厥境内一种婚俗。第二，由于民族迁移，嚈哒人已有部分与"昭武九姓"融合，其婚俗也可能传入布哈拉绿洲和塞拉夫善谷地。按《教坊记》所载是开元中事，其时嚈哒已亡国灭种，西突厥虽也分崩离析，但去古未远，在这种情况下，教坊艺人仿行嚈哒人的兄弟共妻制而称之为"突厥法"，可能就是由于数典忘祖，以致张冠李戴。要是上面的假设能够成立，那么就应该这样说：作为一种婚俗，唐代长安教坊流行的所谓"突厥法"，其实是"嚈哒法"；如果一定要称为"突厥法"，那么也只能算是西突厥之法而不是东突厥之法。

（四）继位法

在现存文献中，尚未发现突厥财产继承法的直接材料，因此只能把讨论范围限于汗位继承法，并以继位原则的沿革为中心。

---

① 关于嚈哒人的婚俗，可参看榎一雄：《嚈哒国考》，载《东洋文库研究部纪要》第58册，1959年英文版，第51—55页。

② 佛赖及沙伊里：《塞尔柱以前中东的突厥人》，载《美国东方学会会刊》第63卷，1943年英文版第3期，第205页。

继位制度是上层建筑的重要组成部分。随着突厥社会阶级关系的确立和汗国政治势力的扩张，它的继位制度也经历了由子承父到弟承兄、侄继叔的变化。下面我们就来考察这个过程。

《周书》卷五〇《突厥传》云："讷都六有十妻，所生子皆以母族为姓，阿史那是其小妻之子也。讷都六死，十母子内欲择立一人，乃相率于大树下共为约曰：'向树跳跃，能最高者即推立之。'阿史那子年幼而跳最高者，诸子遂奉以为主，号阿贤设。"据上引文，"所生子皆以母族为姓"，是女系社会的特征；但继位权利仅限于"诸子"，则又是男系社会的特征。因而兼有这两个特征的讷都六时代，可说是从女系社会向男系社会过渡的时代。当时的"主"称为"设"，显然是军事首长，所以后来才把"别部领兵者谓之设"（《通典·突厥传》上）。诸子在树下跳跃的传说，表明此时幼子继承权尚不稳定，否则阿史那就不必"跳"了（承戴裔煊先生教，方识此解）。这与前述突厥家庭以幼子继承制为基础并无矛盾，因为"设"位的继承不同于财产的继承，军事首长的择立应该取决于能力的高低而不是行第的长幼。但是阿贤设的胜利毕竟是一个转折点，它意味着"氏族内部已经有了特殊的显贵家庭的萌芽"，① 从此开辟了阿史那氏专权的时代。

阿贤设继位后，于435年至460年间，② "以五百家奔茹茹（柔然），世居金山，工于铁作"（《隋书·突厥传》）。"其后曰土门，部落稍盛，始至塞上市缯絮，愿通中国"（《周书·突厥传》）。按"土门"为突厥语 Tümän 的音译，即"万骑"或"万夫长"，这一称号是与"部落稍盛"相适应的。上述过程表明，迁金山（阿尔泰）后的突厥族具有这样的社会经济特征：

第一，"工于铁作"，即善于制造和使用铁器。柔然称突厥为"锻奴"（《周书·突厥传》），就因为它是以铁为贡品的依附部落。

第二，"至塞上市缯絮"，即进行边境贸易。这种交换行为，说明突厥贵族已拥有一批超过自身消费的剩余产品。

第三，阿史那氏由率五百家的"设"变成"万夫长"，这不仅说明突

---

① 恩格斯：《家庭、私有制和国家的起源》，人民出版社1954年版，第102页。
② 马长寿：《论突厥人和突厥汗国的社会变革》（上），《历史研究》1958年第3期，第13页。

厥人口日益增加，而且也表明世袭军事首长的权力逐步扩大。铁器的使用、商业的出现和贵族的专权，这些"英雄时代"的特征，标志着突厥族已经走进文明的门槛。

546年，"铁勒将伐茹茹，土门率所部邀击，破之，尽降其众五万余落"（《周书·突厥传》）。这一胜利为突厥族提供了"东西征讨"的强大物质后备。552年，土门在怀荒北击败柔然，使突厥获得完全独立，并由"锻奴"一变而为宗主。然而，直接导致了这样的后果："征服者的最切近的代表人是军事首长。被征服地区对内对外的防卫，都要求增大他的权力。于是军事首长的权力变为国王权力的时机便来临了，这一转化毕竟实现了。"① 原为万夫长的土门果然"自号伊利可汗"（《周书·突厥传》）了。

土门死后，子科罗立，号"乙息记可汗"。至553年，"科罗死，弟俟斤立，号木汗（杆）可汗"。从这一年开始，"立子"的旧制便被"立弟"的新制代替了。突厥汗国的继位制度，为什么在木杆时代发生如此重大的变化呢？为便于论述，特将《隋书·突厥传》有关部分摘录如下：

（科罗）病且卒，舍其子摄图，立其弟俟斗（斤），称木杆可汗。

木杆在位二十年（553—572）卒，复舍其子大逻便而立其弟，是为佗钵可汗。

（佗钵可汗）在位十年（572—581），病且卒，谓其子菴罗曰："我闻亲莫过父子，吾兄不亲其子，委地于我。我死，汝当避大逻便也。"及佗钵卒，国中将立大逻便，以其母贱，众不服，菴罗母贵，突厥素重之。摄图最后至，谓国中曰："若立菴罗者，我当率兄弟以事之，如立大逻便，我必守境，利刃长矛以相待矣。"摄图长而且雄，国人皆惮，莫敢拒者，竟立菴罗为嗣。大逻便不得立，心不服菴罗，每遣人骂辱之，菴罗不能制，因以国让摄图。国中相与议曰："四可汗之子，摄图最贤。"因迎立之，号伊利俱卢设莫何始波罗可汗，一号沙钵略。

---

① 恩格斯：《家庭、私有制和国家的起源》，人民出版社1954年版，第147页。

初，摄图以其子雍虞闾性软，遗令立其弟叶护处罗侯。雍虞闾遣使迎处罗侯，将立之。处罗侯曰："我突厥自木杆可汗以来，多以弟代兄，以庶夺嫡，失先祖之法，不相敬畏。汝当嗣位，我不惮拜汝也。"雍虞闾又遣使谓处罗侯曰："叔与我父，共根连体，我是枝叶。宁有我作主，令根本反同枝叶，令叔父之尊下我卑稚！又亡父之命，其可废乎？愿叔勿疑。"相让者五六，处罗侯竟立，是为叶护可汗（581—587）。

从上面的引文，可知突厥人把继承分为两种：一是"先祖之法"，地定继承；一是"亡父之命"，即遗嘱继承。后者采取口头遗嘱的形式。十分明显，"以弟代兄"的继位原则，是以否定"先祖之法"为前提的，因而促使"亡父之命"敢于违抗传统力量的，必然是一股更加强大的现实力量。耐人寻味的是，新的继位原则一经确立，便具有极大的威力，以致那位曾经借助"利刃长矛"使菴罗继承父业的摄图，到自己临终的时候，也不得不遗令"立其弟叶护处罗侯"。旧史以"雍虞闾性软"为由，并未说明问题的实质。"以弟代兄"的新制出现于6世纪中期，绝不是偶然的。当科罗死的时候，突厥已经获得独立并走上对外扩张的道路。木杆即位后，又彻底摧毁了柔然和哒哒的势力，奠定了突厥汗国的基础。版图的扩大，使阿史那氏面临新的政治课题：一方面是"部落之下，尽异纯民，千种万类，仇敌怨偶"（《隋书·突厥传》）；另一方面则"昆季争长，父叔相猜，外示弥缝，内乖心腹"（《周书·突厥传》）。在这种情况下，如果依旧奉行"先祖之法"传位于子，便可能出现无力亲政的"儿可汗"。同时，即使储君已经成年，那些各霸一方的可汗兄弟也决不会安分守己的。因此，可汗被迫"不亲其子"，只得从他的兄弟中去物色强有力的继承人。科罗之弟木杆就是一个"务于征伐"的人（《周书·突厥传》）。木杆之弟佗钵也是野心勃勃的统治者。① 至于佗钵之侄摄图，则如上所引，是"长而且雄"的。摄图之弟处罗侯也同样具有充当继位者的条件——"勇而有谋"（《隋书·突厥传》）。上述诸人的性格特征，不外是他们政治实力的反映。因此在汗位嬗递之际，年幼的储君便被剥夺了继承权。如

---

① 佗钵说过："但使我在南两个儿（北齐、北周）孝顺，何忧无物邪！"

始毕可汗死时，"其子什钵苾以年幼，不堪嗣位，立为泥步设，使居东偏，直幽州之北，立其弟俟利弗设，是为处罗可汗"。处罗死，又出现同样情况："其子奥射设丑弱，废不立之，遂立处罗之弟咄苾，是为颉利可汗。"（《旧唐书·突厥传》）从木杆可汗至颉利可汗的传位历史中，"弟代兄、侄继叔"的事例最多，因而可以认为这是汗位继承的通则。直至7世纪末，骨咄禄领导突厥人复国后，也还是在"其子尚幼"的情况下，汗位落入其弟默啜之手。但默啜在位期间，却"立其子匐俱为小可汗，位在两察（设）之上"，作好传位于子的准备了。结果怎样呢？"骨咄禄之子阙特勤鸠合旧部，杀默啜子小可汗及诸弟并亲信略尽，立其兄左贤王默棘连，是为毗伽可汗。"（《旧唐书·突厥传》）这说明前突厥汗国的继位原则，至后突厥汗国依然保持着顽强的生命力。其原因在于这一原则比子承父位的"先祖之法"有更大的灵活性，比较能够适应突厥汗国复杂的政治局面，所以它才历久不废。

总之，突厥时代继位原则从子代父到弟代兄、侄继叔的演变，尽管表现为"亡父之命"对"先祖之法"的否定，但实质上却取决于汗国的政治斗争的发展和汗系贵族内部矛盾的加深。①

属于继位法范围内，还有另外两个问题。

第一，继位仪式。《周书·突厥传》这样记述："其主初立，近侍重臣等舆之以毡，随日转九回，每一回，臣下皆拜。拜讫，乃扶令乘马，以帛绞其颈，使才不至绝，然后释而急问之曰：你能作几年可汗？其主既神情瞀乱，不能详定多少。臣下等随其所言，以验修短之数。"十分明显，这是突厥人敬日拜天的宗教习俗在继位仪式上的反映。统治阶级用这种礼仪把可汗神化，以便制造汗权天授的根据。② 不过从这里却又可以看出，当时的世俗权力还镀着一层"神意"的圣光，人们只有汗权天授的观念，尚无汗权至上的观点。

第二，继位程序。据前引《隋书·突厥传》对佗钵死后继位纠纷的

---

① 突厥时代的整个汗权问题，除继位制度外，还有权力结构，即"中面"可汗与"东面"可汗及"西面"可汗的关系。后者据护雅夫研究，结论如下："'突厥'国家以始毕可汗统治时期为转折点，从分权的'封建'国家转为集权的'封建'国家。"见《古代突厥民族史研究甲编》，山川出版社1967年日文版，第277页。

② 沙钵略可汗自称"从天生"（《隋书·突厥传》）；毗伽可汗的尊号也冠以"同天及天生"字样（《突厥集史》下册，第908页）。

记述，可知可汗即位"还要经过国人会议同意"①。不过，既然在摄图"利刃长矛"的威胁面前，"国人皆悼，莫敢拒者，竟立菴罗为嗣"，那么，我们也就有理由认为"国人立汗"通常只是礼仪性的程序。但是这个古老的原则并不是历史的化石。当"菴罗不能制"的时候，"国中相与议曰：'四可汗之子，摄图最贤。'因迎立之"。可见威武显赫的摄图，也还是在"选举"这面盾牌掩护下才能登上汗位的。

总结上面的意思，在突厥时代，汗权的取得决定于三个因素：世袭、神意和选举。世袭是决定汗位的主要根据，选举是对于世袭权的承认，而神意则把可汗粉饰为"上帝的使者"。因此，三者并不矛盾，而是相辅相成的。

(五) 刑法

中国文献对突厥刑法的记载，以《北史》卷九九《突厥传》最为完整："其刑法，反叛、杀人及奸人之妇、盗马绊者皆死，淫者割势而腰斩之，奸人女者重责财物，即以其女妻之，斗伤人者随轻重输物，伤目者偿以女，无女则输妇财，折肢体者输马，盗马及什物者各十余倍征之。"②据上引材料，可把犯罪分为四类：

(1) 国事罪：反叛，包括"背突厥"③及弑可汗④；误失军期⑤和引军迷路，⑥当也属这一类。

---

① 马长寿：《突厥人和突厥汗国》，上海人民出版社1957年版，第22页。
② 《太平寰宇记》嘉靖八年重校刊本有这样的异文："折肢体者输为奴隶。"岑仲勉先生因该书乾隆化龙池本及《通典》均作"输马"，故在校注时断定"此云输为奴隶，误"（《突厥集史》下册，中华书局1958年版，第605页）。问题恐怕不会这么简单。"马"与"奴隶"音形殊异，不易刊误。其次，《太平寰宇记》虽以《通典》为底本，但仍有补充，如《突厥下》的"土产物俗"一节，末尾便增入他书所无的山名、水名和城名三十余处。由此看来，同节中"输为奴隶"一语，也可能不是妄添的。总之，这条史料可以存疑，但不必否定。
③ 武德三年（620）宋金刚背突厥而亡，还至上谷，为追骑所获，腰斩之（《旧唐书》卷五五《刘武周传》）。
④ 开元二十二年（7340，毗伽可汗"为梅录啜所毒，忍死杀梅录啜，夷其种"（《新唐书》卷二一五《突厥传》下）。
⑤ 神功元年（697），孙万荣遣五人至黑沙岭传报军情，"二人后至，默啜怒其稽缓，将杀之"（《突厥集史》上册，第338页引《资治通鉴》卷二〇六）。
⑥ 突厥文《暾欲谷纪功碑》第一碑第26行："因向导引吾人迷路，戮之。"（《突厥集史》下册，中华书局1958年版，第860页）

（2）侵犯财产罪：盗马绊、盗马及什物。

（3）妨害家庭罪：奸人之妇、奸人之女及淫者。

（4）侵犯人身罪：杀人及斗伤（伤目、折肢体）。

刑法也可分为四类：

（1）死刑：国事犯及淫者、盗马绊者处死刑。除特种死刑"割势而腰斩之"外，还有"腰斩"（《旧唐书》卷五五《刘武周传》）、砍头①及"坑"②（即活埋）等处死方法。

（2）体刑：突利曾受颉利"囚而挞"（《旧唐书》卷一九四《突厥传》）。此外还有"倒悬"③。

（3）罚款及赔偿：偿罚多少，视犯罪轻重而定；赔偿手段包括财物、马及妇女。

（4）苦役流刑及"禁锢随军"之刑，施于外国使臣，如武德五年温彦博被颉利"迁于阴山苦寒之地"；④ 圣历中裴怀古被默啜"禁锢从军"。⑤

从关于犯罪及刑罚的规定中，可以看出突厥刑法具有下列特点：

（1）捍卫私有权。马匹和牧具等私有财产的不可侵犯性，通过严刑重罚获得法律保障。还有一点值得注意，盗马者处罚，而盗马绊者处死，说明在突厥人心目中，套马索比马匹更重要，这是因为套马索不仅是一件牧具，同时也是一种武器。

（2）维护贵族特权。"叛"的概念包含"背突厥"和"弑可汗"两种犯罪行为，表明此时突厥的法权思想已经存在"君国一体"的观念。突厥碑文常把"伊利"与"可汗"相提并论，就是这个缘故。至于把应处极刑的可汗亲属"废归其部"⑥，则与中国封建立法"八议"中的"议

---

① 《突厥集史》上册，中华书局1958年版，第132页。
② 《新唐书》卷二一七《回鹘传》上载，处罗可汗曾"集聚豪数百悉坑之"。
③ 《突厥集史》上册，第335页。
④ 《突厥集史》上册，第162页。
⑤ 《突厥集史》上册，第340页。
⑥ 《新唐书》卷二一五《突厥传》（下）载："默啜死，阙特勤尽杀其用事臣，惟暾欲谷者以女婆匐为默棘连可敦，独免，废归其部。"又《康阿义屈达干碑》："默啜弟拔悉密时勒（特勤）尝擎药弑可汗，公窃而藏之，密持示默啜，默啜大怒，将诛之。公以为请，但令归于部落。"（《突厥集史》下册，第851页）按弑可汗当诛无赦。拔悉密得以免死，恐非康阿义屈之功，而是谋杀未遂之故。

亲"相似,也是特权的表现。

(3) 偏重夫权。突厥法规定奸人之妇处死,奸人之女重责财物。同样是"奸"(史料并未明言通奸或强奸)这种犯罪行为,但是由于被害者身份不同,因而罪犯所应承担的刑事责任也有轻重之别。法律给予"妇"比"女"更大的保障,正是女权从属于夫权的结果。

(4) 尊重父权。女被作赔偿手段,表明父用女去抵偿自己的罪行是合法的。显然,突厥法已把女儿降低到与家长所有权的客体相似的地位了。

与刑法密切相关的诉讼程序,材料奇缺,无法详论。我们只知道突厥官制中,有"热汗掌监察违法,厘整班次"(《通典》卷一九七《突厥传》)。可能是负责司法的官员。又据《旧唐书》卷一八六上《来俊臣传》记载:"时西方酋长阿史那斛瑟罗家有细婢,善歌舞,俊臣因令其党罗告斛瑟罗反,将图其婢。诸蕃长诣阙割耳劓面讼冤者数十人,乃得不族。"可知在突厥诸蕃长心目中,割耳劓面乃是重要司法证据。至于这种用于"葬所"的哀吊礼仪也可转作讼冤手段,则表明突厥法还处在本身发展的幼年期。

三、余论

在鄂尔浑突厥碑文中,torü 一词含有"习惯"、"法律"和"权力"等意思。① 这个概念的多义性,反映了突厥法的形成过程也服从下述的共同规律:"在社会发展某种很低的阶段,产生了这样一种需要,把每天重复着的生产、分配和交换生产品的行为,用一个共同的规则囊括起来,设法使个人服从生产和交换的一般条件。这个规则首先表现为习惯,后来便成为法律。随着法律的产生,就必然产生出以维持法律为职责的机关——公众权力即国家。"② 6 世纪至 8 世纪的突厥国家,是一个以可汗为首的,以等级制和世袭制为特征的军事行政机构。"官有叶护,次设、特勒(特

---

① 拉德洛夫:《实验突厥方言辞典》,圣彼得堡,1905 年俄文版(1963 年影印本)第 3 卷第 1 分册,第 1254 页。并参狄金:《鄂尔浑突厥语语法》,海牙,1968 年英文版,第 385 页。
② 恩格斯:《论住宅问题》,载《马克思恩格斯文选》第一卷,人民出版社 1962 年版,第 559—560 页。

勤），次俟利发，次吐屯发，下至小官，凡二十八等，皆世为之"（《隋书·突厥传》）。这群官僚系统的成员，"他们是脱离社会的权力的代表人，一定要用特殊的法律以获得对自己的尊敬，由于这种法律，他们成为特殊神圣而不可侵犯的了"。① 据前所述，突厥国家维护的是不成文的习惯法。它是部落时代习惯法的蜕化形式，即由原来代表整个社会意志的共同规则变成实现统治阶级意志的工具。突厥刑法的鲜明阶级性，可以为证。

但是，这并不等于说，作为国家元首的可汗已经具有凌驾于法律之上的无限权力，事实上只是在汗庭的政治圈子内，可汗才能"失先祖之法"，不亲其子，传位于弟。至于在整个社会生活中，由于"习俗已久，未能改变"（《隋书·突厥传》），可汗始终是"遵照吾先人法制而整顿此民众"② 的执法者。如毗伽可汗（716—734）所津津乐道的"裸者衣之，贫者富之，寡者庶之"，③ 就是他从氏族互助的古风中提炼出来的治国安邦术。正因为汗权仍受传统的制约，所以突厥时代虽有"君国一体"的观念，但却没有汗权至上的观念。

突厥人的古老习惯性，为什么在本身的蜕化过程中，还能保持一定的权威性呢？看来，这是因为它借以产生的社会基础尚未遭到彻底的破坏。如前所述，突厥时代还有大量的氏族制残余。我们不仅看到牲畜私有的现象与牧地公有的古老外壳同时并存，而且还发现母权时代的光辉，通过重视女系的亲属观念和"多由内政"的风俗，在父权制家庭中投下它的阴影。甚至对劳动力的剥削，也披着寄养制和收养制等氏族互助的外衣。既然社会生活还与"军事民主制时期"有着千丝万缕的联系，那么法律观念当然也就不可能与古朴的习俗绝缘了。正因为这样，所以尽管突厥法的阶级烙印相当鲜明，但渊源于习惯的原貌还是依稀可辨的。

上述这些，使我们联想到中世纪初期西欧诸日耳曼王国的类似法权现象：法律来源于习惯，君权在法律之下。既然这是日耳曼部落从氏族制向封建制直接过渡的反映，那么作为习惯法与特权法的矛盾性的结合，突厥法所提供的材料，也许会有助于对6—8世纪突厥社会性质的探讨吧。

---

① 恩格斯：《家庭、私有制和国家的起源》，人民出版社1954年版，第164—165页。
② 《突厥集史》下册，中华书局1958年版，第881页。
③ 《突厥集史》下册，中华书局1958年版，第883页。

突厥奉佛史事辨析

佛教在突厥汗国的传播，因时间和地域不同，表现出极大的差异。8世纪初，赴印度求法的高僧慧超，在其《往五天竺国传》残卷中，大体上以中亚的乌浒（阿姆）河为界，将当时的突厥人分成两大信仰群类：河南的"极敬三宝"，河北的"不识佛法"。慧超这个二分法，带有鲜明的时代性和直观性，并不等于对突厥奉佛做出普遍的历史概括。事实上，无论河南还是河北，突厥人对佛法的向背都有一个演变的过程。其中涉及的大量史事，学术界尚未达成共识。笔者拟在前人研究的基础上，再作一些辨析，纯属愚者千虑之得，未敢视为对突厥奉佛与社会变迁的关系有所论证。

据慧超记述，所谓"不识佛法"的突厥人，其居住地域和生活方式如下：

> 从此胡国（骨咄）已北，北至北海，西至西海，东至汉国以北，总是突厥所住境界。此等突厥，不识佛法，无寺无僧。衣着皮毯（裘）毡衫，以虫为食。亦无城郭住处，毡帐为屋，行住随身，随逐水草。男人并剪鬃发，女人在头。言音与诸国不同。国人爱杀，不识善恶。土地足驼、骡、羊、马之属。①

骨咄即珂咄罗，位于乌浒河北、镤沙布河东之间。② 可知慧超所画的"境界"，包括西突厥东北部和整个东突厥汗国故地。这个被描绘为无寺、无僧、无城郭的广大区域，从历史上看，与其说是"不识佛法"，毋宁说是经过"随逐水草"的突厥人的选择，他们决定"不要佛法"。佛陀与可

---

① 《往五天竺国传》，《大正新修大藏经》卷五一，第978页。
② 藤田丰八：《慧超往五天竺国传笺释》，泉寿东文书藏，1931年，第77页；张毅：《往五天竺国传笺释》，中华书局1994年版，第133—134页；伯恩施坦：《慧超笔下的突厥和中亚》，《古史通报》1952年第1期。

汗，自北朝至隋唐屡次接而又离，忽接忽离，双方关系相当微妙，其反复性往往令人感到困惑。我们希望通过对若干史事的辨析，找出一条可以理解的线索，为众说纷纭的突厥奉佛问题进一解。

一、北周京师突厥寺与木杆可汗父女的信仰

北周王褒撰《京师突厥寺碑》，载《艺文类聚》卷七六，全文如下：

> 夫六合之内，存乎方册，四天之下，闻诸象教，百亿阎浮，尘沙算而不尽，三千日月，世界数而无边。至于周星夕陨，汉宫宵梦，身高梵世，力减须弥，应现十方，分身百佛，上极天中，下穷地际，转法轮于稊国，留妙象于罽宾。至于善见神通，瓶沙瑞相，波斯铸金，优填雕木，莫不归依等觉。回向佛乘，弃形骸而入道，舍国城而离俗。
>
> 突厥大伊尼温木汗，夏后余基，惟天所置，威加穷发，兵历无革，小大当户，左右贤王，麟胶角触之弓，鹫羽射雕之箭，跨葱岭之酋豪，靡不从化，逾天山之君长，咸皆宾属，人敦信契，国宝亲邻。太祖文皇帝，道披寰中，化罩无外，提群品于万福，济苍生于六道。大冢宰晋国公，功高夔亮，位隆光辅，命司空而度地，监匠人而置臬，带三条之逸陌，面九市之通廛，图木缇锦，雕楹砻密，香随微雨，自丽风尘，幡杂天花，常调丝竹，四禅大患，净界无毁，六珠芬尽，法身常住。
>
> 铭曰：七华妙觉，三空胜境；意树已凋，心猿斯静；灵城偃色，空衣天影；索隐穷源，振衣提领。

这篇碑文未署撰作时间，只能因人比事，推测相对年代。据《周书》记载，晋国公宇文护于闵帝元年（557）二月出任"大冢宰"，至武帝建德元年（572）三月伏诛，仍带此衔。造寺立碑，当在这个时限之内。碑文提到两位君主："太祖文皇帝"即宇文泰，这个庙号是明帝武成元年（559）追加的。作为北周与突厥联盟的奠基人，撰碑者为他颂德，甚合事理。至于对一位"突厥大伊尼温木汗"，即木杆可汗（名"俟斤"），何以也要不厌其详地为他纪功，极尽美化之能事，难道能够"以这条材

料作为突厥在后周之世已经信仰佛教的重要依据"?① 事实上，立寺纪功无非是北周王室讨好突厥汗庭的一种姿态，与娶突厥女为后异曲同工，都是小朝廷对大汗国的外交策略。如所周知，突厥在木杆可汗时代（553—572），"其地东自辽海以西，西至西海万里，南自沙漠以北，北至北海五六千里，皆属焉"（《周书》卷五〇《突厥传》）。对这个北方强邻，周、齐争相结纳，以为外援。周室尤其不遗余力，"累使结之，往反十余，方复前好"（《周书》卷三〇《窦毅传》）。木杆可汗作为亚洲内陆的霸主，其人其事，与那些"归依等觉，回向佛乘"的君王毫无共同之处。这位漠北的一代枭雄，"状貌奇异，面广尺余，其色甚赤，眼若琉璃，刚暴，勇而多智，务于征伐"（《北史》卷九九《突厥传》）。他是一个地地道道的萨满教徒，曾经在北周王室的迎亲队伍面前，公开暴露过自己的信仰状况：

俟斤又许齐人以婚，将有异志。纯（陈国公纯）等在彼累载，不得反命，虽谕之以信义，俟斤不从。会大雷风起，飘坏其穹庐等，旬日不止，俟斤大惧，以为天谴，乃备礼送后（阿史那皇后是俟斤之女）及纯等，设行殿，列羽仪，奉之以归。天和三年（568）三月，后至，高祖行迎亲之礼。

很清楚，木杆可汗是在对"天谴"的恐惧中做出嫁女决定的。天神崇拜在突厥汗庭多么根深蒂固，也就可想而知了。其父如此，其女又怎么样呢？历史给我们留下一条耐人寻味的信息："天和三年，周武皇后入朝，投名出家，先蒙得度。"（《续高僧传》卷二五《无碍传》）木杆之女入朝为后，下距武帝建德三年（574）下诏灭佛还有六年，正当北周佞佛成风，寺院林立，僧尼猥滥之际，② 她"投名出家"，当个挂名尼姑，无非是入境随俗罢了。这种象征性和礼仪性的皈依，与宗教信仰的实质性转变终究是两回事。据《周书》卷九，阿史那皇后死于隋开皇二年（582），终年32岁，则她入朝时才是一名14岁的少女，所谓"投名出家"云云，任人摆布而已，岂有意愿可言哉。

---

① 樊圃：《六到八世纪突厥人的宗教信仰》，《文史》第19辑（1983年），第198页。
② 王仲荦：《北周六典》上册，中华书局1979年版，第207—253页。

从上面种种迹象看，北周京师立突厥寺，很可能是宇文氏笼络阿史那氏的一种宗教手段，决不意味着突厥汗庭的信仰已经从"天"向"佛"回归。岑仲勉先生认为在突厥奉佛问题上，"木杆时已渐伸信仰，不自他钵始矣"。① 苏赫巴塔尔在《论佛教在蒙古早期游牧人中的传播问题》也有类似看法："木杆可汗时代长安立突厥寺，可见汗国初期佛教已在突厥人中略有流播了。"② 虽然语气谨慎，似乎还是估计偏高了。

二、他钵奉佛与北齐传经

在突厥史上，首次接受佛教的，是木杆可汗之弟他钵可汗（572—581）。据《隋书·突厥传》云：

> 时他钵控弦数十万，中国惮之，周、齐争结姻好，倾府藏以事之。他钵益骄，每谓其下曰："我在南两儿常孝顺，何患贫也？"齐有沙门惠琳，被掠入突厥中，因谓他钵曰："齐国富强者，为有佛法耳。"遂说以因缘果报之事，他钵闻而信之，建一伽蓝，遣使聘于齐氏，求净名、涅槃、华严等经并十诵律。他钵亦躬自斋戒，绕塔行道，恨不生内地。

除惠琳外，在他钵时代涌入突厥的还有两个僧团：第一，因574年北周灭佛而被"放遣"的天竺僧团，其代表人物是犍达国三藏法师阇那崛多："还向北天，路经突厥，遇值中面他钵可汗，殷重请留，因往复曰：'周有成坏，劳师去还。此无废兴，幸安意住。资给供养，当使称心。'遂尔并停，十有余载。师及同学，悉彼先殂，唯多独在。"（《大唐内典录》卷五）第二，因577年北周灭齐而投奔突厥的北齐僧团："有齐僧宝暹、道邃、僧昙等十人（据《大唐内典录》五，则为"十有一人"），以武平六年（575）相结同行，采经西域。往返七载，将事东归，凡获梵本二百六十部。行至突厥，俄属齐亡，亦投彼国。"（《续高僧传》卷二《阇那崛多传》）按粗略计算，天竺僧团、北齐僧团加上惠琳之类的散僧，他钵可汗

---

① 岑仲勉：《突厥集史》下册，中华书局1958年版，第974页。
② 《蒙古考古学民族学文集》，新西伯利亚，1978年俄文版，第69页。

收容的僧徒约有十五六人之多。落难和尚得到汗庭"资给供养",不足为奇;引人注目的是可汗那股宗教狂热:建伽蓝、求佛经,甚至"自斋戒"。如果认为这一切表明他钵与"在南两儿"(北齐和北周)信仰上的"认同",那又有什么实际需要呢?从比较宗教史看,"在宗教狂热的背后,每次都隐藏有非常明显的现世的利益"。① 前引惠琳给他钵说法,正是一场"现世的利益"的对话。"富强"一语打动了可汗的心,使他相信与佛结缘,将会取得比"控弦数十万"更大的"强"和比"倾府藏以事之"更多的"富"。于是便导致了这样的结果:他钵一面"绕塔行道",一面"杀掠寇边",以"益骄"的姿态向南推进阿史那氏的霸业。

他钵奉佛,除中国文献外,还有突厥碑铭为证。1956年,蒙古的后杭爱省布古特附近一处土丘,发现尔伏可汗建立的古突厥碑,粟特文书写,共29行。其中第10行记述了一则对他钵可汗的神谕:"建一巨大且全新伽蓝。"这与前引《隋书》所载"他钵闻而信之,建一伽蓝",是相符的。不过,据该碑译释者考证:"布古特铭文作者无论其为粟特人或突厥人,决非佛教徒。铭文中使用祆教名词'swswyn't(救世主)可为证明。"②

除建立伽蓝外,受他钵可汗礼遇的僧团,还设法从北齐引进佛经。请看北齐王室对突厥求经一事采取什么态度。据《北齐书》卷二〇《斛律羌举传》云:"后主命(刘)世清作突厥语翻涅槃经以遗突厥可汗,敕中书侍郎李德林为其序。"

在他钵所求的三经一律中,齐后主为什么选中《涅槃经》,而且精心安排,既译且序呢?当时北齐盛行涅槃之学,③ 特别推崇这部"众经之渊镜,万流之宗极",是可以理解的。不过,如果参照北魏遣使向南齐求经典,王融《上疏请给房书》中所阐发的那种意图"节其揖让,教以翔趋,必同艰桎梏,等惧冰渊",那么,我们就不能不考虑齐后主也有借佛经来驯化劲敌的幻想了。在李德林序失佚的情况下,历史的空白只能用事理的逻辑来补缀。《涅槃经》以阐释佛性为中心,全面论述达到"涅槃"即离

---

① 恩格斯:《论原始基督教史》,人民出版社1962年版,第22—23页。
② 克略希托内等著,龚方震译:《布古特粟特文碑铭补证》,《中外关系史译丛》第3辑(1986年),上海译文出版社,第44页;巴赞著,耿昇译:《蒙古布古特碑中的突厥和粟特人》,《民族译丛》1987年第5期。
③ 汤用彤:《汉魏两晋南北朝佛教史》下册,中华书局1955年版,第832—834页。

欲寂灭的基本途径。在人生道路上，贪、嗔、痴"三毒"，是走向"涅槃"境界的最大障碍。宣扬《涅槃经》的净业空法，去对治他钵的贪嗔孽障，很可能这就是北齐王室传经漠北的目的。倘若此说可以成立，那么，突厥语《涅槃经》的传译，就不是一段弘法的佳话，而是一场被佛法所掩盖的多边斗争：他钵奉佛是为了谋求进一步"富强"之道，齐后主是想借涅槃之学去破除突厥可汗心中的"贪结"，至于以惠琳为代表的僧徒，则在客观上是利用双方的矛盾去扩大佛教的思想阵地。殊途同归，都在谋求"现世的利益"。

然而，事与愿违，目的与手段发生矛盾，《涅槃经》包含着游牧人无法接受的神学体系。从这部大乘经典中可以看到：第一，佛教认为"猎师"是必须"永断"的十六恶业之一（卷二九），这就直接否定了"以畜牧射猎为务"的生活方式。第二，佛教关于"食肉者断大慈种"的说教（卷四），实际上是把"食肉饮酪"的游牧人，排斥在教门之外。第三，在"随逐水草"的情况下，要普遍"造招提僧坊"（卷二一），也是无法实现的。难怪当年滞留"北狄君民"中间的印度僧团和北齐僧团，无所作为，只是"讲道相娱"而已（《续高僧传》卷二《阇那崛多传》）。

随着577年和581年北齐、北周的相继覆灭，佛法能使人"富强"之说，也在事实面前破了产。开皇元年（581），他钵一死，摄图即位，"颇弘福利"的局面就结束了。宝暹诸僧及阇那崛多分别于此年冬天及开皇五年（585）先后返隋，漠北的精灵世界，依然是"天神"的一统天下。摄图是他钵之侄，也即那位自称"从天生"的沙钵略可汗（581—587）。此人性极凶悍，连老婆千金公主对他也没有好印象："可汗豺狼性，过与争，将啮人。"（《隋书》卷八四《突厥传》）证明他不信佛教的，有一个重要的事实：开皇七年（587）正月，因隋许突厥猎于恒州和代州，并遣人送去酒食，沙钵略竟得意忘形，"一日手杀鹿十八头"（《隋书》卷八四《突厥传》）。按"杀鹿"为佛陀所不忍，观《大唐西域记》卷七记"鹿野"得名一事可知。这样的人，是不会信佛的；在这样的人统治下，僧徒是待不下去的。难怪他即位没几年，曾被他钵可汗礼遇过的那班和尚，统统跑光了。

说到这里，似乎可以回答吉谢列夫在《南西伯利亚古代史》中提出的一个疑问，即佛教在他钵时代初传蒙古游牧区究竟达到何种深固程度的问题。① 根据前面的简略辨析，似乎可以这样说：在他钵时代，尽管可汗本人抱着特定的政治目的礼佛求经，但是，游牧的生活方式无法容纳佛教的神学体系。食肉饮酪的突厥人，依旧"敬鬼神，信巫觋"。草原上的佛光，微弱而又短暂，到沙钵略可汗时代，就完全消失了。突厥汗庭这种"昙花一现"的奉佛现象，国际突厥学界已经有人觉察，并且做出与本文一致的评估："以羽田亨氏为首，山崎氏、葛玛丽女士直到最近的护雅夫氏，认为突厥第一汗国的佛教信仰是'一时性的'和'表面的'，确是至当之言。"②

从此之后，直至贞观四年（630）东突厥败亡，在这四五十年间，无论文献还是碑刻，都找不到突厥奉佛的蛛丝马迹。③ 倒是驱掠佛徒的事例，还可以举出一个：智显在隋末唐初，"与道俗十余人行值突厥，并被驱掠"（《续高僧传》卷二五《智显传》）。至于处罗可汗自身的信仰状况，也完全与佛教无缘：

（武德三年）谋取并州置杨正道，卜之，不吉，左右谏止。处罗曰："我先人失国，赖隋以存，今忘之，不祥。卜不吉，神讵无知乎？我自决之。"会天雨血三日，国中犬夜群号，求之不见，遂有疾。④

像前述木杆可汗惧"天谴"一样，处罗可汗竟被自然灾变吓出病来，他对萨满教的虔诚，可说是后来居上了。

三、"拂云祠"辨

唐高宗永淳元年（682），突厥复国，即所谓"第二突厥汗国"或"后突厥汗国"。到默啜即阿波干可汗（691—716）时代，"负胜轻中国"，

---

① 吉谢列夫：《南西伯利亚古代史》，1951年俄文版，第509页。
② 森安孝夫著，郗仲平译：《突厥佛教的源流与古突厥语佛典的出现》，《敦煌学辑刊》，1996年第1期，第120页。
③ 《太平广记》卷一一六引《广古今五行记》："并州有人解画，曾陷北虏，突厥可汗遣画佛像。"此属小说家言，既无确年可考，又述画佛时常偷颜料塞入鼻内，语出无稽，不足为据。
④ 《新唐书》卷二一五上，《突厥传》。

自长寿二年至神龙二年（693—706），先后六次强渡黄河，迫使唐朝不得不大力强化黄河沿岸的防御设施。唐中宗景龙二年（708），朔方道大总管、韩国公张仁愿在河套筑三受降城，"以拂云祠为中城，与东、西两城相去各四百余里，皆据津济，遥相应接"。① 中受降城是整个防御体系的核心，对切断突厥南侵之路，有重要意义。据《史记·匈奴列传》记载，汉代筑受降城遏制匈奴，始于武帝元封六年（前105）。可见，唐代经营漠南的上述军事设施，是以汉御匈奴的历史经验为依据的。

在中受降城修筑前，原址的堆阜上有一座"拂云祠"，是渡河入塞的突厥人必先祭酹求福的处所。《通典》卷一九八《突厥传》云："朔方军北与突厥以河为界，河北岸有拂云祠，突厥将入寇，必先诣祠祭酹求福，因牧马料兵，候冰合渡河。"在唐代其他文献中，拂云祠或称"拂云堆神祠"（见《元和郡县图志》卷四"丰州中受降城"条），虽繁简略有不同，但冠以"拂云"之名则一。此祠既与突厥"入寇"的重大军事行动有关，其名称的音义也就很有探讨的必要了。岑仲勉先生最早提出这个问题，并对"拂云"二字作了还原的尝试。按照他的解释，"拂云"一名是古突厥语 Burqan（佛汗）的音译，并自信"已成定案"。② 倘使此说可靠，那么，突厥"诣祠"之举，就不是拜"神"而是拜"佛"了。由此似乎还可以推论，佛教在默啜可汗时代已经深受信奉，以致突厥人竟将"佛汗"视为控弦之士的庇护神。很明显，对"拂云祠"作何解释，直接涉及后突厥汗国的宗教史，其意义已经超出地名学之外了。

我们认为，无论从语言方面还是历史方面，都可以对岑说提出大量质疑的理由。首先，"拂云"二字与 Burqan 两个音节的比对，是难以成立的。斯坦因劫藏的《摩尼教残经》，内有 furstadan 一名，在唐开元十九年（731）汉译本中作"拂多诞"。③ 这个年代与筑三受降城最接近的唐人译例，表明"拂"字并不是只能按重唇音来还原的。至于第二音节，则无

---

① 《旧唐书》卷九三《张仁愿传》。内蒙古大学蒙古史研究室《内蒙古文物古迹简述》（1976年版）第50—51页说："中受降城位于呼延谷口西南方八十里，今乌拉特前旗东部靠近包头市的地方。"可供参考。

② 岑仲勉：《突厥集史》上册，中华书局1958年版，第366—367页；下册，第1028页。

③ 《西域南海史地考证译丛五编》，中华书局1956年版，第148页。巴托尔德认为"突厥人用以指称佛陀和佛像的 burchan 一字是从摩尼教徒借来的"，并非来自汉语的借词。见罗致平译：《中亚突厥史十二讲》，中国社会科学出版社1984年版，第57页。

论是"云"字的古音或太原方音，均找不到与 qan 相当的读法。① 岑仲勉先生取证六朝译例和厦门方音，在时间空间上都是非常勉强的。其次，从当时突厥汗庭的信仰状况看，可说完全是与"佛汗"无缘的。默啜可汗本人没有露出任何奉佛的迹象。相反，神工元年（697），他"杀所获凉州都督许钦明以祭天"（《资治通鉴》卷二〇六）。在这个场合，突厥可汗作为萨满教徒的形象，倒是十分鲜明的。至于默啜的"衙官"暾欲谷，则是突厥史上一个著名的反佛派。他从突厥游牧人生产活动和军事活动的特点出发，一语道破"佛老教人仁弱，非武强术"，从而打消了默棘连（毗伽可汗）"起佛老庙"的念头，继续保持萨满教在突厥军事生活中的权威。第三，"拂云"的语源如果是"佛汗"，那就等于说，突厥在"入寇"即杀掠之前反而去向戒杀的佛顶礼膜拜，揆之事理，也是扞格难通的。总之，把"拂云"一名与整个历史环境割裂开来，孤立地研究对音，是很难做出令人信服的"定案"的。

摆在我们面前的基本事实是，"拂云祠"位于拂云堆；而拂云堆一名不仅在唐史和唐文（如李华《韩公庙碑铭》、吕温《三受降城碑铭序》等）中十分稳定，而且在唐诗中也没有异字。试举数例如下：（1）李益《拂云堆》："汉将新从虏地来，旌旗半上拂云堆。"（2）杜牧《边游》："日暮拂云堆下过，马前逢着射雕人。"（3）杜牧《题木兰庙》："几度思归还把酒，拂云堆上祝明妃。"把"拂云堆"与译名变异达十七种之多的突厥圣地"于都斤山"比较一下，令人怀疑它可能不是译音的地名（参看岑仲勉先生《外蒙于都斤山考》）。

在唐代山西一带，称作"堆"的丘阜通常都冠以汉式名字，如"风陵堆"（蒲州）、"黄瓜堆"（大同）之类。假使将"拂云堆"也算作这类地名，是否存在"拂云"二字连用的词例呢？仍以唐诗为证，如：（1）杜甫《陪郑广文游何将军山林十首》之九："床上书连屋，阶前树拂云。"（2）许浑《金陵怀古》："石燕拂云晴亦雨，江豚吹浪夜还风。"（承戴裔煊先生教，始识引用此条。）（3）李贺《马诗二十三首》之十五："一朝沟陇出，看取拂云飞。"总结上面的意思，可以做出与岑说完全相反的论断："拂云"是汉语词，与突厥语无关；"拂云堆"的字面意义仅仅形容该"堆"有"拂云"之势（"拂云"二字，刘茂才先生在《东突厥汉文

---

① 高本汉：《汉语分析辞典》，第108、792页。

史料集》卷一，第 463 页直译为 Wolken vertreibenden "拂散浮云"），原无任何宗教色彩；"拂云祠"是因拂云堆得名的一个突厥神祠。《元和郡县图志》中的"拂云堆神祠"是唯一保存下来的全称，它比简化了的"拂云祠"更完整地反映出事物的面貌。

对"佛云祠"的辨析，当然不应该停留在词义上，还必须进一步探索突厥人"诣祠祭酹求福"的内幕，以便确定谁是控弦之士的庇护神。在这方面，王之涣的名篇《凉州词》透露了比史籍更多的信息。该诗第二首云："单于北望拂云堆，杀马登坛祭几回？汉家天子今神武，不肯和亲归去来。"（《国秀集》卷下）王之涣是玄宗朝的诗人，此诗前两句所描述的，应为开元四年（716）默啜可汗败亡之后，款塞内附的突厥君长（唐代诗文习用"单于"作"可汗"的代称）对往事的追思。其时中受降城由朔方节度使横塞军镇守，突厥人对拂云堆已经可"望"而不可"诣"了。但"杀马登坛祭几回"一句，却是非常值得注意的。据《隋书·突厥传》，突厥人自古以来就有"多杀羊马以祭天"的习惯。这种起源于自然崇拜的礼俗，在突厥汗国时代获得了新的社会意义。中国文献和突厥文物同样证明，天神往往以战神的姿态出现在突厥人的观念中。有趣的是下列综合材料：现存突厥四大碑刻《暾欲谷碑》、《阙特勤碑》、《毗伽可汗碑》和《翁金碑》，①并提及被神化了的"天"39 次，其中次数最多的（11 次）恰恰是"天佑出征"。既然如此，"拂云祠"之谜是不妨另作新解的。在我们看来，突厥人渡河之前先到拂云祠"祭酹"，大概是杀马祭天，也即向战神"求福"。在这样的意义上，可以说拂云祠就是天神祠。这种解释，当然也是试探性的，但似乎比较近理。因为，它不仅与 8 世纪初突厥人的信仰（萨满教占统治地位）相符，而且，也与突厥兵的动机（"入寇"前求战神保佑）一致。

四、一场围绕"起佛老庙"的汗庭之争

继默啜之位的默棘连，即著名的毗伽可汗（716—734）。在他统治时代，奉佛问题曾一度提上汗庭的议事日程。经过辩论，元老派占了上风，可汗只好收回成命。这场围绕"起佛老庙"的汗庭之争，它的背景和实

---

① 克劳逊：《翁金碑》（英国《皇家亚洲学会会刊》，1957 年第 3、4 期合刊）。

质,是非常值得认真研讨的。请看《新唐书》卷二一五下《突厥传》,提供了什么样的历史实录:

> 默棘连又欲城所都,起佛老庙。暾欲谷曰:"突厥众不敌唐百分一,所能与抗者,随水草射猎,居处无常,习于武事,强则进取,弱则遁伏。唐兵虽多,无所用也。若城而居,战一败,必为彼禽。且佛老教人仁弱,非武强术。"默棘连当其策。

默棘连"起佛老庙"的念头,是与"欲城所都"的打算相联系的。这两个不可分割的部分,构成他的全部定居计划。如此重大的决策,绝不是可汗个人即兴的狂想,它所反映的是复国前后突厥游牧社会经济生活的新动向。早在贞观十四年(640),唐太宗遣返突厥人的诏书已经指出:

> 今岁已积,年谷屡登,众种增多,畜牧蕃息。缯絮无乏,咸弃其毡裘;菽粟有余,靡资于狐兔。(《贞观政要》卷九)

可知突厥人在渡河进入白道川(呼和浩特北白道溪一带)之前,已经掌握了一定的农业生产技术。到神功元年(697),默啜可汗又向武则天索回六州(丰、胜、灵、夏、朔、代)降户数千帐,并取得粟种四万余石、农器三千件及铁四万斤(《资治通鉴》卷二〇六"神功元年三月"条)。这些事实,说明当时的突厥社会内部,农耕文化的比重正在上升,但尚未取得优势。默棘连"欲城所都,起佛老庙",顺应了定居务农的新潮流,却与占主导地位的游牧经济相抵触,因此,便招致了元老派的非议。那位侃侃而谈的暾欲谷,是后突厥汗国的"三朝元老":辅助过骨咄禄复国,担任过默啜的衙官,在默棘连即位后又以岳父身份被引为近侍重臣。他从游牧人生产活动和军事活动的特点出发,指出佛教的思想倾向不利于突厥汗国的政治发展,一语破的,难怪唐中书令张说称他"深沉有谋"(《通典》卷一九八《突厥传》)。更有进者,如果采纳某些突厥学家的见解,把暾欲谷确认为阿史德元珍,① 那么,汗庭之争就还有意识形态方面的未

---

① 护雅夫著,吴永明译:《阿史德元珍与暾欲谷》,《民族译丛》1979年第3期,第35—39页;克利亚什托尔内:《暾欲谷即阿史德元珍》、《突厥学文集》,1966年俄文版,第202—205页;纳捷利亚耶夫:《鄂尔浑叶尼塞字母Ǝ的音读与暾欲谷一名的语源》,《突厥学研究》,1963年俄文版,第197—213页。

发之覆。按突厥人的祖先传说，阿史德窟是"海神"的故乡，因此，阿史德氏产巫，安禄山"母阿史德氏，为突厥巫"（《安禄山事迹》卷上），就是一例。作为阿史那氏的联姻胞族，阿史德氏虽不属汗系，却在萨满信仰中享有特殊地位。从这个角度看，暾欲谷的拒佛，就不只是为了汗国的长治久安，同时，也是站在阿史德氏的立场上，维护了萨满教的纯洁性和权威性。

6 至 8 世纪，东突厥汗国前后两次奉佛，出现于不同的历史环境。第一次奉佛，是在 6 世纪 70 年代突厥汗国政治扩张的基础上，由他钵可汗自上而下移植过来的，其直接动机是为了"富强"。第二次奉佛，则是在 8 世纪初期突厥游牧社会出现农业因素的条件下，由默棘连提出方案，作为转向定居的一个步骤。但是，无论哪一次，都没有把突厥人从萨满教徒变成佛教徒。因为，以畜牧射猎为务的"人的王国"，根本不需要一个离欲寂灭的"神的王国"。正是在这样的意义上，我们认为并非漠北的突厥人"不识佛法"，而是他们本能地"不要佛法"。

五、西突厥人如何走上"极敬三宝"之路

中亚的突厥人，是在全新的条件下与佛教发生关系的。让我们来看看本来崇敬天、地、水、火的所谓"北狄君民"，怎样在向西扩张中逐步拜倒在佛陀脚下。

周保定四年（564），道判诸僧行至突厥"西面可汗所"，遭遇很不吉利：

> 彼土不识僧众，将欲加害，增人防卫，不给粮食，又不许出掇薪菜，但令饿死。有周国使人谏云："此佛弟子也，本国天子大臣敬重供养，所行之处能令羊马孳多。"可汗欢喜，日给羊四口，以充恒食。判等入之，而自煮菜进啖。既见不杀众生，不食酒肉，所行既殊，不令西过，乃给其马乘，遣人送还，达于长安，住乾宗寺。①

这就是说，道判等人在"西面可汗所"碰了一鼻子灰，要不是北周使臣

---

① 《续高僧传》卷一二，《道判传》。

开出一张"所行之处能令羊马孳多"的空头支票,他们是非"饿死"不可的。西突厥对僧徒如此冷遇,显然是因为他们刚从蒙古草原进入中亚绿洲,与"不杀众生,不食酒肉"的和尚素未谋面,难免视为异类。此后数十年间,建牙于白山黑河之间的突厥汗庭,仍崇奉本族的萨满教。达头可汗598年致东罗马皇帝摩里士的国书,说得一清二楚:"突厥拜火,亦敬空气水土,然仅奉天地之惟一造化主为神,以马牛羊祀之,并有祭司预言未来之事。"① 直至唐高祖武德九年(626)前后,我们才听到西突厥可汗礼遇僧徒的消息:

> 承北狄贪勇,未识义方,法借人弘,敢欲转化。乃与道俗十人展转北行,达西面可汗叶护牙所,以法训勖,曾未浃旬,特为戎主深所信伏。日给二十人料,旦夕祇奉。同侣道俗,咸被珍遇,生福增敬,日倍于前。(《续高僧传》卷三《波罗颇迦罗蜜多罗传》)

据上所记,叶护可汗在波颇"训勖"之下,"未浃旬"就"信伏"了。这位印度和尚,似乎比强制遣返的道判高明得多。其实,只要分析一下历史,我们就会看到,这主要不是由于僧徒"法力"高低不一,而是因为时代前后不同。如果波颇早来62年,他也难以逃脱道判那样的命运。那么,这62年发生了哪些有利于佛教传播的变化呢?

自达头之孙射匮可汗(611—618)以来,西突厥国势日盛,与东突厥分庭抗礼:

> 东至金山,西至海,自玉门以西诸国皆役属之。遂与北突厥为敌,乃建庭于龟兹北三弥山。寻卒,弟统叶护可汗代立。统叶护可汗(618—628)勇而有谋,善攻战,遂北并铁勒,西拒波斯,南接罽宾,悉归之。控弦数十万,霸有西域,据旧乌孙之地,又移庭于石国北之千泉。其西域诸国王悉授颉利发,并遣吐屯一人监统之,督其征赋。西戎之盛,未之有也。②

---

① 沙畹著,冯承钧译:《西突厥史料》,1935年,第177页。
② 《旧唐书》卷一九四下,《突厥传》。

这个从崛起到称霸的过程表明：第一，随着疆域的扩大，西突厥的政治重心自东西移，下山入城，草原习气逐渐减弱。第二，包括在西突厥版图之内的，既有奉萨满教的铁勒诸部和奉火祆教的昭武九姓，① 又有奉佛教的龟兹、高昌及罽宾等国，三教并存，已成定局。第三，统叶护可汗对被征服的西域诸国，只确立称臣纳贡的关系，并无推行强迫同化的政策。所有这些，便为"敢欲传化"的波颇创造了有利的形势，使他免遭道判那样的厄运。一人来得太早，"但令饿死"；一人适逢其时，"旦夕祗奉"。时缘对人缘的制约关系，决定了佛门与汗庭之间的距离，这是不以僧俗的意志为转移的。

在波颇向统叶护可汗传教后的第三个年头，唐代高僧玄奘法师也行抵突厥牙庭。他在这里被当作上宾，自不待言。值得注意的，倒是从玄奘的见闻中，我们发觉统叶护可汗宗教信仰的两面性。一方面，在玄奘到达时，他"出帐迎拜，传语慰问"；听玄奘说法后，又"举手叩额，欢喜信受"。那副样子，真像个虔诚的佛徒。但是，另一方面，他却"事火，不施床，以木含火，故敬而不居，但地敷重茵而已"，恪遵萨满教的禁忌礼俗。② 统叶护可汗本人外奉佛教内事火神的真相，表明此时突厥汗庭实行兼收并蓄的宗教政策，这与7世纪初西突厥汗国作为一个庞大的军事行政联合体，是十分协调的。史载"统叶护可汗勇而有谋"，真是名不虚传，确实表现出他的治国之道的高度适应性。

628年，统叶护可汗死。西突厥分成两国：在碎叶以西及西南的，为弩失毕部；在碎叶东北的，为五咄陆部。前者拥立统叶护之子呾力特勤，这就是肆叶护可汗。他为加强本身的经济实力，使自己在内讧中立于不败之地，一反其父的宗教政策，企图剥夺寺院财产，抢劫缚喝国小王舍城伽蓝，导致肇事者自食其果。玄奘在《大唐西域记》卷一，写下这场"报应"的情节：

> 近突厥叶护可汗子肆叶护可汗倾其部落，率其戎旅，奄袭伽蓝，欲图珍宝。去此不远，屯军野次，其夜梦见毗沙门天曰："汝有何力，敢坏伽蓝！"因以长戟贯彻其背。可汗惊悟，便苦心痛，遂告群

---

① 《隋书》卷八四《铁勒传》："其俗大抵与突厥同。"
② 见拙作《论突厥事火》，《中亚学刊》第一辑，中华书局1983年版，第145—149页。

属，所梦叅征。驰请众僧，方伸忏谢，未及豆子，已从殒没。

缚喝即缚喝罗，位于乌浒河南岸。这个国家的面积不大，"东西八百里，南北四百余里"。佛教势力却不小，"伽蓝百有余所，僧徒三千余人"。平均八里就有一寺。肆叶护的强盗行径，严重损害当地僧侣集团的利益，因此，毗沙门天（随军护法的天王）的显灵，完全可以理解为后者对前者的反击，只不过在僧人的传述中，给事件蒙上一层"圣光"而已。

如果说肆叶护由于恶化了政教关系，所以在佛教势力深厚的缚喝国不得善终，那么，他的哥哥呾度设一系，则因与僧侣集团采取合作态度，结果在这里无为而治。当玄奘行抵呾度设所居之地，适逢他患病，有梵僧上门"为诵咒"。不久，呾度设被其后妻和前儿合谋弑杀。"缚喝罗僧数十人闻旧设死，子又立，共来迎慰。"（《大慈恩寺三藏法师传》卷二）弑父篡位这种恶行，并没有引起当地僧徒与新设疏远，他们反而既"迎"且"慰"，政教勾结之深，可想而知。

统叶护后裔对佛教的两种态度及僧徒的不同反应，说明乌浒河南岸的宗教传统十分顽强，不容许突厥君长在佛陀面前作威作福。由此东南行，可以看到突厥人对佛教的信仰愈来愈深。到8世纪初，这一带的突厥族统治者，已经完全皈依释氏了。中印度的密宗高僧善无畏，约于716年路经乌苌国（即乌仗那或乌伤，位于今斯瓦特及布尼尔一带），受到当地突厥汗庭的礼遇：

> 讲《毗卢》于突厥之庭，而可敦了请法。和尚乃安禅树下，法为金字，列在空中。突厥之妻（一作宫人）有以手按其乳，乳为三道飞注和尚口中，乃合掌端容曰："此我前生母也。"①

按乳注口，类乎神话，似可理解为突厥人对和尚的舍施。但说法中阐述除暗遍明、普照众生的《毗卢》义，则应为事实。至于突厥可敦（王

---

① 李华：《东都圣善寺无畏三藏碑》，《文苑英华》卷八六一。赞宁：《宋高僧传》卷二《唐洛京圣善寺善无畏传》，将上碑纪事改为骈句："讲毗卢于突厥之庭，安禅定于可敦之树。"语意反而含混，故不据引。关于善无畏的乌苌之行，周一良先生作过详细考证，见所著《唐代密宗》，上海远东出版社1996年版，第80—83页。

后）领会多少，就不必臆测了。慧超《往五天竺国传》所记的谢䫻（漕矩），也是突厥治下的一个佛国："此王及首领虽是突厥，极敬三宝，足寺足僧，行大乘法。有一大突厥首领，名娑铎干（即名为"娑"的达干），每年一回，设金银无数，多于彼王。"最有趣的，还是他笔下的建驮罗：

> 此王虽是突厥，甚敬三宝。王、王妃、王子、首领等，各各造寺，供养三宝。此王每年两回设无遮大斋，但是缘身所受用之物，妻及象、马等，并皆舍施。唯妻及象，令僧断价，王还自赎。自余驼马、金银、衣物、家具，听僧货卖，自分利养，此王不同余已北突厥也。儿女亦然，各各造寺，设斋施舍。

要了解突厥王族及首领为何奉佛如此入迷，必须略谈犍陀罗的国情。早在公元前259至前258年，阿育王已遣末阐提来这里传道。因而，"国多贤圣，古来作论诸师：那罗延天、无著菩萨、世亲菩萨、法救、如意、胁尊者等，皆此所出也"。① 前面那位到东突厥他钵可汗牙庭讲道的阇那崛多，也是犍陀罗人。在佛教艺术中，犍陀罗式的雕塑和建筑，兼有印度文明和希腊文明的特征，更是举世闻名的。对于这样一个奉佛既深且久的国家，外族征服者不迁就当地的信仰，就会把自己置于孤立的地位。因此，上行下效，从国王、王妃、王子到首领，纷纷"甚敬三宝"，在信仰上与被征服者认同。直至8世纪中期，西行求法的悟空，还在这里巡礼过"特勤洒寺"和"可敦寺"。② 突厥人的佛教化，当以犍陀罗的汗庭为第一。难怪在慧超心目中，他们"不同余已北突厥也"。

六、余论——突厥宗教地理鸟瞰

在6—8世纪突厥汗国的地图上，按宗教信仰的性质，可以大体分成三个区域。第一区是萨满教区，包括南西伯利亚、蒙古，直至伊丽川东北

---

① 《大慈恩寺三藏法师传》卷二。并参羽溪了谛著，贺昌群译：《西域之佛教》，商务印书馆1956年版，第要357—370页。

② 《悟空入竺记》，《大正新修大藏经》卷五一，第980页。

岸。第二区是火祆教区，起碎叶川，止乌浒河流域，尤以中亚河间地区的昭武九姓祆祠最多。第三区是佛教区，包括乌浒河东南至印度河西北各地。因此，就信仰的主流来说，东突厥流行萨满教，西突厥流行火祆教和佛教。至于景教和摩尼教，则相对而言，只能算是局部性和暂时性的宗教现象。

当我们依次逐区进行考察的时候，就会发现这样的规律性：一部突厥人从东到西的征服史，同时也是一部突厥神由盛而衰的变迁史。草原气味十分浓烈的天、地、火诸神，发球自发的部落宗教，缺乏神学体系和宣传性质，只能活跃于漠北的游牧群中，"越出这个境界以外，就由别的神来独占地统治了"。①

突厥宗教史可以看作突厥社会史的曲折反映。在奉佛问题上，"极敬三宝"的突厥人，比"不识佛法"的草原老乡处于更高的发展阶段。西域的古典文明，把野蛮的征服者征服了。穹庐文化被城邦文化所超越，是中世纪亚洲内陆人类历史的进步现象。

---

① 恩格斯：《费尔巴哈和德国古典哲学的终结》，人民出版社1959年版，第45页。

唐代九姓胡礼俗丛说

玄奘在《大唐西域记》的绪论中，对"胡俗"做了这样的概括："黑岭以来，莫非胡俗。虽戎人同贯，而族类群分，画界封疆，大率土著。建城郭，务殖田畜，性重财贿，俗轻仁义。嫁娶无礼，尊卑无次，妇言是用，男位居下。死则焚骸，丧期无数。劈面截耳，断发裂裳，屠杀群畜，祀祭幽魂。吉乃素服，凶则皂衣。"同书卷一，对"窣利"（粟特）即唐代九姓胡区域的礼俗，又"随地别叙"道："服毡褐，衣皮氎，裳服偏急，齐发露顶，或总剪剃，缯彩络额。形容伟大，志性怯恇。风俗浇讹，多行诡诈，大抵贪求，父子计利，财多为贵，良贱无差。虽富巨万，服食粗弊，力田逐利者杂半矣。"以上引记载为依据，本文将"胡俗"分解为十项：家庭、婚姻、丧葬、居室、服饰、饮食、岁时、节庆、兴贩和胡名。循着中国文献与粟特文物互证的原则，逐项考释，力求对唐代九姓胡礼俗做出比较条理化的论证，以供进一步研究中世纪粟特社会文化和精神文化的参考。

一、家庭

在玄奘对胡俗的记述中，提到胡人家庭内部的两种基本关系。一是夫妻关系："妇言是用，男位居下"；二是亲子关系："大抵贪求，父子计利"。下面沿着这条线索，试从现存的有限史料中勾画出九胜胡家庭结构的轮廓。

早在汉代，自大宛以西至安息的西胡族类，都是"俗贵女子，女子所言，而丈夫乃决正"。[①] 唐代的九姓胡，对此仍传承未废。据《安禄山事迹》卷上，安禄山作为杨贵妃的义儿，"每对见，先拜太真。玄宗问

---

① 《史记》卷一二三，《大宛列传》。

之，奏曰：蕃人先母后父耳！玄宗大悦"。① 很明显，安禄山敢于用悖乎汉人伦常的言行来博取玄宗夫妇的欢心，正因为"先母而后父"的礼仪在胡人中是源远流长的。被旧史当作逆胡"谐谑"的这种母权的特殊性，也反映到九姓胡的政治生活中。我们可以举出三个例证：第一，安国国王"每听政，与妻相对，大臣三人评理国事"。② 第二，开元七年（719）二月，安国国王笃萨波提遣使上贡表，"妻可敦"也一同列名进奉。③ 第三，粟特铜币编号1482及1484两枚，正面都镌刻着国王、可敦并列的头像。④

"妇言是用"和"先母后父"的现象，说明九姓胡家庭在唐代还保留着母权制的遗迹。但从本质上看，它却是以男系为主宰的父权制家庭。最有力的证据，莫过于法律文书的具名格式。例如，穆格山文书 B-8 号，是一份订于 707 或 708 年的买地契约，买卖双方和四名证人的署名，均按"某某是某某之子"的格式：

卖方：Šinvaγč 和 Satafsarak，是 Farnxund-a 之子。

买方：Măxč 和 Xšùmvandak，是 Asmanč-a 之子。

证人：Wrk'n 是 Bγtwrz 之子。

nny-pm，是 Bγw'rz 之了。

Š'(w)c，是 prny-'n 之子。

tws'γ 是 zym 之子。⑤

另一份编号 Nov.3 和 Nov.4 的穆格山文书，即订于康国王突昏十年（710）的著名婚约，其中新郎、新娘、证人和婚约书写人也均在本名之前冠上父名⑥。这种独特的具名格式，在出土的唐初九姓胡墓志中也有反映。贞观年间"西城康国人"康阿达，具名为"大唐上仪同故康莫量息阿达"（《陇右金石录》卷二），"息"即子息，与法律文书具名格式相

---

① 《资治通鉴》卷二一五，将"蕃人先母后父耳"一句，改作"胡人先母而后父"，更切合安禄山的族属。

② 《隋书》卷八三。

③ 《册府元龟》卷九九九。

④ 斯米尔诺娃：《粟特钱币综览·铜币编》（О. И. Смирнова, Сводный. каталог Согuйских монет, Броза），莫斯科，1981 年版，第 359-361 页。

⑤ 里夫什茨：《穆格山出上粟特法律文书》（В. А. ЛившицСогдйскиелокументыс горы, Муг, вьц. Ⅱ, Юрилйческиедокуент ы и письма），莫斯科，1962 年版，第 47 页。

⑥ 里夫什茨：同上书第 23—26 页。

符。粟特法律文书如此重视当事人的父系血统，充分说明九姓胡的家庭是以父权制为基础的。所谓"男位居下"，无非是在礼仪上"先母后父"而已，绝不是女权凌驾于夫权之上。

九姓胡家庭结构的另一个重要方面，是人生仪礼。其中婚、丧二俗，另立专节论述，这里只探讨从诞生到成丁三个年龄阶段的划分。第一，婴儿祝吉："生儿以石蜜唅之。置胶于掌，欲长而甘言，持宝若黏云。"（《新唐书》卷二二一下）第二，学书启蒙："男年五岁，则令学书，少解则遣学贾，以得利多为善。"（《通典》卷一九三引《西蕃记》）第三，成丁行贾："丈夫年二十，去傍国，利所在，无不至。"（《新唐书》卷二二一下）通过上述三个年龄阶段对商业意识的灌输和传承，青少年胡雏"善商贾"的习性已经初步形成，此后便带着"贪求"的欲愿，从家庭走向社会，从中亚来适中夏。

在唐代，九姓胡父率子"去傍国"经商的事例，是屡见不鲜的。吐鲁番出土的垂拱元年（685）一批兴生胡向西州都督府请"过所"的案卷，就有五十五岁的康纥槎，带着"男射鼻，男浮你了"要求入京"兴贩"的记录。① 男性家口既然"利所在，无不至"，长年游贾他乡，乃至寄住异国，九姓胡家庭的内聚力便被削弱，两性关系也较农业民族松弛，从而给胡人的家风打上"浇讹"的烙印。另一方面，随着商品货币关系向家庭内部渗透，兄弟之间也计利忘义。敦煌文书伯希和 3813 号背面的《唐判集》残卷，内有胡商史婆陁一案："长安县人史婆陁，家兴贩资财巨富，身有勋官骁骑尉。其园池屋宇，衣服器玩，家僮侍妾，比王侯。有亲弟颉利，久已别居。家贫壁立，兄亦不分给。有邻人康莫鼻，借衣不得，告言违法式事。"尽管判例出自虚拟，并无个性之真实，但史家兄弟及其邻人之间的对立关系，却反映了九姓胡作为商业民族的特殊性格，是仍然具有共性之真实的。判词最后作结道："颉利纵已别居，犹是婆陁血属。法虽不合征给，深可哀矜。分兄犬马之资，济弟倒悬之命，人情共允，物议何伤！并下县知，任彼安恤。"很清楚，史婆陁一案表明，不同的文化背景形成不同的伦理观念。在家庭关系上，胡风汉俗，大异其趣。家庭是社会的细胞，以此为基点，九姓胡的其他礼俗，也就比较容易理解了。

---

① 《吐鲁番出土文书》第七册，文物出版社 1986 年版，第 94 页。

二、婚姻

隋唐时代的文献和碑志，著录过不少九姓胡婚例。按其类型，可分为王室婚姻和民间婚姻。

王室婚姻又分为两种：第一，昭武九姓内部的王室联姻，已知二例：（1）安国王设力登娶康国王女："王姓昭武氏，与康国王同族，字设力登。妻，康国王女也。"（《隋书》卷八三）（2）石国王女嫁康国大首领："天宝二年（743）十二月，石国王特勤遣女婿康国大首领康染颠献物。"（《册府元龟》卷九七一）第二，昭武九姓王室与突厥汗庭联婚，也有二例：（1）康国王世失毕娶达度可汗女："王字世失毕（唐人避讳，改"世"为"代"），为人宽厚，甚得众心。其妻突厥达度可汗女也。"（《隋书》卷八三）（2）康国王屈术支娶叶护可汗女："隋炀帝时（605—616），其王屈术支娶西突厥叶护可汗女，遂臣于西突厥。"（《旧唐书》卷一九八）中世纪的王室婚姻，是一种政治性行为，九姓胡也不能例外。屈术支的婚例，已反映出王室婚姻如何与附庸关系相伴随；安国女王683年（唐高宗弘道元年）为抵御大食入侵，不惜以"许身为妻"来换取康国王突昏的援兵，① 则是王室婚姻政治本质的大暴露。

至于民间婚姻，我们从碑志材料中得知，流寓中国的九姓胡后裔，仍有大量胡姓联婚的事例。②（1）康曹联婚：康杺"夫人曹氏"（唐故康君墓志，《芒洛冢墓遗文》四编卷三）；（2）康石联婚：康阿义屈"夫人交河石氏"（康公神道碑铭，《颜鲁公集》卷九）；（3）安何联婚：安菩"夫人何氏"（唐故陆胡州大首领安君墓志，《中原文物》1982年三期）；（4）安康联婚：安师"夫人康氏"（唐故上开府上大将军安府君墓志铭，《芒洛冢墓遗文》卷三）；（5）何康联婚：何文哲"夫人康氏"（何文哲墓志铭，《考古》1986年九期）；（6）何安联婚：何弘敬妻"武威安氏"（唐魏博节度使何弘敬墓志铭，《考古》1984年八期）；（7）石康联婚：石默啜"夫人康氏"（石府君墓志，《匋斋藏石记》卷三〇）。此外，还

---

① 纳尔沙希：《布哈拉史》，弗赖译注本（Frye, The History of Bukhara），麻省剑桥，1954年版，第40—41页。

② 参见卢兆荫：《何文哲墓志考释》，《考古》1986年第9期，第844—845页。

有两个特例，其一，山西博物馆收藏的《大晋故鸡田府部落长史何公志铭》，载明墓主何君政两代与胡姓王氏联婚："夫人安氏"，儿媳三人"长安氏，次康氏，次康氏"（《山西文物》1982年一期）。其二，陕西博物馆收藏的《米继芬墓志》，则提供了同姓婚配之例："其先西域米国人"的米继芬，配偶为"夫人米氏"（武伯纶《西安历史述略》）。上举九例中，联婚一方姓康的占七例，也许不是偶然的。作为昭武九姓之首，康姓与其他"枝庶"相比，尽管同样流寓汉地，但在婚姻生活的范围内，其望族的地位似乎尚未在胡人观念中淡化。

唐代九姓胡的婚俗，除前述诸例所反映的择偶情况外，还有更具体的规范。穆格山出土粟特文书 Nov. 3 和 Nov. 4，是一份订于康国王突昏十年（710）的婚约，正文和附件分别在两个皮张上双面书写，共九十行。一式两份，现存文书为女方持有的副本。新郎是突厥化贵族乌特特勤（'WTTkyn），新娘是笯赤建城主之女查托（Ctth）。缔约地点在"律堂"，有五名证人在场。正文除规定夫妻各应承担的责任外，还另立两种引人注目的条款：Nov. 3 背面第16—18行规定，非经嫡妻同意，丈夫不得另置偏房或姘居；正面第22行和背面第2—9行谈及离婚细节，明确区分"妻弃夫"和"夫休妻"两种法律责任，同时承认赔偿之后，"夫另娶"、"妻再嫁"的合法性。附件则规定新郎对新娘监护人（岳父）所应承担的义务。这份婚约的译释者里夫什茨认为："粟特文的婚约表明，在阿拉伯征服前，粟特存在过多妻制，而且起码有三种结合形式，即正室（嫡配）、偏房和姘居。"①

按康国王突昏十年（710），即唐睿宗景云元年. 当时康国上层社会的婚姻生活，既然已经具有相当完备的法律形态，那么，年代在此之后的慧超《往五天竺国传》（开元中期）和杜环《经行记》（天宝中期），其中所说的"极恶风俗，婚姻杂交，纳母及姊妹为妻"，及"蒸报于诸夷狄中最甚"之类的血缘群婚残迹，就只能看作是中亚两河流域婚姻制度发展不平衡在唐人行纪中的反映，而不应当用它来概括唐代九姓胡婚俗的全貌。

---

① 里夫什茨；前揭书第30页。

三、丧葬

九姓胡的丧葬礼俗，可大致分为丧礼和葬礼两类。

丧礼中的"剺面截耳"，长期流行于北胡和西胡各族之间，成为古代亚洲内陆殡葬文化的一大特色。关于"剺"字的音义，慧琳这样解释："理之反。《考声》：剺，割也。划也。《字林》作𠠻，经文作刾，非也。检一切字书，并无此字，唯经义合是剺字，从刀从𠩺，省声也。"①用刀划面割耳，血泪俱流，原是漠北游牧民族的悼亡仪式。它在空间和时间上的广延性，说明这种胡俗有很强的生命力。例证：（1）匈奴：永元三年（91），"匈奴闻秉卒，举国号哭，或梨（梨即剺，古通用）面流血"（《后汉书》卷四九《耿秉传》）。（2）突厥："有死者，停尸于帐，子孙及诸亲属男女各杀羊马，陈于帐前，以刀剺面且哭，血泪俱流，如此者七度乃止。"（《通典》卷一九七《突厥传上》）（3）回纥：乾元三年（760），毗伽阙可汗死，其妻宁国公主"依回纥法，剺面大哭"（《旧唐书》卷一九五《回纥传》）。（4）蒙古："所谓白鞑靼者，容貌稍细，为人恭谨而孝，遇父母之丧，则剺其面而哭。"（《蒙鞑备录》）（5）女真："其亲友死，则以刀剺额，血泪交流，谓之送血泪。"（《大金国志》卷三九）至于西域诸胡，自三国至隋唐，此俗也屡见于历代记载。曹魏太和（227—233）年间，敦煌太守仓慈死于任所，"西域诸胡闻慈死，悉共会聚于戊己校尉及长史治下发哀，或有以刀画面以明血诚"。②北魏神龟二年（519），敦煌人宋云行经于阗，也见到"居丧者剪发剺面，以为哀戚。发长四寸，即就平常"。③贞观二十三年（649）五月，唐太宗崩，"四夷之人入仕于朝及来朝贡者数百人，闻丧皆恸哭，剪发，剺面，割耳，流血洒地"。④可见，玄奘所记的"剺面截耳，断发裂裳"，是概括了唐代西胡丧礼的历史和现状的。粟特出土的文物，也印证了文献上的记载。片治肯特二号遗址正厅南壁的大型壁画，上绘粟特人六，突厥人五，同在死者帐

---

① 慧琳：《一切经音义》卷一四，上海古籍出版社影印本。
② 《三国志》卷一六《仓慈传》。
③ 《洛阳伽蓝记》卷五。
④ 《资治通鉴》卷一九九。

前割耳剺面。

在西域文化史上，割耳剺面之俗，除作为悼亡仪式外，还应用于人际关系的其他场合：（1）送别："睿宗立，召（郭元振）为太仆卿；将行，安西酋长有剺面哭送者。"① 惜别意味着挽留。天宝十年（751），任命高仙芝代安思顺为河西节度使，"思顺讽群胡剺面请留己。制复留思贩于河西"。②（2）讼冤：万岁通天元年（696），"时西蕃酋长阿史那斛瑟罗家有细婢，善歌舞。俊臣因令其党罗告斛瑟罗反，将图其婢。诸蕃长诣阙割耳剺面讼冤者数十人，乃得不族"（《旧唐书》卷一八六上《来俊臣传》）。

以上事例说明"剺面截耳"既可以表现悼亡的悲痛，也可以表现送别的悲伤和讼冤的悲愤。胡俗文化内涵的多样性，于此可见一斑。

九姓胡的葬俗，可以康国为例。《通典》卷一九三引韦节《西蕃记》说："国城外别有二百余户，专知丧事。别筑一院，院内养狗，每有人死，即往取尸，置此院内．令狗食人肉尽，收骸骨埋殡，无棺椁。"这种葬法，表面上很类似印度的"野葬"或"施林"。《一切经音义》卷七三"尸陁林"条说："正言'尸多婆那'，此云寒林。其林幽邃而且寒，因以名也。在王舍城侧，死人多送其中，今总指弃尸之处。名'尸陁林'者，取彼名也。"不过，唐代九姓胡在大食征服前是火祆教流行区，其葬俗不可能按"浮图法"行事。据《新唐书·波斯传》记载，"西域诸胡受其法以祠祆"。那么，康国弃尸饲狗、收骨埋殡之俗，当应溯源于波斯。希罗多德在《历史》第一卷第140节写道："据说波斯人的尸体是只有在被鸟或狗撕裂之后才埋葬的。"按中国文献记载，在火祆教的故乡，确实存在着康国葬俗的原型："死者多弃尸于山，一月理服。城外有人别居，唯知丧葬之事，号为不净人，若入城市，摇铃自别。"③ 很清楚，康国城郊的丧事专业户，相当于波斯的"不净人"。此外，还应当指出两点，第一，院内所养之狗，绝不是"康国猧子"，而是以"骏犬"著称的波斯狗："骏犬，或赤日行七百里者，所谓波斯犬也。"④ 此犬嗜食人肉，早见于北

---

① 《新唐书》卷一二二《郭元振传》。
② 《资治通鉴》卷二一六。
③ 《通典》卷一九三《波斯传》。
④ 《旧唐书》卷一九八《波斯传》。

齐河清三年（564）南阳王绰的虐政："有妇人抱儿在路，走避入草。绰夺其儿饲波斯狗，妇人号哭。绰怒，又纵狗使食，狗不食，涂以儿血乃食焉。"① 第二，九姓胡虽然"无棺椁"，但仍有"收骸骨埋葬"的葬具。这是一种特制容器，即所谓"盛骨瓮"。王室用金瓮；"正月六日、七月十五日，以王父母烧余之骨，金瓮盛之，置于床上，巡绕而行，散以花香杂果，王率臣下设祭焉。"② 民间则用陶质骨瓮，花拉子模（即九姓胡的"火寻"）地区常有发现。其中托库卡拉出土的盛骨瓮，瓮面所刻的图像，恰恰是胡男胡女劈面截耳的悼亡仪式。③ 作为独特的葬具，盛骨瓮具有重要的文化意义。据巴托里德研究，俄属突厥斯坦的火祆教，与波斯火祆教不同的地方特点，就表现在葬式上流行盛骨瓮。④

最后，还有一段史文应当辨析。据《旧唐书》卷一一二《李暠传》，唐玄宗开元年间，太原曾经取缔过弃尸饲狗的葬俗："太原旧俗，有僧徒以习禅为业，及死不殓，但以尸送近郊饲鸟兽。如是积年，土人号其地为'黄坑'。侧有饿狗千数，食死人肉，因侵害幼弱，远近患之，前后官吏不能禁止。暠到官，申明礼宪，期不再患。发兵捕杀群狗，其风遂革。"岑仲勉先生认为"此实祆教之习俗，所谓黄坑，西人称曰无言台"。⑤ 这个论断，大概是从上引《西蕃记》康国葬俗中推导出来的，未必能够成立。我们认为，"以尸送近郊饲鸟兽"，当即玄奘所记"弃林饲兽"的印度式"野葬"，⑥ 它被太原僧徒（《新唐书》卷七八改作"为浮屠法者"）实行，正是恪遵天竺古法。所谓"黄坑"，可能因尸骨"积年"变色而得名，实即佛徒所说的"弃尸处"（古代印度称为"尸陀林"），其形制与康国之"院"和祆教之"台"，是不能等同的。从宗教环境看，太原位于佛教昌盛的河东，当地野葬之俗，大可追溯印度渊源，却不宜与中亚胡俗附会。

---

① 《北齐书》卷一二《南阳王绰传》。
② 《隋书》卷八三《石国传》。
③ 舒库罗夫：《中亚造型艺术的肖像画理探析》，《古代和中世纪的中亚》（Ш. М. Шукуров, К анализу принчинов, иконографи в изобразительном искусстве Срелней Азии, 《Срелняя Азия в дре вностни Средневеековые》），莫斯科，1977年版，第104—109页及图版第22幅
④ 巴托里德：《突厥斯坦简史》，《中亚研究四种》上册（V. V. Barthold, A Short History of Turkestan, Four Studies on the Central Asia, I），莱顿，1962年版，第9—10页。
⑤ 岑仲勉：《隋唐史》上册，1982年版，第319页。
⑥ 《大唐西域记》卷二。

四、居室

九姓胡分布于亚洲内陆的绿洲地带，一般来说，是气序和畅的。但从整个自然环境看，仍然雨量稀少，气候干旱。从怛逻斯至西海，"自三月至九月，天无云雨，皆以雪水种田"（杜环《经行记》）。与这样的气候条件相适应，其居室的建筑形式，也具有如下特点：

第一，平头。《隋书》卷八三载明安国"宫殿皆为平头"。片治肯特故城及其他遗址，也证明粟特地区流行平顶型的建筑形式。那种一面坡或人字形的便于排水的屋顶结构，对全年多半"天无云雨"的地方来说，当然不如平顶房实用。

第二，土室。杜环《经行记》又说："从此（拔汗那）至西海，尽居土室。"这种夯土而建的住房，仍有木柱和门楣，虽名为"土室"，实际上还是土木结构。杜环对末禄（即穆国）一带的居室，正是这样描述的："墙宇高厚，市鄽平正，木既雕刻，土亦绘画。"壁画是粟特"上室"最有特色的内部装饰，民居较为简朴，在宫殿和寺院则蔚为奇观，俨若画廊的规模。

从片治肯特三、四号遗址的住宅情况看，较宽敞的住房有厅堂，与门相对的正壁用画装饰，下置三脚石案，以待客人，是室内最尊贵处。炉灶在九姓胡居室中地位重要，其形制有三种：火塘、地灶和壁炉。① 在早期中世纪，作为附属建筑的厨房，似乎尚未在粟特民居中出现。

室内礼仪除盘足而坐外，还有"胡跪"两式。其一，慧琳释"胡跪"云："右膝著地，竖左膝危坐，或云互跪也。"② 此式可以勒柯克从伯孜克里克割去的胡人供养人跪像证之。其二，据宋赵与时《宾退录》卷七："古人之坐者，两膝著地，因反其蹠而坐于其上，正如今之胡跪者。"片治肯特城址东厢壁画，五个供养人都是两膝著地，反蹠而坐，这似是"胡跪"之基本姿式。

---

① 伏罗尼娜：《中亚早期中世纪住宅的特点》，《苏联民族学》（В. П. Воронина, Черты раннесредневекового жилища Средней Азии, «Советская Этнография»）1963 年第 6 期，第 87—95 页；别列尼茨基等：《中世纪中亚城市》（А. М. Беленицкий, Средневековый город Средней Азии），列宁格勒，1973 年版第 25—38 页。

② 慧琳：《一切经音义》卷三六。

五、服饰

唐代九姓胡的服装，刘正言《王中丞宅夜观舞胡腾》一诗作过典型描写：

> 石国胡儿人见少，蹲舞樽前急如鸟。织成蕃帽虚顶尖，细氎胡衫双袖小。手中抛下葡萄盏，西顾忽思乡路远。跳身转毂宝带鸣。弄脚缤纷锦靴软。①

"石国胡儿"的舞服，尽管与常服在华丽程度上有差别，但它所反映的毕竟是胡服的整个形制：帽、衫、带、靴。因此，不妨按照这个由上而下的顺序，逐项分析胡服的结构。

（1）帽　除"王帽毡，饰金杂宝"外，②俗人的帽有两种：一是前诗所述的尖顶虚帽，还有一种叫"卷檐虚帽"。③虽同为胡帽，功能略异：尖顶宜于御风雪，卷檐便于遮阳远视，都是"兴胡之旅"不可或缺的头衣。吐鲁番阿斯塔那唐墓出土的彩绘泥俑，证实这两种胡帽确是同时并存的。

（2）衫　"胡衫双袖小"，也即玄奘所说的"裳服褊急"。④一句话，就是以紧身窄袖为特征。这种与褒衣广袖大异其趣的胡衫，矫健灵活，可能是从古代的猎装演变而来的。

（3）带　带分软、硬二式。软带为俗人束腰之物，其功用是保暖，并便于跳跃。"石国胡儿"所系之带，应属这一类。至于硬带则质料上乘，或金制，或银制，是贵人身份的标志。据片治肯特壁画，"宝带"连接革制引带，供佩剑、刀、匕首之用。除金银扣环外，"宝带"还镶饰大

---

① 《全唐诗》第七函第九册。
② 《新唐书》卷二二一下。
③ 《张承吉文集》卷八《金吾李将军柘枝》。
④ 《大唐西域记》卷一。

量宝石。① 贞观元年（627），西突厥所献的"万钉宝钢金带"，② 当即粟特金带在中国文献上的正名。

（4）靴 "石国胡儿"穿的软靴，是与常服相配的一种通用款式。此外，粟特壁画人物还穿一种直筒式皮靴，高达膝盖，似为戎装。③

为了进一步了解九姓胡服饰的全貌，下面再探讨几个带有普遍性的问题。

第一，服色。慧琳《一切经音义》卷二一说："西域俗人皆著白色衣也。"玄奘更明确指出服色上的禁忌："吉乃素服，凶则皂衣。"④ 康国人在每年七月"求天儿骸骨"节，"俱著黑叠衣"，表示他们脱去常服，改著黑色丧衣，是。洛遵禁忌的。

第二，发式。《魏书·西域传》载："康国丈夫剪发。"慧超《往五天竺国传》也说："此中胡国，并剪须发。"可知九姓胡并未染上突厥"披发"之俗，而是沿袭波斯"断发"的旧制。至于妇女，除《新唐书·康国传》所载"女子盘髻"一式外，片治肯特壁画还证明胡女有辫发之俗。发梳五辫：左右各二，脑后一，均长达腰际。通过与塔吉克和乌兹别克民俗的比较，可确定这是未婚少女的发式。⑤ 又据杜环《经行记》载，西海诸胡"以香油涂发"，此油名为"野悉蜜"（即"素馨"，叶似茉莉而小），"西域人常采其花，压以为油，甚香滑"（《酉阳杂俎》卷一八）。

第三，衣料。按社会地位高下，有毛、皮、棉、锦各类，不必细论。惟衣料中"织成"一名，易启误会，清代学者任大椿在《释缯》中曾略加界说："不假他物为质，自然织就，故曰织成。"在唐代，"织成"是一

---

① 别列尼茨基等：《粟特"金带"》，《东方国家与人民》第 22 辑 A. M. Беленицкий, В. И. Распопова, Согдииские《Золотые пояса》,《Страны и иароды Востока》, вьш. 22），莫斯科，1980 年版，第 213—217 页；拉斯波波娃：《七至八世纪粟特的腰带》，《苏联考古学》（В. И. Распопова, Поясной Наσор Соrда Ⅶ—Ⅷ ВВ. СА）1965 年第 4 期，第 78—91 页。

② 《旧唐书》卷一九四下。

③ 班托维奇：《早期中世纪中亚的服装——根据六至八世纪的壁画》，《东方国家与人民》第 22 辑（И. Б. Бентович, Одежда раннесредневековой Средней Азии（По данным стенных роспией Ⅵ—Ⅷ ВВ.），《Страны и нарды Востока》вьщ. 22），莫斯科，1980 年版，第 203 页。

④ 《大唐西域记》卷一。

⑤ 班托维奇：前引文第 208 页；别列尼茨基：《中亚—粟特艺术》（Belenizki, Mit-telasien-Kunst der Sogden），莱比锡，1980 年版，第 57、74—75 页。关于九姓胡的发式，还可参看李恩纯：《说民族发式》，见《江村十论》，上海人民出版社 1957 年版，第 58—69 页。

种名贵的织物。杜甫《太子张舍人遗织成褥段》一诗，曾吐露他不敢接受这种厚赠的缘由："客从西北来，遗我翠织成"，"领客珍重意，顾我非公卿，留之惧不祥，施之湿柴荆"。这种"翠织成"，可能也是来自西域。"石国胡儿"制帽的"织成"，作为一种衣料，不仅有《冥祥记》的"织成宝盖带"可以参证，《西京杂记》也提到赵飞燕册封之日接受过"织成下裾"，① 唐代九姓胡用"织成"制衣帽，是受波斯影响。《隋书·波斯传》列举该国出产方物，已见"金缕织成"之名。这是波斯锦的一个种，《旧唐书·波斯传》说得很清楚："有巾帔，多用苏方青白色为之，两边缘以织成锦。"《新唐书》删去"织成"二字，缩为"巾帔缘以锦"一句，致使专名变成通名，真是略其所不该略了。用"织成"作胡服的边饰，可缝于领沿、袖口，也有贴在上肩或下裾的。这就是片治肯特壁画中常见的那种"萨珊"纹饰。② "石国胡儿"的蕃帽，大概也只是在帽沿缝饰"织成"，不一定整顶以"织成"为料。高加索西北山区的"莫舍瓦亚·巴尔卡"墓葬，年代属于 8 至 9 世纪，曾出土一件以联珠纹锦饰边的女袍，为"缘以织成锦"的文字记载提供了实物证据。③

六、饮食

玄奘笔下的窣利居民，"虽富巨万，服食粗弊"，这显然是按唐初汉人的标准立论。其实，九姓胡的饮食文化，是自有其特色的。否则，开元之后，就不会"贵人御馔，尽供胡食"了。④

汉唐时风行中国的葡萄酒，是九姓胡的传统名产。中亚的葡萄酒制法有两利，，一是葡萄与果汁合酿，另一种则用葡萄汁熬制。作为九姓胡的民族饮料，葡萄酒也是酬神的供品和对外交往的贡品。盛唐气象之一，就是"胡人岁贡葡萄酒"。著名的胡人酒器"叵罗"（粟特语 patrrōδ，碗

---

① 《太平广记》卷一一六、二三六。
② 班托维奇：前引文论 200—201 页；别列尼茨基；《中亚—粟特艺术》，第 85—87 页。
③ 耶露莎琳斯卡娅：《丝路上的阿兰世界》，《古代和早期中世纪的东方文化》（А. А. Иерусадимская，Аданскний мир на《Ⅲ едьдковом пути》，《Культура Востока Древность и Ранне средневековье》），列宁格勒，1978 年版，第 159 页。
④ 《旧唐书》卷四五《舆服志》。

状酒杯),① 在唐诗中常与葡萄酒连在一起,如"葡萄酒,金叵罗,吴姬十五细马驮"(李白)、"交河美酒金叵罗"(岑参)等等。质料较次的,则为银叵罗和铜叵罗。② 片治肯特壁画工的饮宴场面,常见一种宽口酒器,可能就是驰名中夏的"叵罗"。

穆格山发现的八世纪初食用账,说明九姓胡的肉食以羊为主。B11R 是一份肉账,残存十一行,缺年份。内开自九月十三日至十月八日,片治肯特某胡人取羊六次,共宰吃母羊十二口和公羊两口。③

在"气候温,宜五谷"的粟特地区,粮食作物多为大麦和小麦。因此,胡食基本上就是面食。据慧琳《一切经音义》卷三七云:"胡食者,即饆饠、烧饼、胡饼、搭纳等是。"以上各类饼食,经向达先生考释,已经大体清楚了。④ 这里只想顺带说明,胡食之风不止盛于唐代,甚至到了南宋,集英殿的国宴也还是胡食与汉食并陈:"集英殿宴金国人使,九盏:第一肉咸豉,第二爆肉双下角子,第三莲花肉油饼骨头,第四白肉胡饼,第五群仙炙太平毕罗,第六假圆鱼,第七奈花索粉,第八假沙鱼,第九水饭咸豉旋鲊瓜姜。"⑤ 玄奘时代视为"粗弊"的胡食,经过六百年的吸收和改制,到陆游时代,"胡饼"和"毕罗"已列入国宴"九盏"之二,组成中西合璧的"胡汉全席"了。

七、岁时

《册府元龟》和《唐会要》辑序的西域贡表,内有:开元七年(719)安国王笃萨波提表、同年康国王乌勒伽表、开元二十九年(741)石国王伊吐屯屈勒表和天宝四年(745)曹国王哥罗仆禄表。这四份贡表都是按唐代年号编排,无从获悉九姓胡的纪年法。但从穆格山文书中,则可看出他们是按国王或城主在位的年序计岁的。如《婚约》订于"突昏

---

① 参见拙作《隋书康国传探微》,《文史》第二十六辑. 第106—107页。
② 《太平广记》卷一四四"王涯"条。
③ 波戈留波夫、斯米尔诺娃:《穆格山出上粟特经济文书》(М. Н. Боголюбов, О. И. Смирнова, Согдийские документы с горы Муг, вып. Ⅲ,, Хозяйственные документы),莫斯科,1963年,第36页。
④ 向达:《唐代长安与西域文明》,1957年版,第48—50页。
⑤ 陆游:《老学庵笔记》卷一。

王十年"，《买地契约》订于"片治城主俟斤·啜·毗伽十五年"，等等。按粟特文书的格式，原表当署本国年月，大概是汉译时删改的。

在阿拉伯征服前，昭武九姓行使波斯的"火祆历"，但略有变异。全年365天，分十二个月，每月30天，余五天置闰。唯其历法度数未能尽合天行，一年差6小时，四年共差一天。为补此弊，粟特历的岁首每四年必须提前一天。① 如710—713年岁首在六月一日，714—717年在五月三十一日，718—721年在五月三十日，722—725年在五月二十九日。② 正因为有这样的时差，所以中国文献对九姓胡"岁首"记载不一：韦节《西蕃记》说"以六月一日为岁首"，杜环《经行记》说"其俗以五月为岁"，到《新唐书·康国传》则变成"以十二月为岁首"了。

像火祆历一样，粟特历十二个月均取神名，如八月（水神）、九月（火神）。十二月（土地女神）等等。三十天也各有专名（多为神名），仅第八、第十五、第二十三同名，称为"造物主日"。这样，每月被分成四个时段，"星期"的痕迹隐约可见。③

星期之制，是粟特历法体系的重要组成部分。一个星期七天，依次用日月和五星（火、水、木、金、土）命名，组成"七曜"。唐肃宗乾元二年（759），不空译《吉凶时日善恶宿曜经》，七曜胡名的译音，与1933年发现的穆格山A12号《历书》中粟特曜名相吻合：密（myγš）、莫（m'γ）、云汉（wrγ'n）、咥（tyr）、鹘勿（wrmšt）、那歇（'nryδ），仅"抰院"或"鸡缓"一名失佚，当作 Kaivān。④ 至于七曜历在中国传播的历史，及其与占卜吉凶的关系，前人研究已详，⑤ 此处不赘。

---

① 里夫什茨：《火祆历》，《古代世界年代学》（В. А. Лившиц，《Зороастрийский》Календарь，《Хронология Древнего мира》），莫斯科，1975年版，第321页。

② 里夫什茨：《穆格山出土粟特法律文书》第58页。

③ 弗莱曼：《穆格山文书叙录与考释》（А. А. Фрейман, Описяние, лубликачии и исследование документов С горы Муг），莫斯科，1962年版，第33页；亨宁：《粟特历考》，《亨宁文选》上卷 [W. B. Henning, Zum soghdischen Kalender, (W. B. Henning – *Selected Papers*), I]，莱顿，1977年版，第629—635页。

④ 弗莱曼：前揭书第60页。

⑤ 叶德禄：《七曜历入中国考》，《辅仁学志》第11卷1-2期，第137—157页；王重民：《敦煌本历日之研究》，《敦煌遗书论文集》，1984年版，第116—133页。

八、节庆

在现存的中国文献中，经著录的九姓胡节庆，共有四个：岁首节、祭祖节、求天儿骸骨节和乞寒泼水节。每年依时序先后，这些节日定期举行，辅以竞技、娱乐和庙会，形成周而复始的生活节奏。

（一）岁首节

韦节《西蕃记》写道："以六月一日为岁首。至此日、王及庶人并服新衣，剪发须。在国城东林下，七日马射。至欲罢日，置一金钱于帖上，射中者，则得一日为王。"盛装参加节庆的人，包括"王及庶人"，可知这个为期七天的岁假具有全民性质。所谓"马射"，指的是赛马和比箭两项竞技活动。第七日的"射钱"仪式，构成康国岁首节的高潮。射中者一日为王的礼俗，保存着军事民主制时代"能者为王"的古老风貌。难怪弗雷泽在其名著《金枝》中，将它作为"临时国王"这种先民遗俗的历史例证。①

（二）祭祖节

每年六月，在康国举行庙祭："国立祖庙，以六月祭之，诸国皆来助祭。"（《隋书》卷八三）这个节庆除时间地点外，其他礼仪不得其详。

（三）求天儿骸骨节

这是七月举行的宗教性节日："俗事天神，崇敬甚重。云神儿七月死，失骸骨，事神之人，每至其月，俱着黑叠衣，徒跣，抚胸哭号，涕泪交流。丈夫妇女三五百人，散在草野，求天儿骸骨．七日便止。"（《通典》卷一九三）这位失骸骨的"天儿"，就是"阿多尼·耽末子"（Adonis – Tqmmūz）。②对他的崇敬，起源于巴比伦时代，反映了人们祈求

---

① 弗雷泽：《金枝》卷上，大众文艺出版社 1987 年版，第 418 页。
② 亨宁：《粟特神考》，伦敦大学《东方非洲研究院院刊》第 28 卷第 2 期（W. B. Henning, A Sogdian God, BSOAS, Vol. 28, pt. 2），1965 年，第 252 页。

作物枯后复荣的愿望。① 经过长期传播，源出闪米特语的"天儿"名字虽然发生多种变异，但节庆的本旨则仍传承于西亚和中亚各族之中。在粟特地区，"天儿"神话演成西耶乌什的英雄传说。这位英雄渡阿姆河到安国建城，惨遭杀害，他的葬所遂被后人奉为圣地。每年元旦凌晨，乡众为西耶乌什举行野祭，宰杀雄鸡，并唱哀歌。② 作为隆重节庆，胡男胡女"散在草野"求天儿骸骨，与"耽末子"崇拜中祷祝大地回春，其本旨是没有什么差异的。

（四）乞寒泼水节

据《新唐书·康国传》载："十一月鼓舞乞寒，以水交泼为乐。"《文献通考》乐考卷二一、对这个节日的仪礼记述更详："乞寒本西国外蕃康国之乐。其乐器有大鼓、小鼓、琵琶、五弦、箜篌、笛。其乐大抵以十一月，裸露形体，浇灌衢路，鼓舞跳跃而索寒也。"乐舞可以助兴，泼水可以取乐，这是显而易见的，但作为一个民族的节庆，除娱乐性外，应该还有它的社会意义。按粟特泼水节在十月三十日。相传波斯萨珊王朝卑路斯（459—483）在位期间，出现苦旱，幸得国王拯救，百姓才免于难，后人每逢此日，便以水相泼为乐。③ 在这方面，慧琳《一切经音义》卷四一"苏莫遮帽"条，也透露了类似的消息："土俗相传云：常以此法禳厌，驱趁罗刹恶鬼食啖人民之灾也。"可以看出，九姓胡每年十一月乞寒，就是一次民间的驱邪消灾活动。其中含有感王恩之意，已由"泼胡王乞寒戏"一名（见《旧唐书》七"中宗纪"）表达出来。至于他们在泼水时"裸露形体"，"鼓舞跳跃"，则是古代巫术的余音遗响。

唐代九姓胡的节日，当然不止上述四个。中世纪的穆斯林作家就指出过粟特人像波斯人一样，每年节庆繁多。据阿里·比鲁尼（973—1048）记述，六月的第二和第十五日都有节庆，并集市交易。"诸国商人会聚于

---

① 弗雷泽：前揭书第472页。
② 纳尔沙希：《布哈拉史》，英文版，第23页。
③ 洛巴切娃：《中亚农民岁时礼仪史》，《中亚人民古代礼俗与祭仪》（Н. П. Лобачева, К истории Календарных обрядов у землелельчев Средей Азии，《Древние обряды верования и культы народов Средней Азии》），莫斯科，1986年版第24-25页。

此,举行庙会,持续七天。"① 如前所述,九姓胡的岁首节和求无儿骸骨节,也都是七日为期,很有可能是节庆与庙会同时举行的。此外,九姓胡节期与葡萄收获季节的一致性,也是十分明显的。阿里·比鲁尼说过,五月十八日是"巴巴花拉"节,又称"巴米花拉",意即"饮纯美葡萄浆";二十六日是"卡林花拉"节,意为"品尝葡萄"。这个节期在下半年持续很久,自七月十六日始,至八月九日终。② 可惜这种农事性的节日,在中国文献中失载。不过据《沙州伊州地志》残卷,既然贞观中"康国大首领康艳典"率胡人在石城镇南四里种葡萄,"因号蒲桃城",那么,"巴巴花拉"之类的节庆,被带入唐代蒲昌海的胡人聚落,也不是没有可能的。

九、兴贩

九姓胡是"善商贾"的民族,兴生贩货,无远不至。从魏晋到隋唐,尽管对"商胡贩客"的活动,史不绝书,但与兴贩直接有关的礼俗,却没有什么完整的记载,实在令人遗憾。下面所述,不外是从文献中爬梳出来的一些线索,微获小识,聊备参考。

(一) 商侣

长安三年(703),崔融上疏说:"边微之地,寇贼为邻,兴胡之旅,岁月相继。"③ 所谓"兴胡之旅",就是"兴生胡"组合的商队。面对着"边徼"的风险和"寇贼"的威胁,商胡只有结伴而行,才能保证旅途安全。任何脱离"商侣"的独立行动,都会招来灾祸。贞观初年,玄奘西行求法,曾在阿耆尼(焉耆)目睹过一场惨剧:"时同侣商胡数十,贪先贸易,夜中私发,前去十余里,遇贼劫杀,无一脱者。"④ 敦煌第45窟那幅描绘"商胡遇盗"的唐代壁画(观音经普门品),强盗操刀拦路,南胡跪地求饶,颇有以图证史的价值。概括来说,"商侣"的突出特点是行止

---

① 阿里·比鲁尼:《古代民族纪年》(Al-Biruini, *The Chronology of Ancient Nations*),伦敦,1879年版第234页。
② 阿里·比鲁尼:前揭书第234—235页;洛巴切娃:前引文第27页。
③ 《旧唐书》卷九四《崔融传》。
④ 《大慈恩寺三藏法师传》卷二。

同步化。据敦煌文书"伯 2005 号"《沙州都督府图经》，玉门关外的"兴胡泊"，就是由此得名的："在州西北一百一十里，其水咸苦，唯泉堪食。商胡从玉门关道往还居止，因以为号。""商侣"的另一特点是推举"商主"。这种商队领袖是临时性的，本身也不一定是商人。玄奘作为一名法师，拥有比俗人更高的威望，因此，"同伴五百，皆共推奘为大商主，处位中营，四面防守"。① 从这里可以推知，唐代"兴胡之旅"宿营的形人，也像近代中亚商队那样，是采用环状"团营"的。此外，包括在"商侣"之中的，还有相当数量的劳动人手。从吐鲁番出土文书可以见到有奴、婢，"作人"和"典马"。

（二）祈福

兴生胡的祈福活动，是在袄庙举行的。张鷟《朝野佥载》卷三，对袄庙酬神仪式作过详细描述："河南府立德坊，及南市西坊，皆有胡袄神庙，每岁商胡祈福，烹猪羊，琵琶鼓笛，酣歌醉舞。酹神之后，募一胡为袄主，看者施钱并与之。其袄主取一横刀，利同霜雪，吹毛不过，以刀一刺腹，刃出于背，仍乱扰肠肚流血。食顷，喷血咒之，平腹如故。盖西域之幻法也。"又据敦煌写本《沙州伊州地志》残卷，"袄主"施行幻法，称为"下袄神"。他在如醉如狂的状态中，预言"国家所举百事，皆顺天心"。综合上引两段记载，可知"商胡祈福"的全过程包括三个环节，即献祭奏乐、施法降神和袄主祝福。

（三）斗宝

九姓胡"以得利多为善"，因而，形成一种"斗室"习俗："胡客法，每年一度与乡人大会，各阅宝物。宝物多者，戴帽居于座上，其余以次分列。"② 这种按财宝排座次的习俗，可作玄奘"财多为贵"一语的注脚。从中反映出九姓胡的等级观念，已被商业意识所渗透。据《宣和画谱》卷一，唐代阎立本作过《异国斗宝图》，可惜已失传，无从知其究竟了。

最后，让我们通过安禄山叛乱前夕在范阳阅宝的实例，来考察上述兴贩礼俗如何在特定场合下实施。《安禄山事迹》卷上写道："潜于诸道商

---

① 《续高僧传·玄奘传》。
② 《太平广记》卷四○三"魏生"条引《原化记》。

胡兴贩，每岁输异方珍货计百万数。每亩至，则禄山胡服坐重床，烧香列珍宝，令百胡侍左右，群胡罗拜于下，邀福于天。禄山盛陈牲牢，诸巫击鼓歌舞，至暮而散。"在这个"邀福于天"的场合，安禄山显然以宝主自居，完全按胡俗行事。请看"胡服坐重床"与"戴帽居于座上"，"陈牲牢"与"烹猪羊"，"击鼓歌舞"与"琵琶鼓笛，酣歌醉舞"，还有巫术与"幻法"等等，何其相似！可说是上述兴贩礼俗的翻版。安禄山既是"营州杂种胡"，又任过"互市牙郎"，对"胡客法"自然十分熟悉。因此，借"祈福"和"斗宝"来笼络群胡，便成了他在天宝（742—756）末年叛乱准备中的一项重要工作。

十、胡名

唐代九姓胡，常见载籍著录的有七姓：康、安、曹、石、米、何、史。"蕃人多以部落称姓，因以为氏。"① 这科姓氏与国籍的同一性，可说是胡姓汉译的通例。正如邓名世《古今姓氏书辨证》卷二四所说，"米氏，西域米国胡人入中国者，因以为姓。"其他史籍、碑志和出土文书，也都有大量"以国为姓"的事例，不必一一列举了。

如果说胡姓的研究，经过前辈学者（桑原骘藏、向达、冯承钧、姚薇元）的辛勤耕耘，已经结下丰硕成果，那么，胡名问题则是尚待开垦的处女地。陈寅恪先生早已郑重指出："吾国史乘，不止胡姓须考，胡名亦急待研讨。"② 可惜，半个世纪以来，致力于此者寥若晨星。时至今日，国际学术界对粟特人名的研究，已经取得长足进步，有不少方法和成果可供我们借鉴和采择。尤其是穆格山粟特文书与敦煌、吐鲁番汉文文书中胡名的比勘，正在显示诱人的前景。本节拟对若干胡名材料试作考释，不敢奢望补前人之缺，只是想借此窥探胡名研究的门径而已。

唐代九姓胡的人名，有两个为世所熟知：安禄山是安史之乱的祸首，石槃陀是玄奘出关的引渡人。这两个胡名的复现率都很高，不可轻易

---

① 《旧唐书》卷一〇四《哥舒翰传》。关于蕃胡姓氏的研究，除姚薇元《北朝胡姓考》（科学出版社，1958 年版）外，还可参看突厥学家巴斯卡科夫的专著：《突厥起源的俄罗斯姓氏》，(Н. А. Баскаков, Русские фамилии тюркского происхождения) 莫斯科，1979 年版。

② 陈寅恪《金明馆丛稿二编》，1980 年版，第 242 页。

放过。

现将用"禄山"命名的胡人,开列如后:安禄山(《安禄山事迹》);曹禄山(《吐鲁番出土文书》六,第 470 页);康禄山(《吐鲁番出土文书》七,第 470 页);米禄山(开元十九年西州《市券》)。安禄山是"牧羊小丑",其余三人也均出身社会底层。这说明"禄山"一名,在安、曹、康、米诸姓的民间相当流行。如果加上"石阿禄山"(敦煌《差科簿》)和"安阿禄山"(大谷文书 2368 号《佃人文书》)之类的变异形式,这个胡名的势力就更大了。据亨宁研究,"禄山"是译音字,意为"光"、"明",源出波斯语 roxšan。公元前 4 世纪初,亚历山大的王妃大夏公主,已用过这个名字。① 从波斯语转入粟特语,从贵族流向民间,"禄山"作为一个吉祥的字眼,源远流长,难怪它在胡名中有那么高的复现率了。

唐太宗贞观初年,玄奘在瓜州准备出关,找一名"少胡"引渡,"问其姓名,云姓石字槃陀"。② 这也是一个常见的胡名,如:曹槃陀(《吐鲁番出土文书》七,第 351 页);何畔陀(《吐鲁番出土文书》三,第 319 页),安畔陀(《吐鲁番出土文书》六,第 365 页);安盤陀(敦煌《差科簿》)。"槃陀"当即粟特语 Bntk 的音译,意为"奴"、"仆"。③ 不过,从伊州"袄主"翟槃陀(唐光启元年写本《沙州伊州地志》残卷)也用此字命名,似不应按"奴"、"仆"的实质意义去理解,也许将它释作"阿奴"之类的乳名,更切合"少胡"的身份。胡名中含有"槃陀"成分,已见于唐以前的记载。西魏大统十一年(545),太祖派往突厥的使臣"酒泉胡安诺槃陀"(《周书·突厥传》),他的名字可分解为"诺"(神名 Nāhid 的省译)加"槃陀",意即"诺娜神之仆",其粟特语书写形式 NanēBandak,在粟特古代信件中也出现过。④

在举例说明胡名的音义之后,如果要进一步考察胡名结构的规律性,那么,下列三个问题,似乎是特别值得重视的。

---

① 蒲立本:《内蒙古的粟特聚落》,《通报》第 41 卷(E. C. Pulleyblank, A Sogdian Colony in Inner Mongolia, *Toung Pao*, Vol. 41),1952 年,第 333 页。

② 《大慈恩寺三藏法师传》卷一。

③ 里夫什茨:《穆格山出土粟特法律文书》第 197 页。

④ 哈马塔:《伊朗突厥编》,《匈牙利科学院东方学报》第 25 卷(J. Harmatta, Iran-Turcica, AOASH, Tom. 25),1972 年,第 18 页。

第一，胡名的常用词尾。

著名的粟特学家里夫什茨告诉我们："缀上-y'n（阿维斯陀经作yana-，yāna-，古波斯语作 yāna-）和-prn（米地亚语作 farnah-）的名字，是穆格山文书中最见行的粟特男名。"① 经过与唐代译例进行比勘，我们发现这两个胡名词尾就是"延"和"芬"。据高本汉所拟的汉语古音，"延"读 ian，"芬"读 piugn，② 确与穆格山粟特语相对应。唐代文献和出土文书含有这两类胡名，难以备举，仅选辑下列两组，以兹佐证：

（1）"延"型组：曹阿揽延、曹破延、何破延（《吐鲁番出土文书》三，第 120、319—321 页）、曹炎延、史乌破延（同上，六，第 479 页）、安莫延、康乌破延、康陁延（同上，七，第 94、389、470 页）、曹伏帝延、史了延、安了延（敦煌《差科簿》）。

（2）"芬"型组：石演芬（《新唐书》卷一九三）、石宁芬（《唐石崇俊墓志》）、米继芬（《唐米继芬墓志》）、石失芬、安胡数芬、康羯师忿、何伏帝忿、石勃帝芬（敦煌《差科簿》）、曹莫盆（《吐鲁番出土文书》七，第 475 页）。

在粟特语中，"延"字作"礼物"解。兼有"个典、庇佑"之义；"芬"字则是"荣幸、运气"之意。③ 掌握胡名的常用词尾及其音义，有助于辨明胡人身世，对史事考证关系颇大。例如敦煌写本《沙州都督府图经》，载有石城镇将康拂耽延及其弟地舍拔之事。羽田亨博士高才卓识，但他将"拂耽延"一名拿来与持摩尼经入唐的波斯人"拂多诞"（Furs–todan，即"知教义者"）比附，④ 则是智者千虑之失。其致误之由，即在对"延"字之不可易未能觉察。当代粟特学已经解决了这个问题："拂耽延"被还原为 Pərtam–yān，意为"第一件礼物"。⑤ 作为地舍拔之兄，"拂耽延"取名高有"头胎仔"之意，是更合乎逻辑的。

第二，胡名的宗教色彩。

唐代的昭武九姓地区，可说是中世纪宗教博览会。居民信仰复杂，不仅祆、佛并存，景教、摩尼教占据意识形态一席之地，本土的神祇也拥有

---

① 里夫什茨：前揭书第 58 页。
② 高本汉：《汉语分析辞典》（B. Karlgren, *Analytic Dictionary of Chinese*）第 43、95 页。
③ 亨宁：《粟特语丛考》（W. B. Henning, *Sogdica*），伦敦，1940 年版，第 6 页。
④ 《羽田博士史学论文集》上卷，1957 年版，第 401—402 页。
⑤ 蒲立本：前引文第 333 页。

大量善男信女。因此，胡名染上宗教色彩，便不足为奇了。除经前人指出的"米萨宝"一名与火祆教的关系外，尚可举其著者，如：

"佛陀"借入粟特语而成"伏帝"（pwt），故敦煌、吐鲁番文书中常见的胡名"伏帝延"（Pwty'n）可释作"佛赐"或"佛佑"；"伏帝忿"（pwtypnn）则含有"托庇于佛"的意思，同样带有佛教信仰的色彩。①

胡名"宁宁芬"（nnyprn）或"宁芬"，内含"诺娜神"（nny）的名字，② 显见打着粟特地方信仰的烙印。

此外，关于胡名与神名的关系，还有一事应该提出来研讨。出土文书中常见的"曹阿揽延"、"康阿揽延"、和"曹阿榄盆"诸名，内中所含的"阿揽"成分，似与唐代伊州柔远镇立庙敬事的"阿览"神有关。伊州是胡化极深的边州，"阿览"似为胡神。按粟特语 r'm，意为"宁静、和平"，③"阿揽延"（r'my'n）之类的胡名，也许有求神降福保平安的意思。

第三，胡名的突厥成分。

7世纪初，西突厥统叶护可汗"霸有西域，据旧乌孙之地，又移庭于石国北之千泉。其西域诸国王悉授颉利发，并遣吐屯一人监统之，督其征赋"。④ 在这个监统体制之下，粟特地区逐步突厥化，并由贵族渗入民间，胡人取名也吸收了突厥成分。敦煌吐鲁番文书，就有不少突厥化的胡名。例如：（1）安加沙——粟特语 qẖs̀ns，是突厥语"铁"的音译，即《太平寰宇记》卷一九九所说的"俗出好铁，号曰加沙"。（2）何莫贺咄——此名当为突厥语 Bāγatur（勇健）的音译。（3）安达汉、罗特勤、贺吐屯、康逸斤——都是取自突厥二十八等官号，即 Tarqan、Tigin、Tudun、Irkin。（4）曹

---

① 韦伯：《粟特人名考》，《印度日耳曼研究》（Weber, Zur sogdischen Personenamegebung, 《Indogermanische Forschungun》）第77卷第2—3期，1972年，第199—201页。并可参看池田温：《八世纪中叶敦煌的粟特人聚落》，《日本学者研究中国史论著选译》第九卷，中华书局1993年10月第1版，第156—171页。

② 韦伯：前引文第98页；里夫什茨：前揭书第53页。

③ 韦伯：前引文第202页。一说"阿揽"源于"阿兰"，颇嫌取证迂远，未敢信从。又，《张承吉文集》卷四"华清宫四首"之三有"村笛犹吹阿滥堆"之句，王世贞《艺苑卮言》已疑"阿滥堆"之名"起自羌胡"，或亦与"阿览"有关，详见拙文《唐代名禽阿滥堆》，见《蔡鸿生史学文编》，广东人民出版社2014年版，第111—116页。

④ 《旧唐书》卷一九四下《突厥传》。

浮类——此名的对音为 Bars，鄂尔浑突厥语"虎"，① 或译作"蒲类"。

　　以上几个方面的探索，并非什么胡名解诂，只不过粗略地考察了胡俗对胡名的制约关系，借以证明人名也是九姓胡文化的组成部分。"名者实之宾"，释名与考史是不可偏废的。

---

　　① 拉德洛夫：《实验突厥方言辞典》（B. B. Радлов, ОлытСловаря тюрксих Наречий 第 4 卷二分册，圣彼得堡，1911 年版，第 1487 页。

唐代九姓胡崇"七"礼俗
及其源流考辨

古代的民族，在从野蛮到文明的历程中，各自形成若干神秘数字，如七、十、十二或七十二等等。它们往往以范畴的面貌呈现于宗教生活和社会生活之中，成为原始文化的一种象征。① 唐代北蕃和西胡，也同样在漠北草原穹庐文明和中亚绿洲城邦文明中保留着初民之心，其神秘数字可以说是原始思维的遗产，值得加以探讨。据初步观察，突厥有崇"十"之俗，情况大体如下：

  突厥人的祖先传说，几乎事事离不开"十"字：突厥始祖有一儿年"十岁"，及长与北狼合，遂生"十男"；讷都六有"十妻"；立国之初，"贵贱官号凡有十等"；突厥法规定："盗者则偿赃十倍。"西突厥的军事行政体制，也同样打上"十"字烙印："其国分为十部，每部令一人统之，号为十设。每设赐以一箭，故称十箭焉。"可见，源于双掌指数的"十"字，自发地应用于突厥氏族制度的组织系统及其相应的军事编制。大名鼎鼎的可汗"土门"（万），也无非是"十"进法的第四级。可以肯定，在古代突厥人的传统观念中，"十"字是化生万物的神秘数字。②

至于唐代九姓胡的神秘数字，则比突厥的"十"字更加朦胧。由于资料十分零散，确实难以做出文化上的整合。经过初步爬梳之后，才有一些脉络浮现出来。按个人浅见，在唐代九姓胡的礼俗体系中，包含一种崇"七"之俗，即是粟特人的神秘数字。它与火祆教的"七圣神"崇拜有渊

---

  ① 列维—布留尔：《原始思维》，商务印书馆1997年版，第213—214页；参看杨希枚先生的两篇论文：《中国古代的神秘数字论稿》和《论神秘数字七十二》，均见《先秦文化史论集》，中国社会科学出版社1995年版，第616—716页。
  ② 拙作：《唐代九姓胡与突厥文化》，中华书局1998年版，第174页。

源关系。并通过民俗化的途径,在北宋的游艺"七圣袄队"中留下蛛丝马迹。前项辑集的历史例证,虽未完备,或尚不大谬。至于后项涉及源流考辨,则论证中难免包含若干揣测,无任何发覆之功,只是提供研讨中古胡汉文化交流的参考而已。特先说明,以免主次错位,虚实牵混。

一、九姓胡崇"七"的历史例证

唐代关于九姓胡的记述,详于职贡、沿革和兴亡,可以说政治史多而文化史少。偶或在字里行间,才透露出崇"七"之俗的若干信息。阿拉伯史籍和中亚出土文书,有关的记载也是片断而非系统的。下面尽其所知,分类征引,并附加一些解释性的评论,借以说明"七"这个数字的应用场合及其神秘性质。

(一) 草野求神

《通典》卷一九三引韦节《西蕃记》云:

> (康国人)俗事天神,崇敬甚重。云神儿七月死,失骸骨。事神之人,每至其月,俱着黑叠衣,徒跣,抚胸号哭,涕泪交流。丈夫妇女三五百人,散在草野,求天儿骸骨,七日便止。

有关康国七月节对"天儿"的崇拜及其神话功能,拙文《唐代九姓胡礼俗丛说》已作过简略的探源和释义。[①] 这里着眼于神秘数字问题,自然不能忽略草野求神活动的两个"七"字,即"神儿七月死"和"七日便止"。换句话说,"七"作为时间范畴。是与康国"俗事天神"连在一起的,掌握这个观察的基点,崇"七"之俗的种种表现形式,就较容易贯串起来了。

(二) 林下比射

前引韦节《西蕃记》又云:

---

① 见拙作:《唐代九姓胡礼俗丛说》,见《蔡鸿生史学文编》,广东人民出版社 2014 年版,第 38 页,又见本书第 106 页。

> （康国人）以六月一日为岁首。至此日，王及庶人并服新衣，剪发须。在国城东林下，七日马射。至欲罢日，置一金钱于帖上，射中者，则得一日为王。

在这个选举"临时国王"的先民遗俗中，①"七"又两度作为神秘数字出现：林下比射持续"七日"，"罢日"即为第"七"日。如果将它与上面那个"草野求神"的宗教性节期相比，那么，这个"林下比射"的世俗性节期，在数码化方面可说同出一辙，都盖上了"七"的烙印。

（三）下祆神

敦煌残卷《沙州伊州地志》云：

> （伊吾）火祆庙，中有素书，形像无数。有祆主翟槃陀者，高昌未破以前，槃陀因朝至京，即下祆神。因以利刃刺腹，左右通过，出腹外，截弃其余，以发系其本，手执刀两头，高下绞转，说国家所举百事，皆顺天心，神灵助，无不征验。神没之后，僵仆而倒，气息奄七日，即平复如初。②

祆主施用西域幻法，进行炫惑性的表演，不足为奇。值得注意的是，从"神没"到"平复"，竟也以"七日"为限，说明在"下祆神"这个特定的场合，同一个神秘数字并未失落。当然，唐代笔记还有不同的说法，如河南府祆庙的祆主，似乎神通更加广大："食顷，喷水咒之，平复如故。"凉州祆祠的祆主，则明显滞后："卧十余日，平复如故。"③ 可见，施法之后的"平复"期限，长短颇有出入。不过，从礼俗体系来看，"七日"说似乎具有更加典范的神秘意义。

（四）禳厌法

慧琳《一切经音义》卷四〇"苏莫遮帽"条云：

---

① 弗雷泽：《金枝》，大众文艺出版社1998年版，第420页。
② 王仲荦：《敦煌石室地志残卷考释》，上海古籍出版社1993年版，第204页。
③ 张鷟：《朝野佥载》卷三，中华书局1979年版，第64—65页。

> 苏莫遮，西戎胡语也，正云"飒磨遮"。此戏本出西龟慈国，至今由（犹）有此曲。此国浑脱、大面、拔头之类也。或作兽面，或像鬼神，假作种种面具形状。或以泥水沾洒行人，或持罥索搭钩，提人为戏。每年七月初，公行此戏，七日乃停。土俗相传云：常以此法禳厌，驱趁罗刹恶鬼食啖人民之灾也。

按此戏是西胡戏，属康国乐。龟慈是传播地，不是发源地。张说的"苏摩遮"歌词五首之一有句可证："摩遮本出海西胡，琉璃宝眼紫髯胡。闻道皇恩遍宇宙，来时歌舞助欢娱。"作为一种禳厌之法，既行于"七月"，又"七日"为期，其崇"七"的传统性已经昭然若揭了。至于其中掺入泼水之戏，以致节期有异，那是另外的问题。

（五）驯狮法

陈诚《西域番国志》云：

> 狮子生于阿木（姆）河边芦林中，云初生时目闭，七日方开。欲取而养之者，俟其始生未开眼之际取之，易于调习。若至长大，性资刚狠，难于驯驭。

按康国是中亚狮的著名产地，《魏书·西域传》早已明言："悉万斤国，都悉万斤城，在迷密西，去代一万二千七百二十里。其国南有山，名伽色那，山出狮子，每使朝贡。"康国胡人的驯狮法，从调习幼狮入手，完全可以理解。至于"七日开眼"的物语，则神乎其神，显然是崇"七"迷信心理的反映。

（六）民间历法

唐代九姓胡流行七曜历，有1933年发现的穆格山A12号《历书》为证。一个星期七天，依次用日月和五星（火、水、木、金、土）命名，组成"七曜"。粟特语的曜名,与唐代译经的七曜胡名,是完全一致的。①

(七) 庙会周期

据阿里·比鲁尼(973—1048)记述,中世纪粟特人的庙会有明确的周期:"诸国商人会聚于此,举行庙会,持续七天。"② 如前所述,九姓胡的岁首节和七月节,也都是七日为期,很可能是节庆与庙会同时举行的、这种"重七"现象,说明崇"七"之俗是世代相承的。

(八) 巫医法术

在唐代九姓胡的故土,近代的土库曼人仍保存着某些崇"七"的旧俗。当地的巫医,在给发烧病人进行医疗的时候,施用一套这样的法术:

> 巫师用一些骆驼毛编成一条结实的毛线,一边编一边口里喃喃地念咒,接着在这条线上打七个结扣,每个结上都吹口气,然后把结拉紧。病人把这打结扣的线像手镯一样戴在腕上,一天解一个结,到解开第七个结时,便把那线揉成一团扔进河里,这样身上的烧热便随水漂去了。③

巫师通过解结来治病,无非是按照顺势巫术的原理行事。至于结扣的数目不多不少,恰恰是七个,而且要连续解七天,则说明这个数字的神秘性根深蒂固,既在前述下祆神和行禳厌的场合应用,甚至也为巫医的治疗方案提供了量化的设计:结扣七个,疗程七天。在胡俗的传统中,"七"之神力真是非同小可了。

据上所述,可知"七"作为神秘数字并非偶然出现,而是广泛渗透于九姓胡的社会生活和文化生活之中,带有全民性质,是胡俗中极其重要的组成部分。这种崇"七"之俗,倘若溯源于波斯文明,有没有可能呢?九姓胡作为波斯胡的分支,除语言学和民族学材料外,文献上也是史有明

---

① 弗莱曼:《穆格山文书叙录与考释》,莫斯科,1962年俄文版,第60页;叶德禄:《七曜历入中国考》,《辅仁学志》第11卷,第1—2期,第137—157页。
② 阿里·比鲁尼:《古代民族纪年》,伦敦,1879年英文版,第234页。
③ 弗雷泽:《金枝》,大众文艺出版社1998年版,第360页。

证的。第一，公元前6世纪波斯的"贝希斯敦"纪功碑已将火寻（花拉子模）和粟特两地，列为大流士王23个辖区的第16和第18位，成了阿契美尼德王朝（前539—前331）的附属国。① 第二，政治上的依附，导致宗教上的依附。《新唐书·波斯传》早已载明："西域诸胡受其法以祠祆。"唐代的九姓胡，对此记忆犹新："相传祆祠本自波斯国，乘神通来此，常见灵异，因立祆祠。"（《酉阳杂俎》卷一）第三，古代波斯的神权政治，集中表现于大流士王的一句名言："朕即阿胡拉·马兹达，阿胡拉·马兹达即朕。"② 祆教的正统性，赋予胡律神圣性，构成九姓胡城邦政治的一大特色："有胡律，置于祆祠，决罚则取而断之。"（《隋书·康国传》）

九姓胡的历史文化，既然有如此深远的波斯渊源，其崇"七"之俗，当也不会超出这个源头之外。下面将进一步考察，在琐罗亚斯德教的神谱中，究竟有什么引人注目的神秘数字，足以成为九姓胡与波斯胡共同的宗教象征。

二、崇"七"胡俗与波斯式的天宫建制

在波斯的琐罗亚斯德教神学体系中，"七"作为神秘数字，不仅与教主创教的传说有关，而且直接影响到神谱的结构。

（一）成道"七"年说

琐罗亚斯德教的教主原名查拉图斯特拉，意为"管驼人"，生于亚洲西部的米太高原。他的创教传说，充满神奇色彩。二十岁离家漫游，寻求乐善好施的人。燃放火堆照明和用药草（豪麻）榨汁净化水源，是他最初的善举。随后，隐居山洞，面对洞内的世界图像，通过"七"年静思冥想，终于大彻大悟。他成道后，遵照阿胡拉·马兹达的"天启"，长期在东伊朗一带传教，直至被仇教的图兰人杀害。终年"七十七"岁。③

---

① 腊克：《琐罗亚斯德教神话学》，圣彼得堡，1998年俄文版，第419页。
② 《伊朗学百科全书》，第1卷第4分册，伦敦，1983年英文版，第424页。
③ 吕凯等编著：《世界神话百科全书》，上海文艺出版社1992年版，第454—455页。

（二）创世"七"段说

琐罗亚斯德教的创世说，不多不少，恰恰是"七"段。按照玛丽·博伊斯的分析，其原型在印伊时代早已存在：

> 众神对世界的创造分为七个阶段：首先选出石天，像一个巨大的圆壳罩住其他万物；其次，在这巨壳的下半部，造水；其三，在水面上造出大地，宛如巨形平盘；其四，在大地中央造一株植物；其五，在植物旁边造出一只牛；其六，在牛旁造出一个人，称为伽约·玛勒坦，意为"凡间生命"；而第七阶段便是造火，此火包括可见与不可见者，其给宇宙提供了温暖和生命。太阳，乃为神所造的火之一组成部分，悬于顶空，不动不变。①

据此传说，可知火是创世七个阶段的最终成果，能够化生万物，难怪它被奉为"圣火"了。

（三）天界"七"神说

琐罗亚斯德的天界，由七大神灵统治，组成主辅分明而又七位一体的天宫建制：（1）主神——阿胡拉·马兹达；（2）动物神——瓦胡马纳；（3）火神——阿沙·瓦希什塔；（4）金属神——赫沙特拉·瓦伊里亚；（5）土地女神——斯彭塔·阿尔迈蒂；（6）江河女神——胡尔瓦塔特；（7）植物女神——阿梅雷塔特。②

这种波斯式的天宫建制表明，"为要成为宗教，一神论从远古时代就不能不向多神论做出让步，曾德—阿维斯陀便已开其端"。③ 阿胡拉·马兹达的神性，分别由它创造的六大辅神体现出来，从而形成琐罗亚斯德教所谓"七圣"，似乎就是这种"让步"的结果。

---

① 林悟殊：《波斯拜火教与古代中国》，台北，新文丰出版社1995年版，第52页。
② 龚方震、晏可佳：《祆教史》，上海社会科学院出版社1998年版，第101—102页；元文琪：《二元神论》，中国社会科学出版社1997年版，第138—139页。关于敦煌的祆神系列，详见姜伯勤：《敦煌艺术宗教与礼乐文明》，中国社会科学出版社1996年版，第489—494页。此外，并参看荣新江：《中古中国与外来文明》，三联书店2001年版，第334—342页。
③ 《恩格斯论宗教》，人民出版社2001年版，第43页。

说到这里，有关九姓胡崇"七"礼俗的波斯渊源，可以告一段落了。下面要进一步探索的是以唐代入华的九姓胡为中介，宋代民间有无崇"七"祆俗的蛛丝马迹，这是一个更加扑朔迷离的问题。

三、"七圣祆队"——祆教遗俗的游艺形成

"七圣"之名，早见于唐代长安，被视为佛寺中的神迹。
据《宣室志》云：

> 云光寺有圣画殿，长安谓之七圣画。初制殿宇，有少年诣寺曰："某兄弟七人善画，愿输工。"僧许之。七人持彩绘至，戒云："七日慎勿启门。"僧从其语。凡六日，阒然无闻，意其为怪，遂发其封，忽有七鸽望风飞去，彩绘俨然在西隅，唯西北未竟。后画工见之，惊曰："神妙笔也。"①

这段异闻，尽管包含"七人"和"七日"的神秘数字，但只有佛味而无祆味，绝对不能强断为中亚的胡风。

到了北宋，汴京的百戏有所谓"七圣刀"的节目，其演出场景是从烟火中显示出来的：

> 烟中有七人，皆披发文身，着青纱短后之衣，锦绣围肚看带。内一人金花小帽，执白旗，余皆头巾，执真刀，相互格斗击刺，作破面剖心之势，谓之七圣刀。（孟元老：《东京梦华录》卷七）

关于这段史文，武术文化史专家马明达教授首倡新说，认为"七圣刀既非杂技，也非武术，它乃是古代祆教的一种法事或法术"。② 他还引录南宋洪迈《夷坚志》两段故事作旁证，其中一条是《阁山排军》，载《夷坚支志》卷之八：

---

① 曾慥：《类说》卷二三引《宣室志》，福建人民出版社 1996 年版，第 727 页。
② 马明达：《七圣刀与祆教》，见《说剑丛稿》，兰州大学出版社 2000 年版，第 256—262 页。

  饶民朱三者，市井恶少辈也。能庖治素脏，亦仅自给，臂股胸背皆刺文绣，每岁郡人迎诸神，必攘袂于七圣祆队中为上首。淳熙乙酉岁，将往阁山籴油麻，其妻曰："我闻彼处不清洁，况汝所习此般伎俩，如何去得？"朱曰："我以法护身，自有措置，无奈我何。"所善多劝止之。

  上引朱三护身之"法"，即是"七圣法"。经马先生辛勤检索，已从《西湖老人繁胜录》中得其梗概："朴卖并路歧人在内作场，行七圣法，切人头下，卖符，少问依元接上。"我们认为，马先生揭示七圣刀与祆教的关系，是一个富有新意的发现，为祆教民俗化提供了重要的例证。至于他提出的问题："七圣刀为什么一定是七个人演示，七这个数字同祆教有什么关系？"依"疑义相与释"的古训，似可从本文前述的宗教文化背景中归纳出几点浅见，虽不算完满的答案，或可备进一步研究的参考。

  第一，"七"是唐代九姓胡从波斯文明中继承的神秘数字，崇"七"之俗是一种根深蒂固的胡俗。

  第二，"七圣"是波斯式天宫建制的核心，主神阿胡拉·马兹达在神谱中居于至高无上的地位。宋代游艺形式将它摆在"七圣祆队中为上首"，辅以六将，并不是随心所欲的虚构。

  第三，"七圣法"与祆庙"下祆神"的法器都是刀，借助"利刃刺腹"进行炫惑性表演，均属"西域幻法"，表现出祆教源远流长的巫风。

  第四，"七圣刀"队里的旗手戴"金花小帽"，似乎是保留着九姓胡王冠的象征："冠七宝金花"（《隋书》卷八三）。至于出场七人"锦绣围肚看带"的装束，也很像那种披锦系带的"胡服"打扮。

  总起来说，"七圣祆队"的游艺形成，无论角色、道具、演技还是服饰，都有祆教遗俗的鲜明特征。它在胡汉文化交流史上的意义，是值得再认识、再探讨、再阐发的。

市舶时代广府的新事物

引言

"边关互市"与"口岸市舶",作为商品交换的古老形式,虽同属物资流通而有海陆之分,不可混为一谈。清代岭南学者梁廷枏(1796—1861),对这两种同源殊途的历史事物,作过相当具体的表述:

> 在陆路者曰"互市",在海道者即曰"市舶"。其设官也,肇于唐;其立制也,备于宋。然有明中叶,又时通时罢者,何哉?盖宋之市舶,主于助国用;明之市舶,主于总货宝。有所利而为之,势必有委曲以事弥缝、侵渔以快垄断者,求其万全,岂可得乎![①]

梁氏这段市舶史的概括,颇具历史眼光。但是,尚须略加分解,以畅其说。第一,"市舶"是"互市舶"的简称,其集散地形成"舶市",即以海舶为载体的口岸贸易。[②] 第二,唐宋是市舶贸易制度化的时代,从设官到立制,比汉代至六朝更加完备,堪称市舶贸易的黄金时代。第三,从明代中期开始,南海舶商被西洋舶商所排挤,市舶贸易便逐步转变为洋舶贸易。"蕃"衰"洋"盛,终成定局。

从"市舶时代"到"洋舶时代",互市的贸易伙伴来自不同的地区和国家,因而,对广州也出现不同称谓:(1)印度人称广州为"支那"

---

① 梁廷枏总纂,袁钟仁校注:《粤海关志》,广东人民出版社2002年版,第13页。
② 桑原骘藏认为"市舶即互市舶",参见[日]桑原骘藏著,陈裕菁译:《蒲寿庚考》,中华书局,1954年,第1页。藤田丰八另有驳议:"所谓市舶或互市舶是对于西北陆上互市而言,犹云舶上互市或海上互市。互市的船舶称商舶或海舶,自外国来的船称蕃舶或夷舶,或冠以国名名之,似无称市舶者。"参见[日]藤田丰八著,魏重庆译:《宋代之市舶司与市舶条例》,商务印书馆,1936年,第9页。本文协调两说,将"市舶"理解为"以海舶为载体的口岸贸易"。

(cina)。"印度俗呼广府为支那,名帝京为摩诃支那也"。① (2) 阿拉伯人称广州为"广府"(khanfu)。此名是"广州都督府"的简称,从9世纪中期起屡见于阿拉伯地理文献。② (3) 西洋人称广州为"广东"(Canton)。这个以省代市的译名,自明代延续到现代,为西方世界所熟知,就不必细说了。

以上所述,旨在提供题解式的说明,使后面对新事物的论列,有明确的时空范围。换句话说,唐宋时代的广州,随着市舶贸易应运而生的诸多新事物,涉及官、商、民,对城市结构和社会变迁产生深远影响,是值得关注中外关系的学人认真探讨的。

一、新官制

广州濒临南海,是市舶贸易的发源地。早在汉代,已有舶来品输入,并向中原扩散,被誉为一大"都会"。③ 至于市舶贸易的制度化,则迟至唐代中期才出现,其标志就是新官制的建立。要点有三,即设官、置司和立法,体现了国家行政职能在新条件下的发展。

"市舶使"之名,首见于唐玄宗开元二年(714),是主持市舶事务的常设性职官。④ 至于临时派遣的涉外诸使,如"押蕃舶使"、"结好使"等,并非"市舶使"的别称,不可牵混。据李庆新先生考释,唐代市舶使选任可分三种情况:一是岭南节度使兼任(如王虔休),二是宦官或监军兼任(如吕太一、李敬实),三是专官充任(如周庆立)。⑤ 出任广州市舶使的官员,无论兼任还是专任,都是有责有权的。对此,唐尚书左司郎中李肇作过如下记述:

> 南海舶,外国船也。每岁至安南、广州。师子国舶最大,梯而上

---

① 参见赞宁撰,范祥雍点校:《宋高僧传》卷2,中华书局1987年版,第31页;义净原著,王邦维校注:《大唐西域求法高僧传校注》卷上,中华书局1988年版,第103页。
② [法]费瑯辑注,耿昇、穆根来译:《阿拉伯波斯突厥人东方文献辑注》,中华书局1989年版,第835页。
③ 班固撰,颜师古注:《前汉书》卷28下《地理志》,中华书局1998年版。
④ 王钦若等编纂:《册府元龟》卷546,凤凰出版社2006年版,第6243页。
⑤ 李庆新:《濒海之地》,中华书局2010年版,第40—45页。

下数丈，皆积宝货。至则本道奏报，郡邑为之喧阗。有蕃长为主领。市舶使籍其名物，纳舶脚，禁珍异。蕃商有以欺诈入牢狱者。①

市舶使犹如海关监督，所谓"籍名物"，又称"阅货"，就是检查进口舶来品的门类和数量，以便"纳舶脚"即征收下碇税（通常是十分抽一）。至于"禁珍异"，则是对名贵物品实行"禁榷"，禁止私商插手，全归官方专卖。

宋太祖开宝四年（971），广州初置市舶司。为适应日益繁荣的市舶贸易，这个新的海事衙门配备更多官员：

> 初于广州置司，以知州为使，通判为判官，及转运司掌其事。又遣京朝、三班、内侍三人专领之。②

据此，可知宋初广州市舶司的"班子"，是由地方官和京朝官联合组成的。后者所谓"三班"，即来自"三班院"（供奉官、殿直、承旨）的官员。整个权力结构是有所侧重的，正如藤田丰八所说："当时从事于市舶之职者有三种官，一为地方亲民官，即知州与通判；一为总理一路财赋的转运使；一为由中央每年派遣来的三班内侍。知州虽兼市舶使，而其权则分散在转运使与三班内侍。以专任市舶官的资格而与市舶最有直接关系者则为三班内侍。"③ 其所以由京官掌实权，就是因为"市舶者，其利不赀，摧金山珠海，天子南库也"。④

宋代为市舶立法，也是为海商立法，为海洋立法，意义重大。它被官方冠以广州之名，称《广州市舶条》，推行沿海诸路：

> 元丰三年（1080）八月二十七日，中书言，广州市舶条已修定，乞专委官推行。诏广东以转运使孙迥，广西以转运使陈倩，两浙以转运使周直儒，福建以转运判官王子京，迥、直儒兼提举推行，倩、子

---

① 李肇：《唐国史补》，上海古籍出版社1979年版，第63页。
② 徐松辑：《宋会要辑稿》，"职官"44，中华书局1957年版。
③ ［日］藤田丰八著，魏重庆译：《宋代之市舶司与市舶条例》，商务印书馆1936年版，第79页。
④ 叶廷珪撰，李之亮校点：《海录碎事》，中华书局2002年版，第680页。

京兼觉察拘拦。其广南东路更不带市舶使。①

可惜《广州市舶条》全文内容没有流传下来，原貌已不可知。经过日本学者藤田丰八从历史文献中钩沉辑佚，宋代市舶条例被归纳为如下八类：（1）入口海舶运货的检查与输入税的征收；（2）禁榷即专买及其他舶货的收买、出卖、保管与解送；（3）关于海舶出口许可证的付给与回舶事项的规定；（4）舶货贩卖许可公凭即贩卖许可证的发给；（5）蕃国与蕃舶的招徕及其迎送；（6）铜币出口的禁止；（7）对于一般官吏及市舶官吏舞弊事项的规定；（8）关于飘着船舶与居留蕃人的规定。② 此外，从制度渊源方面来看，元承宋制，备载于《元典章》和《通制条格》中的市舶法则，也是可供参照的。③。

二、新族群

唐宋时代的市舶贸易，不仅促使物产流通，又引发人口流动。因此，在广州便出现了来自海外的新族群。天宝九年（750），唐代高僧鉴真和尚路经广州，亲眼见到珠江上"海胡舶千艘"（杜甫句）的盛况：

> 江中有婆罗门、波斯、昆仑等舶，不知其数；并载香药、珍宝，积载如山。其舶深六、七丈。师子国、大石国、骨唐国、白蛮、赤蛮等，往来居住，种类极多。④

上面引文中"往来居住"一语，反映出市舶贸易的季节性。当年的海舶靠季候风航行，冬去夏来："船舶去以十一月、十二月，就北风。来以五月、六月，就南风。"候风之期，大约半年："诸国人至广州，是岁

---

① 徐松辑：《宋会要辑稿》，"职官"44，中华书局1957年版。
② ［日］藤田丰八著，魏重庆译：《宋代之市舶司与市舶条例》，商务印书馆1936年版，第85—129页。
③ 参见陈高华等点校：《元典章》卷22，"市舶"，天津古籍出版社、中华书局2011年版；黄时鉴点校：《通制条格》卷18，"关市"，浙江古籍出版社1986年版，第226—240页。
④ ［日］真人元开著，汪向荣校注：《唐大和上东征传》，中华书局2000年版，第74页。

不归者，谓之住唐。"①

滞留广州的"住唐"蕃人，最引人注目的有"大石"（大食）和"昆仑"（马来）两大族类。他们构成广州外来人口的上下层，即屡见于文献的"蒲姓蕃客"和"昆仑奴"。前者，号"白番人"，聚居"蕃坊"，富甲一方，宋人岳珂的《桯史》卷十一记述颇详，此处从略。至于后者，也不拟牵扯太远。因为岭南昆仑奴遗事零散琐碎，尚待辑集辨释。这里仅限于指出其类型化的特征，即有的充当海舶水手，号称"骨论水匠"；大多数则以奴仆身份执役于富户豪门家中：

> 广中富人，多畜鬼奴，绝有力，可负数百斤。言语嗜慾不通，性淳不逃徙，亦谓之野人。色黑如墨，唇红齿白，发卷而黄，有牝牡，生海外诸山中。食生物，采得时与火食饲之，累日洞泄，谓之"换肠"。缘此或病死，若不死，久蓄能晓人言，而自不能言。有一种近海野人，入水眼不眨，谓之"昆仑奴"。②

广府的官员邸第，可常常见到昆仑奴的身影，有诗为证。例一，宋人丘濬《赠五羊太守》云："碧睛蛮婢头蒙布，黑面胡儿耳带环。"③ 例二，郭祥正《广州越王台呈蒋帅待制》云："鬼奴金盘献羊肉，蔷薇瓶水倾诸怀。"④ 诗中的"蒋帅"即广州安抚使蒋之奇，他也像五羊太守一样蓄养着被称为"鬼奴"或"黑面胡儿"的昆仑奴。

此外，北宋初年的广州，还有波斯妇女招摇过市："广州波斯妇，绕耳皆穿穴带环，有二十余枚者。"⑤ 至于这类波斯舶的女性搭客是什么社会角色以及为何落户广州，就不得其详了。

三、新社区

海外舶商"住唐"，并非蕃汉杂居或自成聚落，而是被安置到名为

---

① 朱彧撰，李伟国点校：《萍洲可谈》，上海古籍出版社1989年版，第26—27页。
② 朱彧撰，李伟国点校：《萍洲可谈》，上海古籍出版社1989年版，第28页。
③ 历鹗：《宋诗纪事》卷11，上海古籍出版社1983年版，第290页。
④ 郭祥正：《青山集》卷8，四库全书本。
⑤ 庄绰：《鸡肋篇》卷中，中华书局1997年版，第53页。

"蕃坊"的特设社区，按归化体制管理，这是唐宋时代广州的创举，现就其创新之点略加说明。至于广州蕃坊的形成年代、地理位置、蕃客礼俗及宗教建筑等问题，已有多种论著可供参考，不必一一复述了。①

广州蕃坊的管理体制，中外文献记述颇详，择要征引两种，以供比较研究。撰于851年的阿拉伯佚名著作《中国印度见闻录》写道：

> 商人苏莱曼（Solaiman）提到，在商人云集之地广州，中国长官委任一个穆斯林，授权他解决这个地区各穆斯林之间的纠纷，这是照中国君主的特殊旨意办的。每逢节日，总是他带领全体穆斯林做祷告，宣讲教义，并为穆斯林的苏丹祈祷。此人行使职权，做出的一切判决，并未引起伊拉克商人的任何异议。因为他的判决是合乎正义的，是合乎尊严无上的真主的经典的，是符合伊斯兰法度的。②

北宋初年，随父宦游广州的朱彧，也曾留下有关"蕃坊"法权地位的见闻：

> 广州蕃坊，海外诸国人聚居，置蕃长一人，管勾蕃坊会事，专切招邀蕃商入贡，用蕃官为之，巾袍履笏如华人。蕃人有罪，诣广州鞫实，送蕃坊行遣。缚之木梯上，以藤杖挞之，自踵至顶，每藤杖三下折大杖一下。盖蕃不衣裈裤，喜地坐，以杖臀为苦，反不畏杖脊。③。

可知，在广州蕃坊里，蕃长既是行政长官，又是宗教领袖，具有政教合一的法权特征。他出任此职，并非蕃商推举，而是由"中国长官委任"。因此，可说是一名"汉置蕃官"；权限上，没有"鞫实"审判之权，

---

① 参见［日］桑原骘藏著，陈裕菁译：《蒲寿庚考》，中华书局1954年版，第52—54页；马逢达：《广州蕃坊考》，广州市伊斯兰教协会文史资料研究组编：《广州市回族伊斯兰教文史资料选辑》，广州市伊斯兰教协会文史资料研究组2002年版，第190—192页；曾昭璇：《广州历史地理》，广东人民出版社1991年版，第234—243页；广州市越秀区地情丛书：《蕃坊觅踪》，2010年版，第2—15页。

② 参见穆根来、汶江、黄倬汉译：《中国印度闻见录》，中华书局2001年版，第7页；蔡鸿生：《宋代广州蕃长辛押陁罗事迹》，《澳门理工学报》，2011年第4期。

③ 朱彧撰，李伟国校点：《萍洲可谈》卷2，上海古籍出版社1989年版，第134页。

仅有"行遣"惩罚之责；服饰上，"巾袍履笏如华人"。很明显，"管勾蕃坊公事"与"治外法权"有本质的区别，唐宋广州的蕃长与近代通商口岸的领事是不可混为一谈的。从历史上看，作为新社区的蕃坊，是归化现象而不是异化现象。

言及至此，或许还应当联想：源于市舶贸易的"蕃长"与源于商队贸易的"萨宝"（商主），是否存在着可比性呢？可以说，两者都是为"归化"而作的行政性安排，至于政教合一的程度，以及人选、任命和权限，则还有某些差异，因为，"蕃商"和"胡客"的族属和背景毕竟不同，管理体制也就不可能是同一模式了。

四、新舶货

唐宋时代，经由市舶贸易输入广州的蕃货，包括南海和印度洋区域的特产，种类繁多。仅南宋绍兴十一年（1141）十一月户部裁定的"市舶香药名色"，就达三百余种。真是梯航交集，宝货丛聚，与前代不可同日而语了。市舶司的"阅货"，对象是批量商品，至于蕃商私带的某些"奇器"，仍有不少流入市场。幸得宋代诗人的吟咏，后人才能获识某些不见于官书的舶货珍品，下面列举两个例子：

宋代诗人文同的《丹渊集》卷九，有一首名为《冷瓶》的五言诗，内云：

> 海南有陶器，质状矮而堵。
> 云初日炙就，锻铄不似火。
> 水壶丑突兀，酒瓶肥磥砢。
> 山罍颈微肿，石鼎足已跛。
> 圆如鸱夷形，大比康瓠颗。
> 华元腹且皤，王莽口何哆。
> 蕃胡入中国，万里随大舸。
> 携之五羊市，巾匧费包裹。
> 侏僬讲其效，泻辩若炙輠。
> 课以沸泉沃，冰雪变立可。

这个陶水壶，体圆、颈肿、足跛、质粗、色暗，其貌不扬，却有使热水变凉的功能，故称"冷瓶"。它随蕃胡大舶漂洋过海，精致包装以防破损，高价出售于"五羊市"即广州市场。

还有一件由"大舶"输入"番禺宝市"的琉璃瓶，见于北宋张耒的诗篇《琉璃瓶歌赠晁二》：

蛮儿夷女奇卞缨，大舶映天日百程，
怒帆吼风战飞鹏。舟中之人怪眉睛，
兽肌鸟舌髻翘撑。万金明珠络如绳，
白衣夜明非缟缯。以有易无百货倾，
室中开橐光出楹。非石非玉色绀青，
昆吾宝铁雕春冰。表里洞彻中虚明，
宛然而深是为瓶。补陀真人一铢衣，
攀膝夜坐花雨飞。兜罗宝手亲挈携，
杨枝取露救渴饥。海师跪请额有胝，
番禺宝市无光辉。①

这件"非石非玉色绀青"的琉璃瓶，刻花为饰，高度透明，是装蔷薇水（玫瑰露）的大食名牌货，列于百货的高档，难怪"番禺宝市无光辉"了。

五、新行业

市舶时代的广州，应运而生的新行业五花八门，有正当的，也有不正当的。现就所知，列举如后。

（一）和香人

舶来的香料，都是原料，必须按"和香方"配制，才能成为香品。其成分、数量和剂型，均属专门技术，只有行家才能操作。"和香人"又称"合香人"（见张世南《游宦纪闻》）。享誉宋代的"心字香"，就是广

---

① 转引自扬之水：《香识》，广西师范大学出版社2011年版，第165页。

州和香人吴氏独家秘制的招牌货。据叶寘《坦斋笔衡》记述:"有吴氏者以香业于五羊城中,以龙涎著名,香有定价,家富日享如封君。人自叩之,彼不急于售也。"吴氏名兴,是和香能手,掌握蒸香绝技:"法以佳沉香薄劈,着净器中,铺半开花,与香层层相向,密封之,日一易,不待花萎,花过成香。番禺人吴兴作心字香、琼香,用素馨、末利,法亦然。大抵泡取其味,未尝炊燉。江浙作木犀降真香,蒸汤上,非法也。"(见黄震:《黄氏日钞》卷六十七)

(二) 解犀人

象牙和犀角,是以原生态输入广州的,其计量单位称"株"。绍兴元年(1131)广州市舶使张书言报告:"大食人使蒲亚里进贡大象牙二百九株,大犀三十五株,见收广州市舶库。象牙各系五十七斤以上,依例每斤估钱二贯六百文,约用本钱五万余贯。"① 成株的象牙和犀角,必须经过切割之后,才能加工制成带扣、笏版、腰饰及其他工艺品。切割技工俗称"解犀人",他们也是唐宋时代广州市井的新行当。

(三) 译人

市舶贸易是一种跨文化的贸易,译人沟通买卖双方,在舶货成交过程中举足轻重。译人诈伪,依律惩处,见《唐律疏议》卷二十五《诈伪律》。又据南宋周密对"译者"的解释:"今北方谓之通事,南蕃海舶谓之唐帕。"② 尽管当年广州的"唐帕"姓甚名谁已无从知晓,但译人的存在则是毋庸置疑的。

(四) 舶牙

"舶牙"即市舶牙郎,是舶来品的经纪人。按其籍贯来说,广府舶牙可分两类:岭南舶牙和江南舶牙。

先说岭南舶牙徐审,其人事迹如下:

> 番禺牙侩徐审,与舶主何吉罗洽密,不忍分判。临岐,出如鸟嘴

---

① 徐松辑:《宋会要辑稿》,"蕃夷"4,中华书局1957年版。
② 周密撰,王根林校点:《癸辛杂识·后集》,上海古籍出版社2012年版,第51页。

尖者三枚，赠审曰："此鹰咀香也，价不可言。"当时疫，于中夜焚一颗，则举家无恙。后八年；番禺大疫，审焚香，阖门独免。余者供事之，呼为"吉罗香"。①

似此蕃汉情谊，堪称广州市舶史的佳话，可为"海上丝路"的友好交往添一例证。

次说江南舶牙杨二郎，他的发家史是这样的：

建康巨商杨二郎，本以牙侩起家，数贩南海，往来十有余年，累赀千万。淳熙（1174—1189）中，遇盗于鲸波中，一行尽遭害。杨偶先坠水得免。②

关于广州舶牙的经纪生涯，未见详确记载。但从宋诗中，仍可略知其市侩形象。曾丰的《送广东潘帅移镇湖南十口号》写道：

珠商贝客市门听，牙侩闲边自品评。
郡将不收蕃船物，今年价比往年平。③

"蕃船物"即舶来品，有常价与时价的差异。舶牙通过"品评"，抑价贱买，从中牟利。

除上列四项外，还有不正当的谋生方式，如造假和卖淫，构成市舶时代两种畸形行业。关于前者，温格的《琐碎录》已明确指出"广州番药多有伪者"。④ 伪劣舶来品以假乱真，犀角可用牛角骡蹄冒充，甚或选取老竹头浸渍而成。假乳香、假蔷薇水就使更多人上当受骗了。至于后者，尽管花街柳巷早已存在，但在艇上出卖色相，则前所未闻。到宋代诗人曾丰题咏《广州》，才留下"游艇售倡优"之句（《缘督集》卷七），可以看作明清时代广州花艇贱业的萌芽。

---

① 陶谷：《清异录》，朱易安等主编：《全宋笔记》第1编第2册，大象出版社2003年版，第109页。
② 洪迈撰，何卓点校：《夷坚志·补志》卷21，中华书局1981年版。
③ 曾丰：《缘督集》，卷十三。
④ 陈明：《中古医疗与外来文化》，北京大学出版社2013年版，第162—174页。

六、新礼仪

随着市舶贸易的繁荣,新的官方礼仪也出现了,这就是创于北宋的"市舶宴"。南宋的广州市舶司继续遵行,遂成定制。① 据绍兴二年(1132)六月二十一日广南东路经略安抚市舶司奏:

> 广州自祖宗以来,兴置市舶,收课日倍于他路。每年舶发月份,支破官钱,管设津遣。其蕃汉纲首、作头、梢工等人,各令与坐,无不得其欢心。非特营办课制,盖欲招徕外夷,以致柔远之意。(《宋会要辑稿》,职官四四)

以上奏文,除表达"招徕外夷,以致柔远之意"的官方意图之外,还涉及设宴时间、地点、经费,以及嘉宾诸项内容。现参照相关文献记载,逐一说明:

(1) 时间选定在每年十月。周去非《岭外代答》卷三明确记录的例行公事:"岁十月,提举司大设蕃商而遣之"。这当然是按海舶乘东北季候风返航的需要来安排的。大体而言,其航程是"冬往夏归":"船舶去以十一月、十二月,就北风;来以五月、六月,就南风。"

(2) 地点选定珠江北岸市舶亭侧的海山楼,是相当隆重的饯行仪式。南宋诗人洪迈有《海山楼》一诗专咏其事:

> 高楼百尺迩岩城,披拂雄风襟袂清。
> 运气笼山朝雨急,海涛侵岸暮潮生。
> 楼前箫鼓声相和,戢戢归樯排几柁。
> 须信官廉蚌蛤回,望中山积皆奇货。

(3) 经费即所谓"支破官钱",市舶司限定金额:"每年十月内,依例支破官钱三百贯文,排办筵宴。"300贯折合金价10两。

---

① 蔡鸿生:《宋代广州的市舶宴》,《中外交流史事考述》,大象出版社2007年版,第208—216页。

（4）嘉宾包括离广海舶的主要人员，即货主、船长和舵师等代表人物。

广州市舶宴的模式，后被泉州市舶司变通仿行，引进的人正是福建路市舶提举官楼璹。[①] 他于绍兴十四年（1144）九月六日奏称：

> 臣昨任广南市舶司，每年十月内，依例支破官钱三百贯文，排办筵宴，系本司提举官同守臣犒设诸国蕃商等。今来福建市舶司，每年只量支钱委市舶监官备办宴设，委是礼意与广南不同。乞欲依广南市舶司体制，每年于遣发蕃舶之际，宴设诸国蕃商，以示朝廷招徕远人之意。
>
> 从之。（《宋会要辑稿》，职官四四）

泉州的"礼意"略逊广州，且经费并无定额，只是"量支"而已，楼氏请按"广南市舶宴"模式的奏议获准。至于"福建市舶宴"的饮馔结构，想必也有地区差异，反映出鲜明的闽南特色，但已无从知晓了。

结语

唐宋时代的市舶贸易，是蕃汉交往的经济形式，具有鲜明的跨文化贸易（Cross – Cultural Trade）的特征。人口流动与物资流通相伴而来，五光十色，影响深远。透过纷扰的"互市"现象，既见物又见人，从人出发向人回归，是研究市舶史者应有的学术自觉。

广州是市舶贸易的发源地，也是市舶管理制度的推行区。设市舶使，置市舶司，立市舶法，都是在"广府"先行先试的。市舶时代的广州模式，到洋舶时代发生变异，但从制度渊源来说，还是有迹可循的。例如，"市舶司"与"粤海关"，"蕃坊"与"夷馆区"，"舶牙"与"十三行"，乃至解犀行业与牙雕工艺的传承关系，都是不可截然分开的。随着和平贸易被商业战争所代替，"广州通海夷道"发生了重大的社会变迁。蕃客淡出，洋商登场。古老的"互市"已一去不复返了，留给后人的，只是舶影飘香的历史记忆。

[①] 杨清江、陈苍松编著：《福建市舶司人物录：纪念泉州市舶司设置九百周年》，厦门海关，1987年。

宋代广州蕃长辛押陁罗事迹

宋代是市舶贸易的黄金时代。作为中国头号舶市的广州，在阿拉伯海商中享有"广府"（Khanfu）的盛名。香药集散于此，蕃商也寄寓于此。[①] 唐代在广州设置的蕃长，到宋代获得充分发展的机遇，并涌现出典型人物辛押陁罗。这名来自波斯湾的阿曼富商，亦贡亦贾，政教合一，商学并举，体现了蕃汉跨文化贸易的显著特征。本文对其入华之后的事迹略加考述，虽有集腋之劳，未必有成裘之功。区区之意，只在通过为"广州蕃长"造像，把"海上丝路"的泛论，还原为具体的人物研究。

一、南海航程与蕃商"住唐"

自汉武帝以来，南海道长期被看作"遣使贡献"的贡道。贡使、僧徒和海商，接踵而来，互通有无。经过长达千年的拓展，到唐代中期以"广州通海夷道"之名出现，才具有丰富的地理内涵。宋代的海外交通，是沿着这条中世纪的著名国际航路展开的。其东西走向，是从广州启碇，到潯洲放洋，经屯门山、七州列岛、马六甲海峡，越印度洋，入波斯湾，直抵东非海岸。沿途所经的山、洲、城、国，共有百余处之多。[②] 航程如自西徂东，必经下列三大贸易港：

（1）没巽，又译"勿巡"，是辛押陁罗的故乡。位于波斯湾西侧，今阿曼的苏哈尔港。"在中世纪时期，阿曼不仅在海湾地区具有航海、文明

[①] 参阅全汉昇：《宋代广州的国内外贸易》，《中国经济史研究》，下册，台北：1991年，第478—519页。

[②] 前人对"广州通海夷道"的研究，以地名考释为多，可参看伯希和著：《交广印度两道考》，冯承钧译，北京：中华书局1955年版，第63—138页；张星烺：《中西交通史料汇编》，第二册，北京：中华书局1977年版，第154—159页；冯承钧：《中国南洋交通史》，上海：商务印书馆1937年版，第42—45页；邱新民：《东南亚文化交通史》，第十四章，新加坡：新加坡文学书屋1984年版，第204—220页；苏继卿遗著：《南海钩沉录》，台北：商务印书馆1989年版，第373—378页；曾昭璇：《广州历史地理》，广州：广东人民出版社1991年版，第251—258页。

的优势，而且在整个东方的海域都留下了它那快捷的帆影。阿曼人也不仅仅局限于到东非沿岸的有秩序的航行，他们还涉足远东，在印度和中国沿海地区留下了几个阿拉伯人聚居点（引者按，指广州和泉州的"蕃坊"），阿曼人在那里传播了伊斯兰教。"①

（2）故临，又译"俱蓝"，即印度半岛西南的奎隆。"其国有大食国蕃客，寄居甚多"，"中国舶商欲经大食，必自故临易小舟而往，虽以一月南风至之，然往返经二年矣。"②

（3）三佛齐，位于苏门答腊东南部。"大会诸蕃所产，萃于本国。蕃商兴贩用金、银、瓷器、锦绫、缬绢、糖、铁、酒、米、乾良姜、大黄、樟脑等物博易。其国在海中，扼诸蕃舟车往来之咽喉，古用铁索为限，以备他盗，操纵有机，若商舶至则纵之。"③ 三佛齐是著名的转运中心，"大食国之来也，以小舟运而南行，至故临国易大舟而东行，至三佛齐国乃复如三佛齐之入中国。其他占城、真腊之属，皆近在交阯洋之南，远不及三佛齐国、阇婆之半，而三佛齐、阇婆又不及大食国之半也。诸蕃国之入中国，一岁可以往返，唯大食必二年而后可。"④

南海航程处于印度洋的季候风区，因此，宋代往来中国的商舶，必须靠季候风航行。其规律是夏来冬去："船舶去以十一月、十二月，就北风。来以五月、六月，就南风。"候风期约半年左右："诸国人到广州，是岁不归者，谓之住唐。"⑤ 市舶贸易的季节性，"住唐"候风的必要性，逐步形成蕃商聚居的社区，所谓"蕃坊"于是在广州应运而生。"蕃坊"之名，首见于唐人房千里《投荒杂录》，此书撰于文宗太和年间（827—835），可知9世纪初期，蕃客寄寓已经成为广州一种新的风尚。此风到11世纪中期大盛，按其历史地位而言。似乎可以称为广州蕃坊的辛押陀罗时代。

---

① 阿曼苏丹国新闻部：《阿曼苏丹国》，北京：世界知识出版社，1991年，第17页。"蕃坊"相当于"跨文化的贸易聚落"，参看 Philip D. Curtin, *Cross-cultural Trade in World History*, Cambridge University Press, 1984, pp2—3.

② 周去非著，杨武泉校注：《岭外代答校注》，北京：中华书局1999年版，第91页。

③ 赵汝适原著，杨博文校释：《诸蕃志校释》，北京：中华书局2000年版，第35—36页；藤善真澄：《诸蕃志译注》，大阪：关西大学出版部，1990年，第47—53页。

④ 周去非著，杨武泉校注：《岭外代答校注》，北京：中华书局1999年版，第126—127页。

⑤ 朱彧：《萍洲可谈》，北京：中华书局2007年版，第133—134页。

二、"蕃长"的起源和职权

唐代"广州通海夷道"的开拓,加强了印度洋区域与南中国海的经济联系,使广州的市舶贸易日益繁荣。8世纪中期,诗人杜甫已用"海胡舶千艘"之句概括了广府舶商云集的盛况。① 同时代的僧人行纪,也留下了可供印证的直观实录。天宝九年(750),鉴真和尚路过广州,目睹"江中有婆罗门、波斯、昆仑等舶,不知其数;并载香药、珍宝,积载如山。其舶深六、七丈。师子国、大石国、骨唐国、白蛮、赤蛮等往来居住,种类极多。"② "大石"即"大食",指阿拔斯王朝统辖下的阿拉伯国家,主要分布于两河流域和波斯湾。

种类庞杂的蕃商,在广州并不是群龙无首的。正如陆路入华的"兴生胡"有商主(音译"萨宝")一样,海路来广的"海胡"也有号称"蕃长"的头领。开元二十九年(741)的"番禺界蕃客大首领伊习宾",③ 就属于这类头面人物。"蕃客大首领"的规范化名称为"蕃长",首见于《唐国史补》卷下:

> 南海舶,外国船也。每岁至安南、广州。师子国舶最大,梯而上下数丈,皆积宝货。至则本道奏报,郡邑为之喧阗。有蕃长为主领,市舶使籍其名物,纳舶脚,禁珍异,蕃商有以欺诈入牢者。④

从上引的简略记述中,可知在唐代市舶使监管下,蕃首之责涉及督促蕃舶完纳下碇税、遵守舶来珍异物品"禁榷"(官专卖)的规定,以及追究蕃商的贸易欺诈行为,等等。至于历史文献对蕃长职权的详确介绍,则到北宋时代才出现。"广州蕃长"的全称,首见于宋淳化四年(993)大

---

① 《全唐诗》卷二百二十三,杜甫:《送重表侄王殊评事使南海》。
② 真人元开著,汪向荣校注:《唐大和上东征传》,北京:中华书局2000年版,第74页。
③ 赞宁:《宋高僧传》卷一,北京:中华书局1987年版,第7页。廖大珂认为:"蕃长的职责与外国沙班达尔几乎完全相同,因此蕃长就是波斯语中的沙班达尔,在唐代又称作'蕃客大首领'或'伊习宾';在元代则称为'亦思巴'或'亦思八夷'。"见《"亦思八奚"初探》,泉州:《海交史研究》,1997年第1期,第80页。
④ 李肇:《唐国史补》卷下,上海:上海古籍出版社1979年版,第63页。

食舶主蒲希密的报告:"昨在本国,曾得广州蕃长寄书诏谕,令入京贡奉,盛称皇帝圣德,布宽大之泽,诏下广南,宠绥蕃商,阜通远物。"①可知招商引贡,责在蕃长。宋徽宗崇宁年间(1102—1106),朱彧随父宦游广州,写下了一段亲身的见闻:

> 广州蕃坊,海外诸国人聚居,置蕃长一人,管勾蕃坊公事,专切招邀蕃商入贡,用蕃官为之,巾袍履笏如华人。蕃人有罪,诣广州鞫实,送蕃坊行遣。缚之木梯上,以藤杖挞之,自踵至顶,每藤杖三下折大杖一下。盖蕃人不衣裈裤,喜地坐,以杖臀为苦,反不畏杖脊。徒以上罪则广州决断。②

佚名的阿拉伯人著作《中国印度见闻录》(撰于回历237年,即西元851年),也为广州蕃长的行政职能和宗教职能提供了佐证:

> 商人苏莱曼(Solaiman)提到,在商人云集之地广州,中国官长委任一个穆斯林,授权他解决这个地区各穆斯林之间的纠纷;这是照中国君主的特殊旨意办的。每逢节日,总是他带领全体穆斯林做祷告,宣讲教义,并为穆斯林的苏丹祈祷。此人行使职权,做出的一切判决,并未引起伊拉克商人的任何异议。因为他的判决是合乎正义的,是合乎尊严无上的真主的经典的,是符合伊斯兰法度的。③

这两段中阿历史资料,虽不同时,却具有历时性的价值,可供互补互证。开元二年(714),市舶使出现于广州,标志着市舶制度的兴起,属于盛唐气象之一。应运而生的蕃长,被赋予"管勾蕃坊公事"和"招邀蕃商入贡"两大任务。他并非由蕃商推举,而是"中国官长委任"的社区官吏。严格来说,蕃长既非蕃官,也非汉官,而是"照中国君主的特殊旨意"而设的"汉置蕃官"。因此,服饰上,"巾袍履笏如华人";权限上,没有"鞫实"审判之权,只有"行遣"惩罚之责。其独特性十分明

---

① 《宋史》卷490。
② 朱彧:《萍洲可谈》,北京:中年书局2007年版,第134页。
③ 穆根来、汶江、黄倬汉译:《中国印度见闻录》,北京:中华书局1983年版,第7页。

显，不仅与近代洋人在通商口岸的"治外法权"大异其趣，① 与荷属东印度名为"甲必丹"的华人港主也不可相提并论。唐宋时代广州的蕃长，既是行政官员，又是宗教领袖（伊斯兰教），具有政教合一的法权特征。他们既然是来自大食帝国的蕃商首领，就难免被打上"哈里发"行政体制的烙印了。本文考述的辛押陁罗事迹，按其名称、身份和功业，堪称"跨文化贸易"时代的人物典型。以下诸节，对历史的碎片略加整合，是把"蕃长"从概念变成实体的初步尝试。

三、辛押陁罗入贡及授官

在宋代市舶史上，辛押陁罗犹如天方来客，起初是以阿拉伯贡使身份出现的。从入贡到授官，是他舶商生涯的一大关键。

宋神宗熙宁五年（1072）四月五日，"大食勿巡国遣使辛毗（押）陁罗，奉表贡真珠、通犀、龙脑、乳香、珊瑚笔格、琉璃水精器、龙涎香、蔷薇水、五味子、千年枣、猛火油、白鹦鹉、越诺布、花蕊布、兜罗绵毯、锦襮、蕃花簟。"②

同年六月二十一日，朝廷下诏嘉许："大食勿巡国进奉使辛押陁罗辞归蕃，特赐白马一疋、鞍辔一副。所乞统察蕃长司公事，令广州相度。其进助修广州城钱银，不许。"③

上引史文，除"助修广州城"一事另立专节讨论外，其余有关国名、人名、官名和贡品，逐一释证如后。

（一）国名

"勿巡"又作没巽，波斯湾苏哈尔港，波斯语称为 Mezoen，④ 今属阿

---

① 早期研究广州市舶史的日本学者，对蕃长职能屡有以今喻古的说法，是不能苟同的。如桑原骘藏云："蕃坊似有治外法权"，见《蒲寿庚考》，北京：中华书局1957年版，第48页；藤田丰八也持此说："蕃坊有蕃长，管辖蕃人，并处其公务，略如后世之领事馆，且带有几分治外法权"，见《宋代之市舶司与市舶条例》，上海：商务印书馆1936年版，第32页。
② 《宋会要辑稿》，蕃夷七之三二，北京：中华书局1957年版，第7855页。
③ 《宋会要辑稿》，蕃夷四之九二，第7759页。
④ 张星烺《中西交通史料汇编》，第二册，北京：中华书局1977年版，第159页；陈佳荣等：《古代南海地名汇释》，北京：中华书局1986年版，第208页。

曼，即宋代"瓮蛮"。其风土物产，宋人已略知悉："地主缠头，缴缦不衣，跣足；奴仆则露首跣足，缴缦蔽体。食烧面饼、羊肉、并乳鱼菜。土产千年枣甚多，沿海出真珠，山畜牧马，极蕃庶。他国贸贩，惟买马与真珠及千年枣，用丁香、豆蔻、脑子等为货。"①

（二）人名

辛押陁罗作为大食属国的进奉使，其名称当应源于阿拉伯语，可能就是 Shaykh' Abdullāh（谢赫·阿卜杜拉）的音译。其对应的音节，似可比拟如下：辛（谢赫）、押（阿卜）、陁（杜）、罗（拉）。"谢赫"即"长老"，是穆斯林对教内长者的尊称。所谓"辛押陁罗"，其实就是"阿卜杜拉长老"。由长老出任贡使，说明入宋的勿巡使者具有政教合一的特征。

（三）官名

宋朝对辛押陁罗授官，不止一坎，既有实职，还有散官。前引神宗诏令，有"所乞统察蕃长司公事，令广州相度"之句，《宋史·大食传》作"诏广州裁度"，即由广府安排他出任"蕃长"的实职。此外，为了对这位进奉使表示嘉勉，辛押陁罗还被授予"将军"头衔，任命书《辛押陁罗归德将军敕》是由大学士苏东坡草拟的，全文如下："敕具官辛押陁罗，天日之光，下被草木，虽在幽远，靡不照临。以尔尝诣阙庭，躬陈琛币，开导种落，岁致梯航，愿自比于内臣，得均被于需泽，祗服新宠，益思尽忠，可。"② 按"归德"一名，使用甚早。北魏洛阳城南，为安置归化之民而设置的四夷里，已有"归德里"之称。③ 唐贞元十一年（795）正月十九日正式设置"归德将军"，以授蕃官。北宋前期沿袭唐制，"归德将军"附于武散官二十九阶之第五阶，授蕃官，从三品。④ 可知，广州蕃长辛押陁罗，是兼有散官和实职两重身份的。

---

① 赵汝适原著，杨博文校释：《诸蕃志校释》，第 107—108 页。现存河南巩义市的北宋永定陵石雕，仍存有一尊缠头客使形象，可供参考。见《北宋皇陵》，郑州：中州古籍出版社 1997 年版，第 121 页。
② 《苏轼文集》，外制集，卷中。
③ 杨衒之撰，周祖谟校释：《洛阳伽蓝记校释》，北京：中华书局 1963 年版，第 130 页。
④ 龚延明编著：《宋代官制辞典》，北京：中华书局 2007 年版，第 562 页。

（四）贡品

据前引的贡品名单，可知种类繁多，来源不一。其中真珠、龙脑、乳香和千年枣，均为辛押陁罗故国方物，可以无疑。除此之外，则多为沿途采购的马来群岛物产。属于家居用品的席子，原不足以入贡，但"蕃花簟"却是爪哇岛国丹戎武啰的特产："山产草，其状似藤，长丈余，纹缕端腻，无节目，名曰椰心草。番之妇女采而丝破，织以为簟，或用色染红黑相间者曰花簟，冬温而夏凉，便于出入。"① 贡品中唯一的活物白鹦鹉，也是南海珍禽，早在唐代已经成为后宫宠物。"开元中，岭南献白鹦鹉，养之宫中，岁久，颇聪慧，洞晓言词。上（玄宗）及贵妃皆呼为雪衣女。性既驯扰，常纵其饮啄飞鸣，然亦不离屏帏间。上令以近代词臣诗篇授之，数遍便可讽诵。"后来这只"雪衣女"被鹰搏而毙，"上与贵妃叹息久之，遂命瘗于苑中，为立塚，呼为鹦鹉塚。"② 像这样的慧鸟，当然也是宋代宫廷乐于接受的。白鹦鹉能言，但所言何语，如果不是汉语而是蕃语，那就要劳太监或宫女重新调教了。不然的话，即使是贡品，也会像朱彧一样扫兴的："余在广州，购得白鹦鹉，译者盛言其能言，试听之，能蕃语耳，嘲哳正似鸟声，可惜枉费教习，一笑而还之。"③

赵宋一代，致力于招徕远人，旨在增加岁入。贡使受到礼遇，原是情理中事。但宋廷对其授官愿望，并非有求必应，而是区别对待的。下列一事，足以为证。熙宁六年（1073）十月五日，"大食陁婆离慈进奉都蕃首、保顺郎将蒲陁婆离慈，表男麻勿将贡物，乞赐将军之名，仍请以麻勿自代。诏蒲麻勿与郎将，余不行。"④ 较之"归德将军"辛押陁罗，蒲陁婆离慈父子，确实大不如人。"郎将"是无定员的低级散官，谈不上多大体面。他们与辛押陁罗相比，虽然也是"大食"的臣属，并进奉国贡物，但却欲求"将军"头衔而不可得，显然是业绩欠佳。那么，辛押陁罗又有何德何能呢？前引苏东坡所拟的神宗敕文，已列举出"当诸阙庭，躬陈琛币，开导种落，岁致梯航"四项，显然就是这名蕃官致身通显的原

---

① 赵汝适原著，杨博文校释：《诸蕃志校释》，第193页。
② 郑处诲：《明皇杂录》，北京：中华书局1994年版，第58页。
③ 朱彧：《萍洲可谈》，北京：中华书局2007年版，第137页。
④ 《宋会要辑稿》，蕃夷四之九二，第7759页。

因。下面将进一步探讨辛押陁罗在广州蕃长任期内的事功,特别是他对设置蕃学所做的贡献。

四、辛押陁罗与"西城"和"蕃学"的修建

11世纪中期的广州,并不是处于河清海晏的年代,尽管市舶贸易兴旺,但也经历过严酷的战火。皇祐四年(1052)四月,广源州蛮首侬智高起事,率众七千多人,围困广州近两个月,不克而去。至次年五月,狄青在归仁铺击溃了侬智高的队伍,广州才转危为安。

侬智高围攻的广州,是一座临江而筑的子城,无左右辅翼,势孤防弱。城郊民户,也毫无屏障,唯有逃散而已。经此一役之后,当地官府力求亡羊补牢,除加固子城城垣外,又向两侧扩建,遂成"广州三城"。其中东城修建于熙宁二年(1069),面积只有四里,地基为古越城废墟。西城修建于熙宁四年(1071),周十三里,蕃汉杂居,共开七个城门。面向珠江的东南四门依次命名为"航海"、"朝宗"、"善利"、"阜财",① 反映出追求市舶之利的社会心理。辛押陁罗"助修广州城"之"城",指的就是西城。据现代学者研究,西城四至如下:"西界即和今天西濠相当。南界即和玉带濠相当。东界与西湖相当。北界与天濠街相当。"② 与子城和东城相比,西城风情,别具一格。这里是"蕃坊"(又称"蕃巷")的所在地,"蕃塔"(光塔)高矗,犹如城标。还有粤楼一座,立于大市,高五丈余,下瞰南濠,气象雄伟,是广州知府程师孟标榜与民"共乐"的政绩工程,观其所作《题共乐亭》一诗,即知寓意所在:"千门日照珍珠市,万瓦烟生碧玉城。山海是为中国藏,梯航犹见外夷情。"③ "碧玉城"虽属夸饰之辞,但"外夷情"中确实有辛押陁罗一份心意,则是于史有征的。至于宋神宗没有批准他的赞助,大概是因为修城属官方市政建设,不宜"外夷"插手。

为外族立学,是宋代文教设施的创举,对后世产生深远影响。④ 广州

---

① 郭棐:《广东通志》,卷十五"城池"。
② 曾昭璇:《广州历史地理》,广东人民出版社1991年版,第288页。
③ 《舆地纪胜》,卷八十九。
④ 《吕思勉读史札记》,上海:上海古籍出版社1982年版,第1100—1102页。

办蕃学,也是程师孟任期内的事。辛押陁罗助修西城受阻,但置蕃学的愿望却实现了。蕃长与蕃学结缘,是值得后人回顾的。

据熙宁七年(1074)程矩撰《学田记》云:

> 郡人试将作监主簿刘富,居一日,趋拜(程师孟)墀下曰:"富有负郭不腴之土,而廪庾居舍卒,尝改治之,总其直与废,为钱百五十万,乞资于学官。"怀化(归德)将军卒(辛)押陁罗,亦捐赀以完斋宇,复售田以增多之,其数亦埒富之入;且愿置别舍,以来蕃俗子弟,群处讲学,庶太平德泽,无远迩之限也。夫厚藏之人,锥刀之末,何尝惮而不争之;至有以死生罪福,夸说胁诱,则胠箧探囊,未尝为之憾恨,岂有意于儒者之聚欤? 然于是也,非狃陶教诲而轫悟道哉? 夫圣贤之道,虽充足于己,而油然乐于胸中,必恃食以生。始公以圭田之收,继生员之给,今有不待戒告而愿赡其用,是可语于善也。①

广州官学从草创到完善,得力于蕃汉富户共襄盛举。刘富其人,出身南海县乡贡进士,并有出使海外的经历。据《续资治通鉴长编》卷二九〇载,刘富曾"赍赐真腊国王,及管押本国贡物上京。中书初未曾拟赏,而令客省发归本路。上(神宗)批:昨朝廷以交蛮犯顺,令广州选募富往真腊国宣谕。闻往来海上,亦颇勤劳,可量与酬赏。"② 可知刘富之"富",也与海外贸易有关。至于辛押陁罗为教育"蕃俗子弟",甚至不惜变卖田产,置别舍于官学斋宇之侧。如此苦心孤诣,究竟成效如何呢? 到了大观二年(1108),广州蕃学确实已经上了正轨。请听一位"广州蕃学教授"的评价:

> 前摄贺州州学教授曾鼎旦言,切见广州蕃学渐已就绪。欲乞朝廷据南州之纯秀练习土俗者,付以训导之职,磨以岁月之久,将见诸蕃

---

① 程矩《学田记》是杨宝霖先生从《永乐大典》卷21984"学字韵·郡县学三十"中辑出的,全文见《元大德南海志残本(附辑佚)》,广州:广东人民出版社1991年版,第164—166页。

② 参阅森田健太郎:《列富与辛押陁罗》。东京都:早稻田大学《史纵》,第23辑(2001年12月),第23—39页。

之遗子弟仰承乐育者相望于五服之南矣。诏曾鼎旦充广州蕃学教授。其应合行事件，并依也。①

蕃学就绪，教授到位，赞助人辛押陁罗可以无憾矣。

五、辛押陁罗和香方分析

宋代广州的市舶贸易，尽管"舶来品"的结构相当复杂，但以香药为大宗，故有"广通舶，出香药"之说。② 原生态的香药，进口后还要加工，包括鉴定、保藏和配制，这样便促使广州出现了"和香人"的新行业。著名的"吴宅心字香"，就是番禺人吴兴在淳熙年间（1174—1189）配制成功的。③

制香的技术规范来自"和香方"。内中开列香种、分量、火候、剂型等项，像药方一样。传世的辛押陁罗和香方，是宋代香谱中的外来文化，颇具分析的价值。抄录如后：

辛押陁罗亚悉香

沉香（五两）	兜娄香（五两）	檀香（三两）
甲香（三两，制）	丁香（半两）	大石苜（半两）
降真香（半两）	安息香（三钱）	米脑（二钱白者）
麝香（二钱）	鉴临（二钱另研，详或异名）	

右为细末，以蔷薇水、苏合油和剂，作丸或饼，爇之。④

此方以植物香为主，动物香微量。主剂用香十一种，和剂用香两种。剂型为丸或饼。按其基本成分而言，应属海药本草之列。现分主剂、和剂两类，略释诸香的性状和用途。

---

① 《宋会要辑稿》，崇儒二之一二，第2193页。
② 详见关履权：《宋代广州的香料贸易》，《文史》第三辑，北京：中华书局1963年版，第205—219页。
③ 《范成大笔记六种》，北京：中华书局2002年版，第115页；第94页。
④ 周嘉胄撰：《香乘》，卷十七。

（一）主剂

1. 沉香

树脂凝结而成，气味馨郁，是著名熏香料，又名沉水香。"沈香入水即沈，其品凡四：曰熟结，乃膏脉凝结自朽出者；曰生结，乃刀斧伐仆膏脉结聚者；曰脱落，乃因木朽而结者；曰虫漏，乃因蠹隙而结者。生结为上，熟脱次之。坚黑为上，黄色次之。角沈黑润，黄沈黄润，腊沈柔韧，革沉纹横，皆上品也。"① 经海路入广的沉香称"舶香"，与海南黎峒的"土沉香"不同："舶香往往腥烈，不甚腥者，意味又短，带木性，尾烟必焦。"②

2. 兜娄香

"兜娄香出海边国，如都梁香。亦台香用，茎叶似水苏。"③

3. 檀香

檀香在宋代，是阇婆和三佛齐的特产。"其树如中国之荔支，其叶亦然，土人斫而阴干，气清劲而易泄，爇之能夺众香。色黄者谓之黄檀，紫者谓之紫檀，轻而脆者谓之沙檀，气味大率相类。树之老者，其皮薄，其香满，此上品也。次则有七八分香者。其下者谓之点星香，为雨滴漏者谓之破漏香。其根谓之香头。"④ 檀香在宗教上是著名的供香，也是理气之药。留香持久，在诸香和合时，能起定香作用。

4. 甲香

甲香即螺掩，为螺壳口之圆片状物，由螺足部表皮分泌物而成。《南州异物志》曰："甲香大者如瓯面，前一边直才长数寸，围壳岨峿有刺。其掩杂众香烧之使益芳，独烧则臭。一名流螺。诸螺之中，流最厚味是也。其蠡大如小拳，青黄色，长四五寸。人亦唼其肉，今医方稀用，但合香家所须。"⑤ 方中对三两甲香附加"制"字，指经酒蜜煮制后才可和合。

5. 丁香

其状似"丁"字，因此为名，或称鸡舌香。"三月、二月开花，紫白

---

① 李时珍：《本草纲目》，卷三十四。
② 《范成大笔记六种》，北京：中华书局 2002 年版，第 115 页；第 94 页。
③ 周嘉胄撰：《香乘》，卷四。
④ 赵汝适原著，杨博文校释：《诸蕃志校释》，第 179 页。
⑤ 尚志钧辑校：《海药本草》，北京：人民卫生出版社 1997 年版，第 81 页。

色。至七月方始成实，大者如巴豆，为之母丁香；小者实，为之丁香。"①一说其花蕾之干制成品名为丁香，而其果实之干制成品名为丁香母。② 味芬芳，能正气，治口臭，止心腹痛。

6. 大芎

据《本草衍义》称："芎䓖，今出川中，大块，其里色白，不油色。嚼之微辛，根者佳。他种不入药，止可为末，煎汤沐浴。此药今人所用最多，头面风不可缺也，然须以他药佐之。"③

7. 降真香

一名紫藤香，形似鸡骨，又名鸡骨香。俗传舶上来者为"番降"。"生南海山中及大秦国，其香似苏方木，烧之初不甚香，得诸香和之，则特美。入药以番降紫而润者为良。"④ 方中所用降真香，当为"番降"。

8. 安息香

树脂，状若桃胶。"出波斯国，波斯呼为辟邪。树长三丈，皮色黄黑，叶有四角，经寒不凋。二月开花，黄色，花心微碧，不结实。刻其树皮，其胶如饴，名安息香。六七月坚凝，乃取之。烧之通神明，辟众恶。"⑤ 此香是著名熏香，畅达心脾，行气活血。

9. 米脑

又名脑子，龙脑香之一。固体凝脂，气芳烈，挥发力极强，有通窍散血之功。"土人入山采脑，须数十为群，以木皮为衣，赍沙糊为粮，分路而去。遇脑树则以斧斫记，至十余株，然后裁段均分，各以所得，解作板段，随其板旁横裂而成缝。脑出于缝中，劈而取之。其成片者谓之梅花脑，以状似梅花也。次谓之金脚脑。其碎者谓之米脑。碎与木屑相杂者，谓之苍脑。"⑥

10. 麝香

又名麝脐香，是从雄性麝鹿肚脐和生殖器之间的腺囊内提取的粒状晶体。据《药性解》云："麝香为诸香之最，其气投入骨髓，故于经络不所

---

① 尚志钧辑校：《海药本草》，北京：人民卫生出版社1997年版，第42页。
② 赵汝适原著，杨博文校释：《诸蕃志校释》，第181页。
③ 林天蔚：《宋代香药贸易史》，台北：中国文化大学，1986年，第64页。
④ 周嘉胄撰：《香乘》，卷四。
⑤ 段成式：《酉阳杂俎》，前集卷之十八，北京：中华书局1981年版，第177页。
⑥ 赵汝适原著，杨博文校释：《诸蕃志校释》，第161页。

不入。然辛香之剂，必须损耗真元，用之不当，反引邪入髓，莫可救药，诚宜谨之。"① 合香中不宜多用，故方中特标出微量"二钱"。

11. 鉴临

此词非香名，似为对和香方的案验意见，指麝香二钱应另研。附注"详或异名"，待考。

（二）和剂

1. 蔷薇水

又称古剌水，是波斯语 Gulab 的音译。大食蔷薇水在宋代享有盛名："旧说蔷薇水，乃外国采蔷薇花上露水，殆不然。实用白金为甑，采蔷薇花蒸气成水，则屡探屡蒸，积而为香，此所以不败。但异域蔷薇花气，馨烈非常。故大食国蔷薇水虽贮琉璃缶中，蜡密封其外，然香犹透彻，闻数十步，洒着人衣袂，经数十日不歇也。至五羊效外国造香，则不能得蔷薇，第取素馨、茉莉花为之，亦足袭人鼻观，但视大食国真蔷薇水，犹奴尔。"② 方中的和剂，当为"大食国真蔷薇水"，不会是五羊仿制品。

2. 苏合油

苏合油与苏合香是二物，不可混为一谈。"广州虽有苏合香，但类苏木，无香气。药中只用有膏油者，极芳烈。大秦国人采得苏合香，先煎其汁，以为香膏，乃卖其滓与诸国贾人，是以展转来达中国者，不大香也。然则广南货者，其经煎煮之余乎。今用如膏油者，乃合治成香耳。"③ 苏合油曾讹传为"狮子屎"，实则是植物性香油。

以上各种成分，经和合而成"辛押陁罗亚瑟香"，无论是香丸还是香饼，均非口服药物，而是专供熏蒸的养生怡神之香。亚瑟香又译"亚悉香"，是异香之一，为北宋宫廷所重。据张邦基撰《墨庄漫录》卷二云："宣和（1119—1125）间，宫中重异香：广南笃耨、龙涎、亚悉、金颜、雪香、褐香、软香之类。"

---

① 叶岚:《闻香》，济南：山东书报出版社2011年版，第259—260页。
② 蔡绦:《铁围山丛谈》，卷五，北京：中华书局1983年版，第97—98页。参阅 F. Hirth, Chau Ju-kua, *Chūfan Chi*, St. Petersburg, 1912, pp. 203-204。
③ 周嘉胄撰：《香乘》，卷四。

六、辛押陁罗的遗产纠纷

蕃商的遗产继承问题，也是市舶贸易中人际关系的大事。唐宋时代，屡有此类案件发生。从以下两个例子即可看出问题的复杂性。

《新唐书》卷163《孔戣传》载："旧制，海商死者，官籍其赀。满三月，无妻子诣府，则没入。戣以海道岁一往复，苟有验者，不为限，悉推与。"宽限处理，就算德政了。

《癸辛杂识》续集卷下又有具体案例："泉南有巨贾南蕃回回佛莲者，蒲氏之婿也。其家富甚，凡发海舶八十艘。癸巳岁殂，女少无子，官没其家赀，见在珍珠一百三十石，他物称是。省中有榜，许人告首隐寄债负等。"① 女少无子，即为"绝户"，家赀就被充公了。

较之以上案例，辛押陁罗"住唐"更久，家产更大，散官级别也更高，其遗产如何继承，自然引起公私双方的共同关注。由于涉案多人，而又不是在广州而是直上汴京（开封）起诉的，因此，办案经过颇有周折。苏辙在《辨人告户绝事》文中备记其事如下：

> 广州商有投于户部者，曰："蕃商辛押陁罗者，居广州数十年矣，家赀数百万缗，本获一童奴，过海遂养为子。陁罗近岁还蕃，为其国主所诛，所养子遂主其家。今有二人在京师，各持数千缗，皆养子所遣也。此于法为户绝，谨以告。"李公择既而为留状，而适在告，郎官谓予曰："陁罗家赀如此，不可失也。"予呼而讯之曰："陁罗死蕃国，为有报来广州耶？"曰："否，传闻耳。""陁罗养子所生父母、所养父母有在者耶？"曰："无有也。""法告户绝，必于本州县，汝何故告于户部？"曰："户部于财赋无所不治。"曰："此三项皆违法，汝姑伏此三不当，吾贷汝。"其人未服。告之曰："汝不服，可出诣御史台、尚书省诉之。"其人乃服。并召养子所遣二人，谓之曰："此本不预汝事，所以召汝者，恐人妄摇撼汝耳。"亦责状遣之。然郎中终以为疑，予晓之曰："彼所告者，皆法所不许。其所以不诉于广州，而诉于户部者，自知难行，欲假户部之重，以动州县耳。"

---

① 周密：《癸辛杂识》，北京：中华书局1988年版，第193页。

郎中乃已。①

苏辙于宋哲宗元祐二年（1087）十一月为户部侍郎，四年（1089）调离户部，辨告之事，当在这两年内。② 从投状中，可获知有关辛押陁罗的若干信息，分述如次：

第一，"居广州数十年"，按一世三十年计，则辛押陁罗"住唐"始于宋仁宗嘉祐年间（1056—1063）。大概他是先为海商，致富后才兼贡使的。亦贡亦贾，遂被敕授"归德将军"。

第二，"家赀数百万缗"，这是一个庞大数字。试与北宋国库岁入相比，即可知其家当非同小可。据《建炎以来朝野杂记》卷十四云："国朝混一之初，天下岁入缗钱千六百馀万，太宗皇帝以为极盛，两倍唐室矣。天禧之末，所入又增至二千六百五十馀万缗。嘉祐间，又增至三千六百八十馀万缗。其后月增岁广，至熙、丰间，合苗役税易等钱所入，乃至六千余万。元祐之初，除其苛急，岁入尚四千八百余万。"两相比较，这位广州蕃长，堪称富可敌国了。

第三，辛押陁罗在广州的家属，只有养子人一，原为"童奴"（或即"昆仑奴"）。至于他"近岁还蕃为其国主所诛"，虽未得其详，但"近岁"当距投诉之时不远，似可断在元丰末至元祐初。因此，本文推测辛押陁罗寄寓广州的年代，可能在1056—1086这个时段。偏差难免，聊备一说而已。

在辛押陁罗的遗产纠纷中，苏辙所起的作用是"辨"，而不是"判"。他认定那位向户部投诉的"广州商"行为违法，紊乱官司，应予斥责。所谓"三项皆违法"，指的是：一，死无确证，仅据"传闻"；二，"养子"并非血亲；三，越过广府，直诉户部，是越级上诉。因此，不予受理，并揭露其投诉动机不纯："欲假户部之重，以动州县耳。"

辛押陁罗的遗产纠纷，最后如何结案，史无明载。倘若全数"没入"官府，这位"蕃长"漂洋过海的半生辛劳，也就烟消云散，只留下历史的遗憾了。

---

① 苏辙：《龙川略志》，卷五，北京：中华书局1982年版，第28—29页。
② 孔凡礼：《苏辙年谱》，北京：学苑出版社2001年版，第381—404页。

结语

宋代广州的市舶贸易，是一种以香药珠犀为特色的跨文化贸易。纷然杂陈，丰富多彩，屡见吟咏。北宋诗人郭祥正的《广州越王台呈蒋帅待制》一诗，说得有声有色：

> 番禺城北越王台，登临下瞰何壮哉。
> 三城连环铁为瓮，睥睨百世无倾摧。
> 蕃坊翠塔卓椽笔，欲蘸河汉濡烟煤。
> 沧溟忽见飓风作，雪山崩倒随惊雷。
> 有时一碧渟万里，洗濯日月光明开。
> 屯门钲铙杂大鼓，舶船接尾天南回。
> 斛量珠玑若市米，担束犀象如肩柴。①

郭氏生于 11 世纪中期，是辛押陁罗的同时代人。诗中对市区结构（三城连环）、人文景观（蕃坊翠塔）及舶货类别（珠玑犀象）等的描述，再现了广州蕃长活动的历史场景，亦诗亦史，确实耐人寻味。

宋代广州的历任蕃长，见于文献的寥寥无几。就算名著一时的辛押陁罗，也只留下零散的片断记载。经过本文的整合和考述，可知其人其事涉及市舶史、职官史、教育史、香药史和法律史，体现了异质文化的接触和交融，堪称华化蕃官的历史标本。

辛押陁罗的事迹表明，广州蕃长的法权地位有明显的时代性，与后世的领事裁判权不可同日而语。在朝贡体制下，他具有海商兼贡使的复合身份；在蕃坊社区里，他是政教合一的头面人物；而按宋代官制，他又是带有"将军"头衔的朝廷命官（散官）。因此，蕃长的设置，仅仅植根于市舶时代（和平贸易）的独特环境，没有也不可能向洋舶时代（商业战争）延伸。

"唐宋八大家"中的苏轼、苏辙兄弟，尽管与辛押陁罗同时而不相识，但并不等于绝缘。"二苏"中一人为他的授官草敕，一人为他的遗产辨明是非。这种出人意料的巧合，为中国阿曼关系史增添了意味深长的佳话。

---

① 郭祥正：《青山集》卷八，影印文渊阁《四库全书》第 1116 册，第 614 页。

俄美公司与广州口岸

清代的广州,作为封建帝国的通商口岸,长期经受殖民主义势力的冲击,是"夷务"纠纷丛生的地区。沙皇俄国也无例外地闯进粤海关的大门,嘉庆十年(1805)"俄罗斯夷船来广贸易"事件,就是历史的见证。

按照清政府"夷务"政策的传统,沙俄属于"北地陆路通商之国",其法定的互市地点在恰克图,不许前往沿海任何口岸贸易。自康熙二十四年(1685)粤海设关以来,从未有过俄船到广贸易情事。因此,嘉庆十年俄美公司船只破例来粤,便成为违反旧制的严重事件,立即引起清廷的不安。嘉庆皇帝亲自过问这件事,一月之内(十年十二月初九至十一年一月初九),军机处三次寄谕两广总督;理藩院也向俄国枢密院发出两份咨文。最后结案时,内阁奉"上谕"对经办人员作如下处分:原任粤海关监督延丰革职,接任监督阿克当阿、两广总督吴熊光和广东巡抚孙玉庭均交部议处。

另一方面,当时广州口岸的"夷商"和行商,也曾不同程度地介入这个事件。英国"公班衙"(东印度公司)留粤大班哆啉哎、"夷馆"头目比尔、喇唦,都为俄船的"承保"和"放关",给予多方"导引"。至于"十三行"总商潘有度(同文行)、行商卢观恒(广利行)和黎颜裕(西成行)等,则在官与"夷"的斗法中成为双方利用的工具,又一次暴露出旧式"洋商"诚惶诚恐的性格。

从以后影响看,俄船来广事件是清朝官员后来筹办"夷务"时一再援引的案例。如道光四年八月,两广总督阮元、广东巡抚陈中孚和粤海关监督,就小心翼翼地复述这一事件,以免处理"小西洋夷船"时再有失误。① 咸丰年间,刑部主事何秋涛编纂《朔方备乘》一书,也没有忘记把嘉庆皇帝对俄船事件的"上谕"列入"圣训"。

可惜,这场嘉庆朝"夷务"中引人注目的贸易风波,在清代文献中

---

① 《清代外交史料》(道光朝),第 2 册,第 3—7 页。据《澳门记略》,"小西洋"注作"我呀",即卧亚(Goa)。

记述太简。连《粤海关志》这样的专著，也没有明晰地勾画出整个事件的轮廓，许多情节至今仍模糊不清。本节拟就目前所能掌握的资料，从几个方面作些考释性的工作，以供研究俄美公司与广州口岸的参考。

一、广州毛皮市场的兴起

广州毛皮市场兴起于 18 世纪 80 年代，它是西方海运国家对华贸易逆差的直接产物。

马克思说过："在 1830 年以前，当中国人在对外贸易上经常是出超的时候，白银是不断地从印度、不列颠和美国向中国输出的。"（《中国革命和欧洲革命》）据嘉庆十九年（1814）广州行商伍敦元向两广总督蒋攸铦汇报：

> 夷商来粤，向系以货易货，其贩来呢羽、哔叽、棉花、皮张、钟表等物，换内地之绸缎、布匹、湖丝、茶叶、瓷器，彼此准定互易。各应找不敷，尾数皆用洋钱，每圆以七钱二分结算，两无加补。往往出口货价多于进口货价，只有找回洋钱，实无偷运纹银出洋情事。（《嘉庆外交史料》卷四）

所谓"以货易货"，并不意味着贸易平衡。事实上，在"出口货价多于进口货价"的情况下，墨西哥的"花边"及"番面"等洋钱，大量流入广州。不仅形成"边钱堆满十三行"的局面，而且，从粤北到粤东，洋钱流通各州府，"南、韶、连、肇多用番面，潮、雷、嘉、琼多用花边"①。仅以 1788 年（乾隆五十三年）为例，当年输入的白银，即达 272 万两。为了减少白银支付，来粤"夷商"处心积虑寻求硬币代用品，力争贸易平衡。经过一番搜索，这种代用品，终于在美洲西北岸找到了，这就是从海獭（即"海龙"）和海豹（即"海虎"）身上剥取的贵重毛皮。

1776 年，英国船长詹姆士·库克（1728—1779）率领"坚定"号和"发现"号远航美洲西北岸，在诺特卡湾向上著廉价收购一批海獭皮，1779 年驶抵黄埔港，每张以 120 元的高价出售，为"夷商"提示了这项

---

① 梁织壬：《两般秋雨庵随笔》卷三。

贸易的广阔前景。

1787年,英船"乔治国王"号(320吨)和"查律女王"号(200吨),分别由船长波洛克和迪克逊率领,携带毛皮2500张来广州发售,得款5万元。同年,英国船长伯克利又率领载重400吨的"帝国之鹰"号,到澳门发售北美毛皮700张,得款3万元。从货源和销路看,可以说1787年(乾隆五十二年)这一年,广州的毛皮市场正式形成。

美国是后来居上的。1784年,"中国皇后"号首航广州成功,开辟了中美直接通商的时代。1887年,波士顿商人派遣以肯德瑞克为船长的"哥伦比亚"号(212吨)和以格雷为船长的"华盛顿夫人"号(90吨),同赴西北海岸换取毛皮。到1789年,全部皮货由"哥伦比亚"号运来广州倾销。次年,又满载中国货经好望角返美,成为环球航行的第一艘美国船。1792年,波士顿商船"马加列特"号经夏威夷到广州,所带大约1200张海獭皮,也全部顺利成交。

美商大力发展广州毛皮贸易,是因为一次航程包含着"三次赚钱的机会":从美国运出小刀、毡子等廉价物品,到西北海岸换取印第安人的贵重毛皮;然后驶向广州出售皮货,购入茶叶;返航后,茶叶又以高价在美国或欧洲市场上出售。① 利上加利,这就是所谓"毛皮热"的秘密。

18世纪末至19世纪初,欧洲正经历着法国革命和拿破仑战争,美国则处于相对和平的年代。有利的国际形势也使美国西北海岸的航运业突飞猛进。因此,英、美两国到西北海岸换取毛皮的船只,消长情况十分明显:1785—1794年,英船35艘,美船15艘;1795—1804年,英船9艘,美船50艘;1805—1814年,英船3艘,美船40艘。② 此外,美国于18世纪末在加利福尼亚沿岸及南美洲西班牙领地发现新的毛皮资源,大举组织猎取海豹的航行。1793—1807年间,单从马萨洛夫岛就有350万张海豹皮运到广州卖掉了。③ 上述两方面的原因,终于促成美国商人在广州毛皮市场上的垄断地位。据丹涅特统计,19世纪初至30年代,美国输入广

---

① 赖德烈著,陈郁译:《早期中美关系史》,商务印书馆1963年版,第31页。并参见约·弗·亨利:《太平洋西北岸海景的早期画家(1741—1841)》,西雅图,1984年英文版,第63—90页、第173—194页。

② 荷威:《海路毛皮贸易概述》,《华盛顿历史季刊》。

③ 赖德烈前揭书,第36页。并参见奥登:《加利福尼亚的海獭贸易(1784—1848)》,伯克利,1941年英文版,第66—94页。

州的全部皮货，总值为1500万至2000万美元。①

广州毛皮市场的兴起，不能不引起沙俄的觊觎。众所周知，俄国于16世纪征服盛产毛皮的西伯利亚，随后又向堪察加、白令海和阿留申群岛扩张，终于把"毛皮王国"阿拉斯加纳入自己势力范围之内，成为近代最大的毛皮输出国和对华毛皮贸易的先驱。康熙末年，俄国毛皮充斥北京，理藩院遂于康熙五十八年（1719）发出咨文，通知俄方暂停商队贸易："各种皮货甚为丰足。况广东、福建等沿海地方，每年又有西洋等国商船前来贸易，诸凡物品甚足，无人购买尔之商货。"②恰克图互市开张后，人华毛皮激增，约占俄国出口商品总值的百分之七八十。以1784年（乾隆四十九年）为例，180万卢布的俄货中，毛皮一项就占117万卢布。可见，皮货的销路，早已成为俄国对华贸易的生命线。因此，沙俄密切注视北美毛皮资源的开拓和流向，积极策划挤入广州市场、夺取美国手中的毛皮生意。1794年，专管美洲皮货的俄国富商舍利霍夫，请求政府准他派船"把在美洲获得的产品及部分俄国产品运往广州、澳门"③1799年，沙皇保罗一世批准俄国美洲公司成立。这家殖民公司在清代文献中被确切表述为："该国极东亚美理驾（阿美利加）西北地方，设有公司，专管皮货。"（《筹办夷务始末》卷七九）它成立后面临的迫切任务之一，就是如何发挥"专管皮货"的优势，排除广州毛皮市场对恰克图的冲击，维护俄国对华毛皮贸易的传统利益。然而，问题非常棘手。请看俄美公司总管巴兰诺夫1800年（嘉庆五年）的报告："大量皮货经多次转手输入广州，由这里运销全中国，使我们在恰克图的便宜买卖大受打击，最后很可能关税枯竭。美国人说，恰克图闭市使他们受益，皮货可以抬高两成。由此应得的结论，就是他说的，广州贸易对恰克图贸易影响重大。"④

乾隆年间频繁出现的"恰克图闭市"，实际上是清朝政府对俄国当局破坏边境安宁的经济制裁。自1744—1792年，共"闭市"十次，其中最后和最长的一次达七年之久（1785—1792）。正当俄国皮货在北方销路梗塞的时候，波士顿商人却在广州大显身手。俄美公司于嫉羡之余，力求疏

---

① 丹涅特《美国人在东亚》，商务印书馆1959年版，第35页。
② 中国第一历史档案馆编：《清代中俄关系档案史料选编》第一编（下册），中华书局1981年版，第400页。
③ 奥孔：《俄美公司》，商务印书馆1982年版，第29页。
④ 利尔沙克：《俄中通商历史统计概览》，俄文版，第251—262页。

通北皮南运的渠道，不惜违反中俄陆路通商的"旧章"，铤而走险。1805年（嘉庆十年）冬，俄美公司的"希望"号和"涅瓦"号，奉命"开拓广州商务并展望对日本及其他亚洲地区的贸易"，携带各色皮件来广州试销。从而，构成震惊朝野的"俄罗斯夷船来广贸易"案。

二、"巡船"、"货船"之谜

俄船来广贸易的消息，首见于嘉庆十年十月二十九日粤海关监督延丰的奏折，内称：

> 本年十月初八日，据澳门委员报称：有嗌啞国夷商嚕啞吨巡船一只来至澳门等情。嗌啞究系何国，当饬澳门同知及委员、洋商等确查去后，十七日复据委员报称：又有嗌啞国夷船一只商民咏嚶咐，船上载有皮张、银子来广贸易等语。嗣据洋商等查明，嗌啞即俄罗斯。夷音相近，并据译出夷禀呈递前来。奴才阅核禀词，该夷船均由俄罗斯航海而东，因向来该国与天朝通市系在京师北口之外，由该国往返俱系旱路，行走艰难，由海道至广，比旱路较远而盘费减省，是以发船来广试做买卖。其先到之嚕啞吨一船、为带有皮张贸易，并非巡船，一并恳求恩准卸货等情。①

这里有两点值得注意，第一，两艘俄船不仅到达时间先后不一，而且报验情况也各不相同：嚕啞吨船即"希望"号，初报"巡船"，至咏嚶咐船即"涅瓦"号到达后，又改报货船，要求粤海关准予卸货。笼统地说两艘俄船"强行驶入黄埔"②，是不符史实的。第二，"并非巡船"这个反供，延丰系直接引据"夷禀"上奏，根本不是什么"谎称"③。显然，"希望"号于叩关之际，出尔反尔，必有待揭的隐情。

按清代来粤外船，大体可分三类，即贡船、货船和巡船（又称"仗

---

① 《清代外交史料》（嘉庆朝），第1册，第37页。
② 刘选民：《中俄早期贸易考》，《燕京学报》，1939年第25期，第196页。
③ 丁则良：《俄国人第一次环球航行与中国》，《历史研究》，1954年第5期。该文对俄方反供的原因未予探究，竟说"延丰在向满清皇帝报告时曾谎称两船都不是巡船"（第127页），显然与事实不符。

船",即兵船)。除"贡船"特受礼遇外,其余两类船只的湾泊处所,必须遵循"货船在内、巡船在外"的定制:"向来兵船护送货船到粤,货船自行进口,兵船即驶往零丁、潭仔洋面停泊。"①

所有进口货船,均应由领有编号印花腰牌的引水船户(澳门同知衙门共设引水 14 名)带引进口,经黄埔总巡馆查验,由关吏丈量课税。其征钞办法如下:

> 粤海关历办税务,系将夷船分成一二三等,均照东洋船例减钞银十分之二,按船征收。丈量各船时,照梁头长阔丈尺,将应征银数递增递减:几一等大船,征钞自一千一百余两至二千一二百两不等,二三等中小船,征钞八百余两至四百余两不等。此粤海关分别等次征收夷船正钞之旧制也。其货物税银,则分货之精粗,计以斤两丈尺,照则输纳。至于船钞、货税之外,另有进口规银,不分等次,一律完纳。②

很清楚。按粤海关旧制,作为"货船"进泊黄埔,当非完纳船钞、货税和规银不可;倘作"巡船"报验;则免受上述税则约束,但却无法进入虎门水道。这就是"希望"号在澳门同知衙门面临的两种抉择。为什么它终于选择后一种呢?

让我们先查考一下俄船的情况。"希望"号和"涅瓦"号的船型均为三桅舰,是俄美公司 1802 年(嘉庆七年)为组织环球航行而在伦敦购置的,耗资共 2.5 万英镑。③ 前者有炮位 16 个,排水量 450 吨,乘员 76 人;后者有炮位 14 个,排水量 370 吨(一说 350 吨),乘员 53 人。④ "希望"号船长噜咂吨(伊·弗·克鲁逊什特恩,1770—1846)和"涅瓦"号船长咏嚽咧(尤·费·李香斯基,1773—1839),都是水师武备学堂出身。属于俄国著名女皇叶卡捷琳娜二世培育起来的新一代海军士官,具有海战(参加过对瑞典作战)和远航(到过北美和印度)的实际经验,来华前均

---

① 《粤海关志》卷二九,第 13、17 页。
② 《清代外交史料》(道光朝),第 3 册,第 22 页。
③ 乔治·伦森:《俄国向日本的推进》,新泽西,1959 年英文版,第 130 页。
④ 涅夫斯基:《俄国人第一次环球航行》,莫斯科,1951 年俄文版,第 54 页。

已获得大尉军衔。噜咂吨本人、还有一段独特的经历。早在1798年（嘉庆三年），他已从马六甲搭便船潜入广州，住了整整一年，实地考察过南中国海的航行条件及广州毛皮市场的贸易情况。① 对当年粤海关的各种规章制度、噜咂吨已悉熟于心。所以，一在澳门湾泊，他便能根据当时当地的情况做出有利于沙俄的抉择。

噜咂吨自己撰述的航海记录，载明"希望"号是1805年11月21日下午2时驶入潭仔湾泊的。次日一早，他就前往澳门同知衙门以"巡船"之名报验了。② 此中究为何因，俄美公司"希望"号商务代表谢梅林在同年12月21日由广州寄发的致总经理处报告中，说得一清二楚：

> "希望"号载货少，只有412件海獭皮和10000张海狗皮，凭这点货是进不了黄埔的。据悉，中国对货船征收的船钞、杂项捐税以及孝敬清朝官吏的规礼，已大大超过我们的全部货款；纵然"希望"号勉强张罗，按中国人的规例，货船也不得在澳门寄碇超过一昼夜，就非移泊黄埔或另找去处不可。
>
> 我们无论要对船只稍事修整，或是等待下落不明的"涅瓦"号，都必须赢得时间。为了找个体面的理由，船长克鲁逊什特恩先生不得已向澳门的中国当局报验自己的船是巡船。③

显然，噜咂吨以"巡船"之名报验是权宜之计，目的在于"赢得时间"，以便实现两船会合后来广贸易的预定计划。因此，一当"涅瓦"号于12月3日抵澳门，其皮货（仅海獭皮就多达4007件）足以完纳两船税款，那艘寄泊两周之久的"巡船"，便立即反供"并非巡船"了。新任海关监督阿克当阿于嘉庆十年十一月到任。④ "因事同一例，未便两歧，亦

---

① 同上，第26页。
② 克鲁逊什特恩：《1803年至1806年"希望"号和"涅瓦"号环球航行记》，莫斯科，1950年俄文版，第250—251页。承戴裔煊先生指教，俄文地名 Типа 或 Тайпа 当为葡萄牙文 Taipa 的转写，指澳门附近的潭仔，土名"凼仔"。
③ 《19世纪和20世纪初俄国对外政策》第3卷，莫斯科，1963年俄文版，第17页。
④ 《粤海关志》卷七，第38页载：阿克当阿"十年十一月任，十一年留任"。此人在官场享有"阿财神"的绰号："嘉道时以阿克当阿为极阔，任淮鹾至十余年，人称为阿财神。过客之酬应，至少无减五百金者，交游遍天下。"见《水窗春呓》下卷；中华书局1984年版，第63页。

准噜呕吨将货物起卸"①。粤海关对俄船出尔反尔的报验骗局，未予认真追查，是关政腐败的表现。如果当时广州口岸不是法弛弊多，沙俄这两艘打着货船旗号的探险巡船，要想在露出破绽的情况下蒙混过关，亦非易事！

三、"自行合伙来广贸易"是伪托之辞

清廷在获悉俄船来广贸易这一不符旧章的"创新事件"之后，即于嘉庆十年十二月初九日，由军机处寄谕两广总督吴熊光究询一连串问题。其中，包括涉及事件性质的下述问题："该夷商此次船只货物，是否该商等私自置办牟利，抑系该国王遣令贸易？"②结果，吴熊光得到"该夷商告知英吉利国夷人转告"的一个答复："俱属自行合伙来广贸易，并非该国王遣来。"③ 这完全是伪托之辞，别有用心地掩饰了事件的官方背景和真实性质。

"俄美公司是俄国贵族政府的产儿"④。它于1799年（嘉庆四年）经沙皇保罗一世（1796—1801）批准正式成立；由枢密院授予特许状，获得"在美洲东北海岸从北纬55度到白令海峡及其以外的地方，还有在位于东北洋中的阿留申群岛、千岛群岛和其他群岛"全部贸易和矿藏的垄断权。⑤ 公司总经理处奉命从伊尔库茨克（东西伯利亚总督府所在地，即《异域录》的"厄尔库城"）迁往彼得堡，就是为了加强官商之间的合作。由于沙皇政府大力支持，俄美公司在"毛皮王国"呵拉斯加一带拥有船队、货栈和堡塞。到19世纪初，它便以罗曼诺夫王朝暴发户的姿态崛起于太平洋区域，变成一个像英国东印度公司那样的商业强权、军事强权和拥有领土的强权集团。自创办至1818年，这家公司20年间从白令海输出的海獭皮共计87万件。⑥ 俄船来粤之年即1805年，闯入北美的俄国

---

① 《清代外交史料》（嘉庆朝），第1册，第45—48页。
② 《清代外交史料》（嘉庆朝），第1册，第45—48页。
③ 《清代外交史料》（嘉庆朝），第1册，第45—48页。
④ 马卡罗娃：《18世纪后期俄国远东政策史略》；《国立莫斯科历史档案馆集刊》，第18卷，第347页。
⑤ 弗纳德斯基主编：《俄国历史资料汇编（从早期到1917年）》，第2卷，纽黑文，1972年英文版，第478页。
⑥ 斯卡科夫斯基：《俄国在太平洋的商务》，彼得堡，1883年俄文版，第444页。

殖民分子已多达470人了。① 这里不必进一步详述俄美公司的历史和结局，只要举出两项重要事实，就足以揭示前述那个伪托之辞的荒谬性。

第一。沙皇及其重臣是公司的著名股东。俄美公司创办时的资金总额为72.4万卢布，每股1000卢布，共724股。据1802年《股东名册》记载，沙皇亚历山大一世和太后玛丽·费多罗夫娜是以"主上特恩"的名义入股的；身为豪门显宦的股东比比皆是，如商务大臣鲁缅采夫伯爵和海军大臣摩尔德维诺夫上将，等等。② 这一切与两百年前英国女王伊丽莎白参加德雷克海盗公司那个在殖民史上具有示范意义的先例，何其相似乃尔！可见，俄美公司为装备"希望"号和"涅瓦"号放洋运航，能够从沙皇政府一次贷款25万卢布，③ 绝不是偶然的。官商合伙的性质如此明显，"自行合伙来广贸易"云云，就只能是"噜咂吨"们当年在广州蓄意散布的谎言。

第二，来粤俄船负有重大政治使命。"希望"号和"涅瓦"号的洲际探险活动，是19世纪上半期（自1803年至1848年）沙俄38次环球航行（其中16次是俄美公司组织的）的开端。作为海上扩张的一支先遣队，这两艘俄船被沙皇政府委以重任。商务大臣鲁缅采夫在1803年（嘉庆八年）4月8日上亚历山大一世的奏折中，声称此行"将有裨于国家详察在北美的成就，打开广州市场并展望对日本及其他亚洲地区的贸易"。④ 按照这个预定的目标，一批天文学、水文学、绘图学和植物学家奉命参加环球航行。两艘俄船于同年8月7日由喀琅斯塔特港启碇，到檀香山后分航，各自执行任务："希望"号负责接送俄美公司总经理列札诺夫出使日本，并闯到黑龙江口进行非法勘察，为沙俄侵占库页岛和中国东北沿海地区提供情报。旋即由堪察加南下，湾泊澳门；"涅瓦"号则直航北美西岸的科迪亚克，充当沙俄殖民头目巴兰诺夫镇压印第安人的帮凶，于1804年在锡特卡重建殖民据点，然后满载皮货赶来与"希望"号会合，试图

---

① 波尔霍维齐诺夫：《俄美关系的形成 1775—1815 年》，莫斯科，1966 年俄文版，第 318 页。并参见惠勒：《俄美公司的起源》，载《东欧历史研究》，第 14 卷，1966 年第 4 期，第 485—494 页。

② 波尔霍维齐诺夫前揭书，第 306—307 页。并参见《历史札记》，1960 年第 67 辑；普列奥布拉任斯基：《论 19 世纪初俄美公司的股份》一文。

③ 涅夫斯基前揭书，第 54 页。

④ 《19 世纪和 20 世纪初俄国对外政策》。第 1 卷，第 405 页。

一举"打开广州市场",实现沙俄在中国东南沿海从事商业扩张的夙愿。

既然俄美公司"在形式上是私人的,而实质上是官办的机构"①那么,来粤俄船对此行的官方意图讳莫如深,也就不足为奇了。现在,我们不妨回头看看,俄国枢密院当时究竟采取什么态度。

从俄方公布的外交档案中,可知清朝理藩院与俄国枢密院曾就俄船来粤事件互换过咨文。1806年1月28日(嘉庆十年十二月初九)的理藩院咨文,除要求答复两艘俄船是政府遣令贸易还是商人自行来广外,并指出此举与俄国仅在恰克图互市的旧制不合。枢密院3月14日已收到此件,但未回复。直至理藩院于3月9日(嘉庆十一年正月二十日)发出的第二份咨文(附有噜哑吨、咏嚟咄要求进埔卸货"夷禀"原件)到达后,枢密院才不得不于5月27日作答。它选择这个时机看来不是偶然的,因为当时俄船早已离开广州_正在圣赫勒拿岛以北的欧洲海域航行,即将返俄但又尚未抵俄。这份复文对俄船事件意存推诿,语甚诡谲。其中尤其引人注目的是。它居然声称已授权戈洛夫金伯爵于使华期间,就俄美公司商船到广贸易一事亲向清政府做出解释;但料不到戈洛夫金才到恰克图而俄船已先抵广州云云。②一个蓄谋已久的扩张行动,就这样被枢密院涂上偶然性的色彩了。其实,按照沙皇政府的外交惯技,无非是由俄船制造来广贸易的既成事实,再由戈洛夫金通过谈判正式取得海路通商的特权。这与它那套"于未经分界之先,预行占越"(《筹办夷务始末》,同治二年四月乙巳)的领土扩张手法,是异曲同工的。最后,由于清政府坚持旧章,毫不让步,俄方的如意算盘才落空了。

四、"西成行商人黎颜裕承保"的经过

俄美公司与广东"十三行"的最初接触,是通过"西成行商人黎颜裕承保"俄船一事表现出来的。③它构成整个事件的重要一环,应该略加探讨。

清朝对广州口岸的封建主义管理方法,包括创始于乾隆十年(1745)的"保商"制度,至嘉庆年间仍继续沿用。"保商"又称"保家",其业

---

① 奥孔:《俄美公司》,莫斯科—列宁格勒,1939年俄文版,第258页。
② 《19世纪和20世纪初俄国对外政策》,第3卷,第175—177页。
③ 《清代外交史料》《嘉庆朝》,第1册,第47页。

务范围有明确的规定。据《粤海关志》卷二五记载:

> 凡外洋夷船到粤海关进口货物应纳税银,督令受货洋行商人于夷船回帆时输纳;至外洋夷船出口货物应纳税银,洋行保商为夷商代置货物时,随货扣清,先行完纳。

可知保商既有承受洋货的权利,又有承保税饷、代置货物的义务。至于由谁承保,则非官方指定,而是"夷人"自行在行商中选择的。嘉庆六年两广总督吉庆奏称:

> 查夷人进出口货物,向系夷人自行择行交易,与内地铺户同客商交易相仿。富饶可信洋商,夷人自必多交货物售卖;艰穷商人,夷人即不肯将货物多交。①

毫无疑问,来粤俄船在"择行交易"时,当然也要找"富饶可信洋商"了。那么,"西成行"是否符合这个条件呢?

查西成行是顺德人黎颜裕于嘉庆九年(1804)创立的。② 俄船来粤时,它仅仅开张一年,是"十三行"中资历短浅的新商。与大名鼎鼎的同义行、广利行相比,西成行是既非"富饶",也未"可信"的,这样的"艰穷商人"出来为俄船承保,其中有一段曲折的因缘。

据俄文史料,"涅瓦"号于1805年12月8日(嘉庆十年十月十八日)进抵黄埔。③ 次日,噜咀吨即乘板艇入广州,宿于他的老相识英商比尔(按此人是"小比尔",即托马斯·比尔)的"夷馆"。即晚拟定,俄方付5%的佣金,托比尔代觅保商卸货。④ 据噜咀吨本人记述,比尔到

---

① 《清代外交史料》(嘉庆朝),第1册,第6页。
② 梁嘉彬:《广东十三行考》,1937年国立编译馆版,第321-325页。
③ 李香斯基:《"涅瓦"号环球航行记》,莫斯科,1947年俄文版. 第234页。
④ 《19世纪和20世纪初俄国对外政策》,第3卷,第18页。俄船事件之后,托马斯·比尔长期住于澳门,生活豪奢。后负债破产,1841年12月在澳门黑沙海滩自尽,葬于白鸽巢园附近墓地。遗物套式青花盘,上绘比尔家族纹章,现归澳门土生葡籍收藏家沙巴治(Antonio Sapage)收藏。1993年6月,作者访问澳门,承沙先生出示此套名瓷。睹其物,思其人,浮想联翩,感慨系之。附记于此,并向沙先生致谢。

"十三行"奔走的结果如下:

  资格最老的商人怕和我们打交道,他们并非不晓得俄国与中国毗邻,并有某种商业来往。他们是深知本国政府脾性的,预料俄国人初次来广,势必引起麻烦,不能不望而生畏。比尔虽多方设法到老牌行商中为我们物色可信的商人,惟事与愿违,迄无成效。他们谁都不愿承办创新之事。最后,他只好放弃原来的打算,借助自己私人的信用,才说动新行商黎六官敢来承保我们这两条船。①

  按"十三行"商业习惯,行商除本名、行名外,还有一个称"官"的商名。所谓"新行商黎六官",也即是"西成行商人黎颜裕"。比尔凭什么说动他呢?原来这名英籍"夷商"是生意兴隆的"比尔·麦尼克"行(渣甸洋行的前身)老板,自1797年起又接替其兄丹尼尔·比尔充当普鲁士驻广州领事,资力雄厚,在英国"散商"(即"公班衙"之外的私商)中素负盛名。因此,黎颜裕才敢在他引荐下去冒一场风险。

  当时,俄方出面与西成行进行贸易谈判的是俄美公司"希望"号商务代表谢梅林。后者曾向总经理处报告成交经过,于卸货、议价和采买三事尤详,可补《粤海关志》等清代文献记载的不足。

  第一,卸货日期。西成行于嘉庆十年十月二十四日,以"保商"身份派驳船到黄埔起运皮货。按清代黄埔港的卸货能力,乾隆时通常是"每日起四艇,每艇四百余担,通船之货数日可以起完"。②嘉庆年间想必大体相同,故三天后谢梅林等才能将皮货寄贮西成行库房。起货上行告一段落后,又连续三天与该行伙计一起拆解皮件、分类点验。

  第二,皮货价目。据谢梅林报道,当时广州毛皮市场因海獭皮连年大量输入,货价下跌。1804年,已输入海獭皮8200件,时价每件23—24皮亚士(西班牙币,重27克)。1805年,又有美船三艘输入海獭皮14002

---

  ① 克鲁逊什特恩前揭书,第254页。又见彭泽益;《清代广东洋行制度的起源》所做的"历年广东洋行开业家数统计"(见《历史研究》,1957年第1期,第21页),可据克氏上书第274-275页记载,补入两项:1798年(嘉庆三年)8家;1805(嘉庆十年)11家。

  ② 乾隆二十四年《弗兰西国夷商味的哩等为敬陈海关弊害事呈粤督禀》(向达先生藏抄件),发表于昆明《人文科学学报》,1942年第1期。嘉庆年间粤海关的腐败,在小说中也有反映,见庚岭劳人;《蜃楼志全传》第十八回。

件,加上俄船"涅瓦"号4007件,"希望"号414件,当年输入广州的海獭皮共达18423件。供过于求,每件海獭皮遂降至18—16皮亚士不等。在比尔周旋下,谢梅林同意按中等价格抛售,接受行商拟订的下列价目:

海獭皮	整件	17皮亚士
海獭尾	10条准一张	17皮亚士
河獭皮	每张	2.5皮亚士
水獭皮	每张	4皮亚士
红狐皮	百张	120皮亚士
灰狐皮	百张	60皮亚士
褐狐皮	每张	2塔勒尔
白狐皮	每张	1塔勒尔
青狐皮	每张	1.5塔勒尔
美洲熊皮	百块	120塔勒尔
海狗皮	百张	75皮亚士

两船皮货的成交数目,"涅瓦"号为176605.25皮亚士,"希望"号为12000皮亚士,合计总额近19万皮亚士。[①]。

第三,转贩货物。谢梅林本来打算少买茶叶,多买棉布。因此,他向比尔提交一份这样的购货单:

上等花茶	30000皮亚士
南京棉布	30000皮亚士
细瓷	5000皮亚士
粗瓷	15000皮亚士
贝珠	3000皮亚士

但行商因当年广州积存的茶叶甚多,坚持必须将货款半数购茶,否则不愿成交。俄船返航心切,便勉强同意。结果,向海关报税时,才变成

---

① "希望"号成交数字引自克鲁逊什特恩前揭书,第254页。其余均见《19世纪和20世纪初俄国对外政策》第3卷.第21页

"所贩货物,系茶叶、瓷器"两大宗。①

从西成行承保的经过,可知英国散商比尔作为一名经纪人,起过相当重要的"导引"作用。下面将进一步指出,在俄船争取"放关"这个关键时刻,英国东印度公司驻粤商务总管,又怎样给俄美公司帮了大忙。

五、"英吉利国留粤大班"其人其事

在嘉庆朝有关俄船事件的官方文书中,曾两次提及"英吉利国留粤大班",但其作用仅限于一种场合,即在俄船开行后,如奉到谕旨,可由他"代寄回国"②。这真是挂一漏万了。其实,此人所起的作用,远远超出上述范围。

按清代广州口岸的习惯用语,"大班"与"留粤大班"是两种不同称谓,不可混为一谈。前者很清楚:"舶长曰大班。"(《澳门纪略》"官守篇")至于后者,则据两广总督吉庆奏称:"查英吉利船只,公司生意最大,该国设有大班在粤办理贸易事务。"③ 可知"留粤大班"并非一般"舶长",而是"来粤管理贸易"的"公司大班"(《中西纪事》卷三),也即英国东印度公司常设的驻广州代理人。吴熊光奏折虽未确指其名,但据俄方记载,知此人即是杜雷孟德(Нруттонд)。他的英文名字 Drummond,当时曾接粤语省译而成"哆啉哎"。在"十三行"众商中,"未氏哆啉哎"(即"杜雷孟德先生"),是人所熟知的,故其行迹屡见于清代文献。如:

一、嘉庆六年六月,丽泉行潘长耀因走私羽纱事,致书"红毛公司大班"告急,"未氏哆啉哎"就是他求助的对象之一。④

二、嘉庆九年十二月,哆啉哎转呈英王"表文方物",受到两广总督倭什布亲自接见。⑤

三、嘉庆十年,哆啉哎携"牛痘之方"(道光《南海县志》卷四

---

① 《清代外交史料》(嘉庆朝),第1册,第6页。
② 《清代外交史料》(嘉庆朝),第1册,第47、49页。
③ 《清代外交史料》(嘉庆朝),第1册,第6页。
④ 许地山编:《达衷集》(鸦片战争前中英交涉史料),商务印书馆1931年版,第203页。
⑤ 《清代外交史料》(嘉庆朝),第1册,第18页,并参见梁廷枏:《粤道贡国说》卷

四,"杂录")至粤东。此事当指 1804 年(嘉庆九年)刊行的《新订种痘奇方详悉》,书末署"英吉利国公班衙命来广统摄大班贸易事务哆啉哎敬辑"。①

这说明,在俄船来粤之前,哆啉哎已经是广州洋场上一个活跃的头面人物了。他又是噜哑吨 1798 年居留广州期间结识的老朋友。② 因此,一当陷入"不准开行"的困境,俄方借他之力来排除故障,是完全可以理解的。下面我们将会看到,在哆啉哎策划下,围绕着"放关"问题,一场官、商、"夷"之间的紧张斗法,怎样在广州口岸展开。

1806 年 1 月中旬,正当俄船加紧装货、准备返航之际,原任两广总督那彦成做出的"应俟朱批到日,方准放行"的决定、以流言的形式在商、"夷"之间传开了。22 日,"保商"黎颜裕正式向俄方证实这项消息。③ 一时间,黄埔港风云突变,"营弁临船弹压,不许任何中国人近前,连每日必到的买办,也无影无踪"④!噜哑吨预定的"二十五日自广州动身,二十七或二十八由黄埔启碇"的计划,已经接近破灭边缘了。眼见大祸临头,英国散商无能为力,他只好把希望寄托在"留粤大班"身上,亲自登门向哆啉哎谋求对策。在后者授意下,噜哑吨立即要求"保商"黎颜裕向海关监督提出申诉。⑤ 次日,获准撤离营弁,解除俄船警戒。但何时"放关"仍然是一个悬而未决的问题。

从行商口中,噜哑吨获悉两广总督正在交接,新督不日上任。他闻风而动,抓住这个时机用英文写了一封抗议信,准备递交新督吴熊光。为此,噜哑吨约同咏嚜咞,再次造访哆啉哎。他们共同分析情况,认为两广总督不会轻易接见外商,唯一可行的还是间接的办法,即由行商将此信递交海关监督转呈吴熊光。这是一个难度更高的动作,需要哆啉哎本人出来

---

① 向达:《唐代长安与西域文明》,三联书店 1957 年版,第 647 页。
② 克鲁逊什特恩前揭书,第 252 页。
③ 李香斯基前揭书,第 237 页。
④ 克鲁逊什特恩前揭书,第 254 页。
⑤ 俄语称粤海关监督为 ronno,是英语 hoppo 的转写。据前人研究,"hoppo 之语原有三说:(一)有谓为中央政府之户部(hoo - poo)代表者;(二)有谓河泊(hopoh)即水上警察之讹语;(三)有谓即海部(广东音 hoi - pu)之意,即所谓合保。若从音及意义上着想,第一说为可信。见黄菩生:《清代广东贸易及其在中国经济史上之意义》,《岭南学报》,1934 年第 4 期,第 175 页。

大显身手。他凭着"留粤大班"的威望，出面邀集"十三行"众商聚议，并决定由英"夷馆"头目"喇吥"即罗伯茨（此人后来接替哆啉哎"留粤大班"职务）等人组成一个特别委员会，以便在交涉时更有效能。当务之急是争取总商潘启官（同文行潘有度）参与其事，"因为他是行商的中坚，拥资六百万皮亚士，特受海关监督青睐"①。哆啉哎亲往邀请潘启官于下午3时赴"夷馆"洽商，潘虽口头答应，但未履行自己的诺言。会上，哆啉哎政转述俄方信件内容，并托二号行商茂官（广利行卢观恒）将该信递交海关监督阿克当阿。茂官见总商缺席，顾虑重重，但碍于"留粤大班"的情面，勉强收下了信件。至次日晨，他就向哆啉哎等指出，该信语欠恭顺，碍难代禀。同时，交出自行代拟的禀文，要求噜咙吨和咻嚌唎签字，遭到俄方拒绝。最后，经哆啉哎倡议，当场另草一份语意简明的信件。这份三易其稿的"夷禀"，以如下面貌反映在清代文献中：

  本国地处极北，若遇此时风汛，遂致阻滞一年，叩求早赐红牌，被关开行。如开行之后奉到大皇帝谕旨，交英吉利国留粤大班代寄回国，钦遵办理。②

此信经茂官代递六天后，仍无音讯。坐卧不安的噜咙吨又去找哆啉哎，要求再次邀集众商，力促早日放关开行。这一次，总商也被拉出场了。会上议定，次日由潘启官率同众商前往叩求海关监督。几天之后，"阿克当阿亲至黄埔，传该夷商面为开导，唯有叩求早令归国，情形甚露焦急"③，据噜咙吨记述，当时海关监督确曾由咻嚌唎陪同登上俄船巡视一番，并于两天后发给"红牌"即出港执照，正式准予放行。这个"先斩后奏"的决定，据说是两广总督吴熊光、广东巡抚孙玉庭和海关监督阿克当阿"彼此筹商"的结果。他们还自以为处事得体，振振有词："因思抚恤外夷，自应示之以信，既经准其卸货，似又未便久阻归期，致失怀柔远人之意。"④ 身负海疆重寄的这批封建官僚，其昏聩疲玩已至于此，

---

① 克鲁逊什特恩前揭书，第255页。
② 《清代外交史料》（嘉庆朝），第1册，第47—48页。
③ 《清代外交史料》（嘉庆朝），第1册，第47—48页。
④ 《清代外交史料》（嘉庆朝），第1册，第47—48页。

难怪他们对商、"夷"的暗中活动毫无觉察,更谈不上去识破俄船来粤究竟居心何在了。

六、北京俄罗斯馆与俄船事件的关系

俄船事件还有一个不可忽略的方面,这就是北京俄罗斯馆在当时中俄交涉中所起的作用。据嘉庆十年十二月二十七日吴熊光等奏称:

> 所有起卸货物清单,并该夷商原禀及译出夷禀,一并恭呈御览,请旨饬交俄罗斯馆译汉,其情节是否相符,自可得实。

据此,可知当时在北京承翻这批文件的是俄罗斯馆而不是俄罗斯文馆。这就引出两个值得讨论的问题:第一,为什么俄罗斯文馆没有承担"译汉"的任务?第二,俄罗斯馆又是谁当"通事"?下面略证史料;试作说明。

按俄罗斯文馆创于乾隆二十二年(1757),又称"内阁俄罗斯学",馆址在东华门外北池街西。①《朔方备乘》卷一三"俄罗斯学考"曾略记其学生来源和创设宗旨如下:

> 内阁衙门别设八旗学生专习俄罗斯文字,以备翻译,亦谓之俄罗斯学。

入学名额24人,学制5年。王嘉庆八年(1803),还订出一套考核任用制度:

> 考试俄罗斯学生等第作为。五年一次,考列头等者作为八品官,考列二等者作为九品官,考到三等者着交该学善加教诲;由八品官复行考列头等者作为七品官,由七品官考列头等者作为主事,分部学习行走,遇缺即补。

---

① 《新增都门纪略》卷一,第8页。

这样苦心经营,究竟成效如何呢?请看道光四年(1824)大学士托津的奏折:

> 俄罗斯学官生诵习俄罗斯文字,乾隆二十九年以前,有在京学习满文俄罗斯协同教授,迨后仅用本学人员。迄今日久,俄罗斯来文颇有支离,承翻事件,无从查考。请仍于驻京学习满文俄罗斯内挑取一名,协同教授,以资校正。①

很清楚,"内阁俄罗斯学"徒有学校之名,而无育材之实。创办半个多世纪,该学人员依然没有独立翻译能力,不得不到俄罗斯馆借调俄国驻北京布道团人员来"协同教授,以资校正"。道光初年尚且如此,嘉庆年间又怎么能够"承翻事件"呢!

说到这里,可以进而讨论第二个问题了。俄罗斯馆的前身是会同馆,自雍正七年(1729)起,正式拨作俄国东正教北京布道团的驻地,即所谓"南馆"。该团的随班学生非神职人员,是奉命"驻京学习满文俄罗斯",常充当"通事学生",承翻理藩院公文。查嘉庆十年正月间,军机处破获天主教士德天赐私寄的路程图样,曾交由"在京学书之俄罗斯人四贴班、伊完译出图内上方西洋字"②,这两个人均为俄国布道团第八班(1794—1807)随班学生,"四贴班"即斯捷班·里波夫佐夫(1770—1841),"伊完"即伊凡·马莱晓夫(1770—1806)。如前所述,有关俄船事件的文书(俄文和英文的"夷禀"及舱单),既拟交"俄罗斯馆译汉",则照例当由他们承翻,八旗官生是无法胜任的。查对俄方公布的档案材料,知1806年死于北京的"伊完"与此无涉,"译汉"之事全归"四贴班"独揽。此人1819年当选俄国科学院东方文史学部通讯院士,并在彼得堡出版俄译本《理藩院则例》两卷(1828)。他的遗稿中保存着理藩院致枢密院咨文抄件,就是这名当年的"通事学生"插手过俄船事件的证明。③

在清廷紧锣密鼓处理俄船事件之际,俄罗斯文馆不能译"俄罗斯文

---

① 《清宣宗实录》卷七四,第20页。
② 《清代外交史料》(嘉庆朝),第1册,第20页。
③ 斯卡奇科夫:《俄国汉学史纲》,莫斯科,1977年俄文版,第406—407页。

字",反而去俄罗斯馆找俄罗斯人,岂不是咄咄怪事!这种叫"夷人"办"夷务"的不祥征兆,正如粤海关大摇大摆的"抚夷"蠢举一样,早在鸦片战争前三分之一世纪,就预示着清朝封建外交的悲后结局已经日益逼近了。

七、交涉日志

俄船来广贸易事件,从嘉庆十年(1805)九月三十日"希望"号湾泊澳门起,到十一年(1806)正月二十日发布最后一份"上谕"止,历时三个月又二十天。按交涉程序,可分为验卸(九月三十日至十一月二十五日)、放关(十一月二十五日至十二月二十一日)和结案(十二月二十一日至十一年正月二十日)三个阶段,"放关"阶段构成事件的高潮。

这份日志的资料来源,除嘉庆"上谕"和延丰、吴熊光奏折外,主要采自噜哑吨和咪嘈咐两位船长的航海实录及谢梅林致俄美公司总经理处的商务报告。志事以农历为纲,并附公历(括号内第一项)和俄历(括号内第二项)日期,以资参证。

嘉庆十年(1805)
九月三十日(11,20—11,8)
当晚七时,噜哑吨船即"希望"号驶抵澳门洋面。
十月初一日(11,21—11,9)
下午二时,"希望"号入潭仔寄碇。
十月初二日(11,22—11,10)
当天早晨,噜哑吨亲往澳门同知衙门以"巡船"之名报验。
十月初八日(11,28—11,16)
粤海关监督延丰接阅澳门税口委员关于噜哑吨巡船一只来至澳门的报告。
十月十三日(12,3—11,21)
咪嘈咐船即"涅瓦"号湾泊澳门。
十月十五日(2,5—11,23)
"涅瓦"号离澳门开往黄埔,噜哑吨等同行。"希望"号暂泊潭仔。
十月十七日(12,7—11,25)

粤海关监督接阅澳门税口委员关于咏嚫咐船载有皮货、银子来广贸易的报告。

十月十八（12，8—11，26）
凌晨二时，"涅瓦"号抵黄埔。

十月十九日（12，9—11，27）
噜哑吨乘板艇入广州，宿于英商比尔的"夷馆"，筹划觅保卸货事宜。

十月二十一日（12，11—11，29）
俄美公司"希望"号商务代表谢梅林在黄埔接到噜哑吨通知，携带舱单即晚赶到广州。

十月二十四日（12，14—12，2）
西成行以"保商"身份派驳船到黄埔运载皮货。

十月二十七日（12，17—12，5）
俄美公司"涅瓦"号商务代表柯罗比金到广州，与谢梅林协同起货上行（西成行库房），当晚十一时卸毕。

十月二十八日（12，18—12，6）
上午10时，粤海关监督延丰到黄埔视察"涅瓦"号。

十月二十九日（12，19—12，7）
延丰奏俄罗斯船只来广贸易，请旨办理。

十一月初二日（12，22—12，10）
俄船两船长联名向粤海关监督呈交"夷禀"，声明"希望"号是货船不是巡船，要求移泊黄埔。

十一月初五日（12，25—12，13）
新任粤海关监督阿克当阿批准"希望"号按货船征钞，入埔卸货。
同日，英商比尔向谢海林转达西成行关于货款必须半数购茶的成交条件。

十一月初七日（12，27—12，15）
俄英公司两船皮货按行商议定的条件成交。

十一月二十三日（1，11—12，30）
俄船加紧将回帆货物装舱。

十一月二十五日（1，14—1，2）
谢梅林托由广州返欧的丹麦商船带去一份致俄美公司总经理处的商务报告。

十二月初三日（1，22—1，10）
"保商"黎颜裕将暂缓开行的消息告知俄方。

十二月初六日（1，25—1，13）
英商、俄商和行商第一次会谈。

十二月初七日（1，26—1，14）
俄方另拟"夷禀"，托行商卢观恒转呈粤海关监督。

十二月初九日（1，28—1，10）
军机处寄谕两广总督吴熊光究询俄船来广贸易情形。
同日，理藩院就俄船事件向俄国枢密院发出咨文，责以违反旧章。

十二月十三日（2，1—1，20）
英商、俄商和行商第二次会谈。

十二月十四日（2，2—1，21）
总商潘有度（乾隆六十年任总商，道光元年卒）率十三行众商叩求粤海关监督给俄船发放"红牌"。

十二月十五日（2，3—1，22）
军机处寄谕两广总督吴熊光，着令俄船不许在广逗留。
同日，内阁奉上谕：原粤海关监督延丰交部议处，广东巡抚孙玉庭交部察议。

十二月十七日（2，5—1，24）
粤海关监督阿克当阿亲赴黄埔视察俄船。

十二月十八日（2，6—1，25）
两广总督吴熊光奏准俄船开行回国。

十二月十九日（2，7—1，26）
吴熊光下令放关，准俄船回航。

十二月二十一日（2，9—1，28）
"希望"号和"涅瓦"号自黄埔启碇，由南中国海经印度洋返欧洲。

十二月二十七日（2，15—2，3）
吴熊光等奏俄船来广贸易情形，并自请交部议处。
同日，又奏嗣后俄船来广，自应禁其贸易，以符旧制。

嘉庆十一年（1806）

正月初四日（2，21—2，9）
军机处奏传询原粤海关监督延丰擅准俄船卸货情形。

正月初九日（2，26—2，14）

军机处守谕两广总督吴熊光等：再有俄船来广，严行饬驳，不得擅予互市。

正月二十日（3，9—2，25）

内阁奉上谕：延丰革职，吴熊光、孙玉庭、阿克当阿交部议处

同日，理藩院就俄船事件向俄国枢密院发出第二份咨文，重申应守旧章。如再来广贸易，则将恰克图闭市，以示制裁。

八、结语

俄美公司"希望"号和"涅瓦"号来粤"试做买卖"，是沙皇政府"打开广州市场"的一次有组织的试探活动。这个蓄谋已久的扩张步骤，起码可以追溯到1725年（雍正三年）。当时，奉派来华的沙俄特命全权大臣萨瓦，已经获得如下训令："应调查广州城，因为在中国所有的城市中，它尤其是俄罗斯最便于进行贸易的一个城市。"①

显然，以广州为目标向中国东南沿海伸张势力的企图，并非彼得一世（1682—1725）晚年即兴的狂想，而是与18世纪沙俄从一个内陆国家变成濒海帝国的过程相联系的，是由它的政策从地域性蚕食体制向世界性侵略体制的转变所决定的。②

俄船来粤之年，正是硝烟滚滚的拿破仑战争时代，下距俄法同盟的成立（1807年7月7日提尔西特和约），还不到两年。业已陷入"战争与和平"的困惑中的沙皇政府，仍念念不忘派船取道广州进行环球航行，这说明它争霸世界的计划尽管以欧洲为重点，但向东扩张的部署是时刻没有忽略的。

1805—1806年的俄英关系，为来粤造成一种有利的情势：沙皇政府尚未加入"大陆体系"，当时它和英国都是欧洲第三次反法同盟的盟友，加以俄船船长又与"留粤大班"颇有私谊，因此，俄美公司才能够借助英国东印度公司在广州的商业信用，一再对"十三行"众商施加影响，并在英商直接"导引"之下，顺利地穿过那条从"验卸"到"放关"的

---

① 加斯东·加恩著：《彼得大帝时期的俄中关系史》，商务印书馆1980年版，第335页。

② 马克思：《十八世纪外交史内幕》，人民出版社1979年版，第80页。

迷津。

在俄、英两大殖民公司的联合行动面前，古色古香的"十三行"处于任人摆布的地位。广州行商的软弱性，植根于自身的封建性之中，它的没落是不可避免的。很清楚，"公行制度的衰落所真正指明的是，在'国内'工业和资本积累都处于低级状态的中国经济水平，同一般所谓'工业革命'这个时代中急速发展着的英国经济水平之间的悬殊"。① 经过鸦片战争之后，广州的行商制度便走完了由衰而亡的苦难历程，终于在《中英南京条约》第五款中以明文废除了。

清政府坚持"旧章"的强硬态度，使沙俄在广州口岸遭到一次公开的遏制。这当然不能消除它的扩张企图，但却迫使它改变了活动的方式，即由派俄国船只变成"托外国船只带货到广贸易"（《海国图志》卷八三，《夷情备采》下）。1812 年（嘉庆十七年）5 月 2 日，俄美公司与美洲毛皮公司（纽约富商艾斯特 1808 年创建）在彼得堡签订贸易协定，其中第五项规定，后者每次来粤船只均有义务携带俄国皮货，由其代理人在广州抛售并代购回帆商品。② 随着这种所谓"影射贸易"（《筹办夷务始末》，道光二十八年八月辛酉）的出现，没有俄国船的俄国货继续涌入中国南方市场。从此之后，沙俄与清代广州口岸的关系，便进入一个微妙的"明禁暗通"的新时期。

---

① 格林堡：《鸦片战争前中英通商史》，商务印书馆 1961 年版，第 65 页。
② 《俄国与美国关系的形成：1765 年至 815 年》（文件集），莫斯科，1980 年俄文版，第 519 页。

清代广州的荷兰馆

17世纪的开端，也是中荷关系的开端。公元1601年即明朝万历二十九年冬季，范·纳克（Jvan Neck），率领的荷兰船队来粤要求通商，虽未能一举成功，却从此在岭南留下了"红毛夷"之名。[①] 1602年，荷兰东印度公司（VOC）正式创建，从国会取得在好望角以东至麦哲伦海峡一带的贸易专利权后，"红毛船"日益频繁地出现于南中国海。因此，清初的广州人，对来自荷兰的海舶和洋商并不陌生。著名诗人屈大均（1630—1696）在五言长歌《镇海楼》中写道："海口控虎门，诸蛮多梯航。红毛知荷兰，黑齿惟越裳。"[②] 他还亲身登临过荷兰舶，目验种种"红毛"风尚，给后人留下了如下的直观记录：

> 贺兰舶亦尝至广州，予得登焉。舶腹凡数重，缒之而下。有甜水井、菜畦。水柜水垢浊，以沙矾滤之复清。悬釜而饮。张锦绷白毡而卧，名曰软床。人各以柔韦韬手，食则脱之。食皆以苏合油煎烙，馒头牛臑，皆度色如金黄乃食。其刀可屈信如蛟蛇，左右盘拏，类古之鱼肠剑。然时鼓弄铜琴铜弦，拍手韡肩，对舞以娱客，似有礼者。[③]

在屈氏笔下，清初荷兰舶商的饮食、起居和礼节，可说已经画出一个轮廓了。

在清朝的"夷务"管理体制中，荷兰属于"粤道贡国"之一，难免要与广州结下不解之缘。顺治十二年（1655），荷印总督派遣的第一个使团经广州赴北京，未能达到直接通商的预期目的，只取得微小的进展："着八年一次来朝，员役不过百人，止令二十人到京。所携货物，在馆交易，不得于广东海上私自货卖。"康熙二十四年（1685），粤海设关，经

---

① 张维华：《明史欧洲四国传注释》，上海古籍出版社1982年版，第90—91页。
② 欧初、王贵忱主编：《屈大均全集》，第一卷，人民文学出版社1996年版，第38页。
③ 屈大均：《广东新语》卷一八，中华书局1985年版，第482页。

清廷议准:"荷兰国进贡之期,原定八年一次,今该国王感被皇仁,更请定期,应五年一次。"(梁廷枏:《粤道贡国说》卷三)只是缩短了"贡期",并未建立起经常性的通商关系。"直到1727年(雍正五年),荷兰人才得准在广州设立一个商馆。"① 从而使荷兰东印度公司的对华贸易,进入新的发展时期:"由17世纪至18世纪初叶,荷兰东印度公司主要以巴达维亚为基地来经营欧、亚间的华茶贸易。到了1728年12月5日,该公司更自本国直接派船前往广州购买茶叶及其他货物。船中载银三十万盾,交易完毕,于1730年7月13日返抵荷兰,运回茶叶、丝绸及瓷器等物,获得净利为投资的一倍有余。自1731年至1735年,又有十一艘荷船往广州贸易。自1739年(乾隆四年)开始,华茶成为荷船自东方运返欧洲的价值最大的商品。"②

清代广州的荷兰馆,是专门贩运茶、丝、瓷等外销货的商馆,并不像北京俄罗斯馆那样兼备传教和学艺的职能。③ 在广州的洋场中,荷兰馆又名"集义行"(the Hong of Justice),其经商宗旨是十分明显的。④ 不过,作为清代前期荷兰驻华的唯一机构,它在外交事务和文化交流中仍不能不有所介入,并起着独特的作用。本文即以此为重点,将清代史籍尤其是诗文中的记述略加梳理,希望能够拓展视野,更加全面地认识荷兰馆在中荷关系中的地位。

一、清代诗文中的荷兰馆

"荷兰"一名,在明清时代有各种异译:贺兰、和兰、阿兰陀、尼特兰,等等。(杜宗预:《瀛寰译音异名记》卷三)至乾隆五十九年(1794),奉旨"嗹咭国改写荷兰国"(《粤道贡国说》),这个译名的书写才规范化了。

乾嘉之际的诗人乐钧,江西临川举人,游粤期间创作组诗《岭南乐府》,内有《十三行》专章,记"荷兰"事如下:

---

① 包乐史著,庄国土、程绍刚译:《中荷交往史》,阿姆斯特丹,路口店出版社,第10页。
② 全汉升:《略论新航路发现后的中国海外贸易》,《中国海洋发展史论文集》第5辑,台北,中研院中山人文社会科学研究所1993年版,第12页。
③ 参见拙著:《俄罗斯馆纪事》,广东人民出版社1994年版,第18—19页。
④ C. J. A. Jörg, porcelain and the Dutch China Trade, Hague, 1982. p54

> 粤东十三家洋行,家家金珠论斗量。
> 楼阑粉白旗竿长,楼窗悬镜望重洋。
> 荷兰吕宋英吉利,其人深目而高鼻。
> 织皮卉服竞珍异,海上每岁占风至。①

十三家洋行又称"十三夷馆",位于广州城西,面临珠江,并排而立。所谓"楼阑粉白旗竿长",即馆前各树一帜,标明国籍。与英吉利馆毗邻的荷兰馆,树"红白蓝"三色旗。馆址属义丰行蔡昭复所有,每年租银约六百两。乾隆四十八年(1783),这位号称"昭官"的行商以欠饷之故,变卖产权抵债,② 荷兰馆换了业主,但仍保有承租权,直到道光二年(1822)洋行区毁于大火为止。

荷兰馆作为广州"舶市"的一家老字号,早在乾隆年间已为人所熟知,并被文人骚客形诸吟咏了。曾任广东始兴、海阳知县的湖南湘潭人张九钺,于乾隆三十五年(1770)作《番行篇》以荷兰馆为中心,详记当年广州的洋人洋事,是一首罕为人知的长歌,计七言七十八句。③ 末段感时伤事,新意无多,不必赘引。仅将实质性的描述录后,并就理解所及,附加一些释证,以供参考。

> 广州舶市十三行,雁翅排成蜂缀房。
> 珠海珠江前浩淼,锦帆锦缆日翱翔。
> 蜃衔珊树移瑶岛,鲛织冰绡画白洋。
> 别起危楼濠镜仿,别营奥室贾胡藏。
> 危楼奥市多殊式,瑰卉奇葩非一色。
> 鞔鞠丹穿箔对圆,琉璃绿嵌窗斜勒。
> 莎罗彩纛天中袤,碧玉阑干云外直。

---

① 张应昌编:《清诗铎》(下),中华书局1983年版,第923页。
② 梁嘉彬:《广东十三行考》,商务印书馆1937年版,第365页。
③ 张九钺:《紫岘山人诗集》卷一一。清代广州外销的洋画和瓷画,有多幅可用来作《番行篇》的图解,见香港市政局编印《珠江风貌》,1996年版,第149—183页。

在"舶市"的景观中,绿色是其特色,"琉璃绿嵌"和"碧玉阑干"均为写实文字。可供参证的诗文,还有三例:(一)袁枚《留别香亭》六首之三:"教依远上五羊城,海寺花四次第经。沙面笙歌喧昼夜,洋楼金碧耀丹青。"(二)沈慕琴《登西洋鬼子楼》:"危楼杰阁高切云,蛎墙粉白横雕甍。钩栏高下涂净绿,铜枢衔门屈戌平。"(三)李斗《扬州画舫录》卷一二:"盖西洋人好碧,广州十三行有碧堂。其制皆以连房广厦、蔽日透月为工。"

  迎来舶主不知名,译得舌人是何国。
  何国虬髯雕䏝儿,金衣借问欲骄谁。
  平价能谙吴越语,留宾也识汉唐仪。
  银钱铸肖番王面,玻镜装分花女姿。
  绕槛纨牛和露犬,委阶琐袱与驼尼。
  驼尼琐袱焉足数,笃耨奇南随意取。
  莲花钟测日东西,百宝表悬针子午。
  乱掷扮中苏合膏,倒倾黄紫蒲萄乳。
  水乐教成小凤凰,风琴弹出红鹦鹉。
  别有姎徒连臂跃,吉贝缠身胯缚窄。
  怀中短剑大西洋,袖里机枪法兰锡。
  黑水龙奴荷铳嬉,红毛鬼子蟠刀拭。

在这段有关"舶主"的记述中,"何国"与"红毛"均指荷兰。其中古典与今事一并入诗,如苏合、笃耨等均属唐宋时代的南海香药,并非清初进口的西洋货。所谓"委阶琐袱与驻尼",则是当年大量输入的荷兰毛绒,可与张煜南《海国竹枝词》互证。该词"荷兰编"第十六首及原注如下:"织成毛布素精良,染色黝然作宝光。装载估船来岭海,发售人在十三行(国中所织毛布贩运极旺,粤中销售尤多)。"此外莲花钟、百宝表和玻镜、风琴,等等,均为番行奥室特有的新奇陈设,难怪张九钺要郑重其事地如数家珍了。

  红毛鬼子黄埔到,纳料开舱争走告。
  蜈蚣锐艇桨横飞,婆兰巨梱山笼罩。

相呼相唤各不闻，或喜或嗔讵能料！
舶商色喜洋商快，合乐张筵瓶碗赛。
何船火齐木难多，何地驼鸡佛鹿怪。
散入民廛旅贾招，居中驵侩公行大。
公行阳奉私饱囊，内外操赢智相若。
湖丝粤缎采离披，瓯茶饶瓷光错落。
顷刻珠玑走大官，待时深玩筹奇作。

　　红毛船抵黄埔港后，如何纳料、卸货、成交，以及在公行保商（驵侩）操持下采购回航商品，几乎都点滴不漏地入诗了。
　　《番行篇》关于舶市、舶主和舶商的描述，较同时代的官方文书留下了更具体的荷兰馆情事，是弥足珍贵的。但限于古典诗歌的句式和格律，其记述的详确性仍略逊于笔记体的散文。下面转录的山东嘉祥举人曾七如的《南中行旅记》，①是乾隆四十七年（1782）五月十三日直接采访所得，堪称有清一代关于广州荷兰馆的权威报道：

　　　　出归德门（按：归德门是明洪武七年扩建广州城垣新开八门之一，遗址在今解放南路与大德路交界处，"归德"门石额今存），同许姓能通使者看十三行。屋临水，粉垣军栏，八角六角，或为方，或为圆，或为螺形，不可思议。前则平地如坡，门仿闉式，开于旁侧，白色雕镂，金碧焜煌，多缦缋。门有番奴，目深碧闪闪，卷曲毛发，类背鼻骒，持佛郎机，为逻守。衣多罗辟支，悬霜刃，烛人毫芒。非问途已经者，不敢入。其户重以绣帘，窗棂悉用滨铁为之，既壮观，且可守御。内嵌琉璃大瓦。当屡满时，皆铿锵作应山谷响。地铺洋氍毹，猩红如渑渑波，几不能履，恐袜生尘也。几为月形，或半圭，层层凿蓉攒花。其白面碧瞳者为大贾，冠以黑绒三叉，望类毗庐笠。衣青尼，束身大金纽，累累贯珠。鞭用杂色纬，通体皆缚扎，无懈处，革履，操赤藤，人谓其藤中藏芒刃云。通使言：赤藤者最贵。导以意作免胄礼，叙宾主次，余答以揖。进金盒烟，嗅之辛香不可耐。渠则

---

① 曾七如：《小豆棚》卷一六。其中有关荷兰人装束的描写，可与《皇清职贡图》卷一"荷兰国夷人"条参证。

盈掬充两窊间翕翕不作一噘。顷设馔，器质亦豫章窑，但金碧满绘，五彩相煊，与时用者异。每器可容十升，盛难匹，悉刲其头爪，囵囫以具，不肯切，用铁牙叉为箸。食用麦，杂以茴胡麻煤块肉。酒具用白玻璃，晶莹彻内外，口盎而中直。酒芳冽，余尽三器，渠喷喷喜，作指环抵唇者三，通使告余："羡君能豪。"继乃散步栏廊，穷观奇异。有乐钟，至时则诸音并奏，声节无讹，刻时不爽。有千里镜，可以登高望远，二三里能鉴人眉目，又有显微、多宝，小自鸣表持之耳畔，如橐虫之啄木。又有《海洋全图》、贝多罗花、丁香藤、相思鸟、五色鹦鹉、倒挂禽、獴兽、短狗之类。檐间悬水晶灯，璎珞露垂，风来则珠霰摇空，铮铮相击撞，贮火可五十盏。余往来珠江，夜深则遥见之。辛丑（1781），都中亦见比。门有悬旗，色用朱红布地作叉股者，是贺兰贾也。

馆内的陈设，一派异国情调。奇器、宠物名目繁多，确实令人大开眼界。其中某些西洋名产，本文第三节将立项讨论，此处暂略。应特别指出的是，所谓"大贾"，实即荷兰馆大班（supercargo）。据荷方档案，1782年即乾隆四十七年担任大班职务的是海里很多普（C. Heijligendorp），[①]那么，在馆内宴请曾七如并赞赏他善于豪饮的那个"白面碧瞳者"，既然"最贵"，想必就是此人了。

广州荷兰馆的历任大班，其名声远不及英国留粤大班那样显赫。但也有一位因参与对华外交事务而名垂史册，其人其事，独具一格，是应当专节记述的。

二、范罢览与中荷关系

在清代文献中，广州荷兰馆大班有名可考者，犹如凤毛麟角。只有乾隆五十六年（1791）至乾隆五十九年连任大班的范罢览，因其事功和著述，而在中荷关系中占据突出的地位。

范罢览（A. E. van Braam Houckgeest, 1739—1801），1739年11月1日生于荷兰乌特勒支省。1759年为荷兰海军候补生员，随东印度公司货

---

① C. J. Aörg, *Porcelain and the Dutch China Trade*, Hague, 1982. p204.

船到澳门和广州经商八年,后返荷兰经营田庄,过乡绅生活直到1773年。1774年入美国籍,成为一名双重国籍的海商。其后,又重返东方,滞留马六甲和巴达维亚,1790年(乾隆五十五年)7月8日抵达广州,任职于荷兰馆。①

按个人气质而言,范罢览具有开拓型的品格:"其人大有趣味,活泼、谨慎、多智。善于应变,颇浮夸而自诩,但度量广大,而渴求新知。"②

范罢览在大班任期内最重大的业绩,就是策划并参与荷兰派往清廷的使团。该团紧接1793年英国马戛尔尼使团之后,受到乾隆皇帝的同等礼遇,成为18世纪末中西关系的另一件大事。

范罢览是一个善于抓住机遇的精明"红毛",当他从马戛尔尼使团获悉北京将有庆祝乾隆登位六十年的盛典,即向巴达维亚的荷印总督建议派遣致贺专使。此议被采纳,一个以德胜(又译"得胜"或"余悚第生",即 Issac Titsingh,1745—1812)为正使、范罢览为副使的荷兰使团便组建起来了。该团的出使行程,要点如下:

1794年8月15日　乘"暹罗"号自巴达维亚起航,经澳门来广州。
　　　10月13日　两广总督长麟在海幢寺接见使团,验看国书。
　　　11月22日　使团一行27人自广州乘船赴北京。
1795年1月9日　使团抵京。
　　　1月12日　谒见乾隆皇帝,行三跪九叩头礼,出席紫光阁御宴。
　　　1月31日　瞻仰万寿山。
　　　2月8日　在圆明园向乾隆皇帝辞行,接受"特颁敕谕"。
　　　5月9日　荷兰使团返抵广州。

关于两广总督长麟与荷兰使团在海幢寺会晤的情景,王文浩《韵山堂诗集》卷一《长牧庵制府带同荷兰国贡使诣海幢寺接诏恭纪八首》有

---

① J. J. L. Duyvendak, The Last Dutch Embassy to the Chinese Court (1794—1795), *T'oung Pao*, Vol. XXXⅣ, Livr. p. 1 – 2, 5 – 7.
② C. R. 博克塞:《十八世纪荷兰使节来华记》,见朱杰勤译:《中外关系史译丛》,海洋出版社1984年版,第265页。

详细记述,可补清代文献之缺。

德胜使团的外交活动,是按清廷"朝贡"体制进行的。他们携带的致贺礼品,以西洋奇器为主,也包括若干南海名产:

> 贡使至京,恭进:万年如意八音乐钟一对,时刻极喜各式金表四对,镶嵌金小盒一对,镶嵌带板四对,珊瑚珠一百八颗、琥珀珠一百八颗,千里镜二枝,风枪一对,金银线三十斤,琥珀四十斤,各式花毡十版,各式羽缎十版,各式大呢十版,西洋布十匹,地毯二张,大玻璃镜一对,花玻璃壁镜一对,玻璃挂灯四对,燕窝一百斤,檀香五百斤,豆蔻一百斤,丁香二百五十斤,檀香油三十瓶,丁香油三十瓶。(《粤道贡国说》)

清廷的回赠礼品,分"照赏"(按康熙赏例)和"加赏"两类,详见乾隆五十九年十二月初一日、二十七日的军机处奏片。[①] 范罢览以"副使大班"的身份,在万寿山和圆明园均受"加赏"。

荷兰使团的北京之行,未能在通商方面取得预期进展。清廷仍将致贺当作"慕化",居高临下,给荷兰国王颁发如下的敕谕(乾隆六十年正月):

> 兹值天朝六十年国庆,公班衙(荷兰东印度公司)等因道远不及禀知尔国王,即代为修职来庭,则感被声教之诚,即与尔国王无异。是以一律优待,示朕眷怀。所有赍到表贡之来使,小心知礼,已令大臣带领瞻觐,赐予筵宴,并于禁苑诸名胜处,悉令游览,使其叨兹荣宠,共乐太平。除使臣恩赍叠加,及各官通事兵役人等正赏加赏各物件另单饬知外,兹因尔使臣归国,特颁敕谕,赐赉尔王文绮珍物如前仪,加赐彩缎罗绮文玩器具诸珍,另有清单。王其祇受,益笃忠贞,保乂尔邦,永副朕眷。钦哉!特敕。[②]

"小心知礼"四字,对居留中国13年之久的范罢览来说,并非过誉

---

① 故宫博物院:《文献丛编》第5辑,荷兰国交聘案。
② 故宫博物院:《文献丛编》第5辑,荷兰国交聘案。

之辞。同时，这个考语包含着与傲慢的马戛尔尼使团的比较，也是隐约可见的。

荷兰使团的活动结束后，范罢览便卸除在广州荷兰馆的大班职务，于1795年12月3日乘"路易莎夫人"号赴美，定居费城，边经营园艺，边致力撰述一部用法文书写的出使实录。此书名为《1794至1795年荷兰东印度公司使节谒见中国皇帝纪实》，1797年在费城出版。范罢览将这部记述北京之行的巨著奉献给乔治·华盛顿，借以表达一名美籍荷裔对美国总统的敬意。1798年，范罢览离美赴英。1800年移居德国一年，便返回祖国安度晚年，1801年7月8日在阿姆斯特丹逝世。①

在18世纪的中西关系史上，范罢览的著作与斯当东的《英使谒见乾隆纪实》②，堪称使华外交实录的双璧。他们站在西方立场上，根据直接观察，揭示乾隆时代大清帝国的虚弱，异曲同工地对"天朝"盛世发出了危言。

现代法国学者佩雷菲特，曾对英、荷两个使团的境遇加以比较，并指出范罢览的中国观念的转变：

> 两个使团，两次失败：第一个使团失败时保持了自己的尊严；第二个使团却遭到了羞辱。梵·布拉姆（即范罢览）在总结他的旅行时远比他在开始旅行时头脑清醒："这个民族有着一种完全与世隔绝的生活方式。他们可以放弃一切人为的需要，而我们如无法满足这些需要便会痛苦不堪。你认为中国人见到了每年来自欧洲的技术操作就会醒悟过来？这些珍品都被他们看成是多余的事。"③

范罢览是最后一次荷兰来华使团的副使，也是最后一任广州荷兰馆的大班。他的活动年代，正是荷兰东印度公司江河日下的年代。1795年，荷兰发生政变，联省执政威廉五世逃亡英国。1796年，荷兰东印度公司

---

① J. J. L. Duyvendak, The Last Dutch Embassy to the Chinese Court（1794—1795）, *T'oung Pao*, Vol 1—2, PP. 97—107.

② 斯当东著，叶笃义译：《英使谒见乾隆纪实》，香港三联书店1994年版。并可参看《中英通使二百周年学术讨论会论文集》，中国社会科学出版社1996年版。

③ 佩雷菲特著，王国卿、毛凤支等译：《停滞的帝国——两个世界的撞击》，三联书店1993年版，第564页。

改组，两年后整个"公班衙"便解散了。从发展趋势看，可说范罢览离开广州之日，也是荷兰馆终结之时。

三、荷兰馆与中西文化交流

清代广州的"舶市"，是异质文化的民族之间的经济交往，具有跨文化贸易的独特性质。荷兰馆作为一个著名的"红毛"商馆，在促进中西文化交流方面，虽不能说举足轻重，却也并非无所作为。

18世纪在欧洲风行一时的"中国热"，尽管是多渠道、多层次形成的，但广州荷兰馆曾经推波助澜，则是一个明显的事实。饮茶风尚的传播不必细说，仅就园林艺术的建构而言，也不难看出荷兰馆的中介作用。现代荷兰历史学家包乐史写道：

> 1760年，第一个庭园在荷兰建成，但这个所谓的"中、英园林"结合了中国和英国的园林传统，富有曲折的景色布局，令人目瞪口呆：有一座小桥，一个山洞，一座中国式庙宇，一座凉亭，一架吊桥，甚至还有一片哥特式建筑的废墟。荷兰最引人注目的这类中西合璧的园林无疑是巴伦（Baarn）的"中国园林"，这是1790年荷兰东印度公司商务官员斯赫伦堡（R. Schernberg）建造的。在这座现在已不复存在的园林里，在假山和池塘中有两座用红、紫、白等颜色油漆的中国式楼阁，分别被命名为北京阁和广州阁。这两座楼阁是在广州预先订制后，再用东印度公司的商船分散运到荷兰。①

至于广州荷兰馆如何将西洋物种引进中国，没有必要泛论门类繁多的"贡品"和商品，仅就其中可以确考者举出几件事，作为例证，聊备参考。

（一）时表

在乾隆时代，计时怀表是中国人极其罕见的西洋奇珍。难怪张九钺的诗称之为"百宝表"，前述曾七如在荷兰馆曾将"小自鸣表持之耳畔，如

---

① 包乐史著：《中荷交往史》，第102页。

蠧虫之啄木"，令人如闻其声。范罢览献给乾隆皇帝的礼品，内有"时刻报喜各式金表四对"，当属同类之物。乾隆末年四川举人张问安《夏日在广州戏作洋舶杂诗六首》之四云："机轮历落动天倪，彩佩缤纷绣带齐。比似红毛好官样，半圭花影佛兰西。"他还在句下加注说："洋表有红毛、佛兰西二种。红毛多度金壳，佛兰西多银壳。银壳以大扁为贵。"① 这类洋表，当时只有贵族之家享用。据《红楼梦》第四十五回，正是大观园里的贵公子贾宝玉，才有可能"回手向怀内掏出一个核桃大的金表来"。倘按"红毛多度金壳"一语来推断，则贾府怡红院里也有荷兰名牌货了。

（二）千里镜

千里镜即望远镜，是荷兰馆内一项重要的装备。这种西洋奇器，明末传入中国，清初文人对其构造和性能，已有具体记述。李渔在顺治十五年（1658）成书的《十二楼》中，那篇《夏宜楼》书生瞿佶与詹小姐的姻缘，即以望远镜为关目：

> 此镜用大小数管，粗细不一。细者纳于粗者之中，欲使其可放可收，随伸随缩。所谓千里镜者，即嵌于管之两头，取以视远，无远不到。"千里"二字虽属过称，未必果能由吴视越，坐秦观楚，然试千百里之内，便自不觉其诬。至于十数里之中，千百步之外，取以观人鉴物，不但不觉其远，较对面相视更觉分明。真可宝也。

访问过荷兰馆的人，对此宝物当然不会忽略，故乐钧诗云："楼窗悬镜望重洋"。曾七如也特叙一笔："有千里镜，可以登高望远，二三里能鉴人眉目。"

在乾嘉时代的广州，能使用千里镜并形诸吟咏者，只有富商显宦。十三行总商潘有度在《西洋杂咏》第十二首说得有声有色：

> 万顷琉璃玉宇宽，镜澄千里幻中看。
> 朦胧夜半炊烟起，可是人家住广寒？

---

① 张问安：《亥白诗草》卷三，光绪七年聚珍版。

他还加了一段自注:"千里镜,最大者阔一尺长一丈,傍有小镜看月,照见月光约大数丈,形如圆球,周身明彻,有鱼鳞光。内有黑影,似山河倒照,不能一目尽览,惟向月中东西南北分看。久视则热气射目。夜静,有人用大千里镜照见月中烟起,如炊烟。"①

另一位是两广总督阮元,他于嘉庆二十五年(1820)在广州作《望远镜中望月歌》,且述且叹,浮想联翩:

天球地球同一圆,风刚气紧成盘旋。
阴冰阳水割向背,惟仗日轮相近天。
别有一球名曰月,影借日光作盈阙。
广寒玉兔尽空谈,搔首问天此何物?
吾思此亦地球耳,暗者为山明者水。
舟楫应行大海中,人民亦在千山里。
昼夜当分十五日,我见月食彼日食。
若从月里望地球、也从明月金波色。
邹衍善谈且勿空,吾有五尺窥天筒。
能见月光深浅白,能见日光不射红。
见月不似寻常小,平处如波高处岛。
许多泡影生魄边,大珠小珠光皎皎。
月中人性当清灵,也看恒星同五星。
也有畴人好子弟,抽镜窥吾明月形。
相窥彼此不相见,同是团围光一片。
彼中镜子若更精,吴刚竟可窥吾面。
吾与吴刚隔两洲,海波尽处谁能舟?
羲和敲日照双月,分出大小玻璃球。
吾从四十万里外,多加明月三分秋。②

阮元借助"五尺窥天筒",抒发了一番"天问"式的感慨。在他的诗中,西洋物质文明激发出对中土月亮神话的新理解,"道"因而变,确耐

---

① 潘仪增:《番禺潘氏诗略》,光绪二十年刻本。
② 阮元:《研经室集》(下),北京,中华书局1993年版,第971—972页。

人寻味。"千里镜"不仅在视野上而且在精神上，已经把清代中国人带进新的境界了。诸如此类的"西学东渐"的渗透现象，具体而微，尚待做出更精确的分析。

（三）短狗

曾七如游荷兰馆时见到的"短狗"，即哈巴狗，是洋人的宠物。清凉道人《听雨轩笔记》也有记述：

> 予于广东十三行见洋犬数对，状如巨茄，与常犬初生者无异，色为黑、白、苍褐三种，摇尾点头，性甚驯扰，每对值番钱二三十。①

道光十四年（1834）初，广州街头曾贴出一份洋人寻洋狗的赏格，令人叹为观止：

> 本年正月初十日，瑞行与荷兰馆走失洋狗各一只，迄今未回。其一长耳长尾，胸前配有褐色星号，身呈"香墨"色。另一为小狗，耳尖剪短，其尾不长，全身呈杂棕白色。大狗名"罗弗"，小狗名"博普"。特此告知。如有"仁人君子"知其下落（或许它们是"迷路"了）而报知者，即赏花红银大者二大洋，小者一大洋。即使被盗去（难以相信之事！），如将其带回瑞行二号，仍将照付花红，不予追究。此贴是实，决不食言。②

以上的引证，难免有狗"短"话长之嫌，唯因事关中西文化及其价值观念的差异，即使小题大做，也未必毫无意义。试比较《全晋文》卷四六傅玄的《走狗赋》，就可略知一二了。

（四）荷兰豆

荷兰馆与荷兰豆的关系。也是一段值得回顾的佳话。

清朝嘉庆年间，广东阳春人刘世馨在其所著的《粤屑》卷一中写道：

---

① 黄佛颐编纂：《广州城坊志》卷五。并可参看拙作：《哈巴狗源流》。
② 亨特著，冯树铁译：《广州"番鬼"录》，广东人民出版社1993年版，第91—92页。

荷兰豆，本外洋种，粤中向无有也。乾隆五十年，番船携其豆仁至十三行，分与土人种之，九月重阳前后播种，苗高二三尺，叶翠，花白，正月时结豆，甘脆异常。初惟西关一老圃能得莳植之法，每年八月杪，以小提篮携豆种上街，人争买之。初出甚贵，今则遍岭海皆有之。余前乞养居家，辟园种半亩以资供养。作诗云："新种荷兰豆，传自外洋来。莳当重九节，买自十三行。采杂中原荍，燃添外国香。晨葩香莫匹，馨膳此初尝。"豆种自荷兰国来，故因以为名云。

关于荷兰豆在闽、粤、台的引进和传播情况，杨宝霖先生作过精详考证。① 这里仅就上引史文涉及的情节，据荷方资料略加补充，使问题进一步明朗化。查乾隆五十年（1785）抵粤荷船共四艘，其中直接来自阿姆斯特丹的两艘是 Voorschoten 号和 Pollux 号，携来豆仁的"番船"，当为其中之一。② 另外，本年驻广州荷兰馆的大班是金绥斯（P. Kintsius），此人自 1759 年（乾隆二十四年）起即在馆内供职，是广州洋场上一名老"红毛"，人地皆熟，可能就是他将豆仁"分与土人种之"。于是，"西关"便成了荷兰豆的"西来初地"了。

四、结语

十三"夷馆"与十三公行，是清代广州口岸的著名贸易伙伴。对中西关系史来说，两者都值得深入研究，而且只有结合起来研究才能深入。可惜，至今问津前一课题的，似乎寥寥无几。③ 对后者的研究，也尚未出现重大的进展。结果是，关于"夷馆"与公行的互动关系，若明若暗，是令人遗憾的。

---

① 杨宝霖：《自力斋文史农史论文选集》，广东高等教育出版社 1993 年版，第 313－316 页。

② C. J. A. Jörg, *Porcelain and the Dutch China Trade*, Hague, 1982. pp. 200，203—204.

③ 作者于数年前曾撰文《论清代瑞典纪事及广州瑞行商务》，载《中山大学学报》，1991 年第 2 期。此文英译本辑入 *The Golden Age of China Trade*, Viking Hongkong Publications, 1992. 第 90—104 页。近期的同类论著，还有查世杰：《马礼逊与广东十三夷馆》，见《近代中国与亚洲》（下），香港海珠书院亚洲研究中心印行，1995 年版，第 629—661 页。

清代中西文化交流,既通过教会的宗教性渠道,也通过"夷馆"的世俗性渠道,可说是双轨并进的。商馆非文馆,不言而喻,无须细议其文化功能。不过,华洋之间的贸易,毕竟是一种"跨文化"的贸易,因而,研究者固然应当"重商",但却不可以"轻文"。任何认识上的偏枯症,都不利于全面的观察。其实,在人类文明的总体上,经济领域与文化领域历来相通,并不存在不可逾越的鸿沟,怎么能够"画地为牢"呢?

　　关于广州荷兰馆的历史,本文从清代诗文中找出若干材料,在某些细节方面弥补了文献之缺。广东通海最早,岭南诗文对洋气、洋风的反映,自然较多。外省入粤的文人,也感受到"自过岭南诗一变,疑游岛国语全分"(魏源句),往往情不自禁地采用洋人洋事作题材。因此,他们的游粤诗文便储存着可供发掘的涉外史料。如果下功夫加以梳理,从字里行间摭拾遗闻逸事,当可增进对"夷馆"问题的了解。

王文诰荷兰国贡使纪事诗释证

1794—1795 年荷兰使团访问中国,是继英国马戛尔尼使团之后,中西关系的另一盛事。从近年研究状况看,英国来华使团的历史已经引起普遍关注,① 至于荷兰使团在中国的经历,则几乎被淡忘了,这是令人遗憾的。

在清朝的"夷务"管理体制中,荷兰也像英国一样,属于"粤道贡国"之列。荷兰使团上京之前,必须在广州接受督抚衙门的一系列外事安排,包括验表、宣诏、赐宴,等等。因此,研究荷兰之"贡",应当从广州口岸开始。可惜,这些礼节性的程序,在清代官方文书中难得其详。《东华录》和《清实录》固然略去这些细节,梁廷枏的《粤海关志》和《粤道贡国说》也同样缺乏此类记录。在这方面,幸好同时代的岭南诗留下吉光片羽,使我们有可能史失而求诸诗,正像礼失而求诸野一样,拾遗补阙,可从中了解乾隆末年两广总督长麟在广州海幢寺接见荷兰使团的具体情景,以及广东十三行行商所起的作用。

一、王文诰及其《韵山堂诗集》

王文诰,字纯生,号见大,浙江仁和人。乾隆五十七年(1792)游粤,对岭南风土及洋人洋事颇有吟咏。诗以典博为尚,结集于嘉庆三年(1798),称《韵山堂诗集》。至光绪十年(1830),始有浙江书局刻本,共七卷,存诗 605 首。② 据书首嘉庆三年自序云:

> 余不敏,赖先人绪余,稍识之无。壬子(乾隆五十七年,1792)

---

① 1996 年 5 月,中国社会科学出版社出版了《中英通使二百周年学术讨论会论文集》,辑入中、英、美、法和德国学者的论文 22 篇。1996 年 8 月,国际文化出版公司印行了中国第一历史档案馆编《英使马戛尔尼访华档案史料汇编》,共 605 页。

② 袁行云:《清人诗集叙录》(二),文化艺术出版社 1994 年版,第 1765 页。

游岭南，多有质直之语，然不自知何者为诗也。戊午（嘉庆三年，1798）冬，将他适，检箧中剩楮寓览，言怀者约居什七，题尚足征。缘癸丑（乾隆五十八年，1793）一帙旧于龙潭夫去，就甲寅（乾隆五十九年，1794）后作恕而存之，以韵山堂冠其编云。

该集卷一，有二题记荷兰使团在广州的经历，均为作者目击的实录，即《长牧庵制府带同荷兰国贡使诣海幢寺接诏恭纪》及《送王香雨观察赵藻庭刺史护送荷兰国贡使入都》。前一题为七言组诗，共八首，是本文释证的重点，特照录如后：

（一）皇威遐迩被攸同，尺咫钦瞻岭峤东。
沧海不扬波上紫，卿云常现日边红。
（二）航海梯山十万程，梅花南国报先春
年年望气黄云现，重译来朝贺圣人。
（三）荷兰贡舶虎门收，蠔镜声嚣水上楼。
琛献先传金叶表，领开还整翠云袭。
（四）龙象花宫涌海幢，桫椤贝树荫清江。
慈容遥仰天威在，一日光荣遍海邦。
（五）万斛琉璃挂彩门，氍毹市地映红幡。
今朝节府承明诏，乐奏钧天语带温。
（六）珊顶花翎线纬飘，蟒衣鹤补压群僚。
晓钟初动开仙仗，宛在金门候蚤朝。
（七）几年骥是涉飞沙，驰驿来京旨特嘉。
从此葵心依北阙，河山历历辨中华。
（八）玉萧金琯隔花听，花下开筵列绮屏。
大小臣工齐虎拜，炉烟浮动九龙亭。①

这八首"恭纪"体的诗，反映出乾隆末年一个士大夫的"夷务"观念。尽管以海邦入贡为基调，充溢"皇威"、"来朝"、"琛献"之类的言辞，把中外交往中的平行关系曲解为宗藩关系，但仍包含若干实质性的描

---

① 王文浩：《韵山堂诗集》卷一，光绪十四年浙江书局刊本。

述，可补清代文献之缺。下面据诗题和诗句，分疏出贡使、贡舶、贡表、接诏、赐宴和起程等项，参照中荷双方的记载，试作释证，以供研究中荷关系史和广州口岸史的参考。

二、"荷兰国贡使"德胜身世

荷兰使团来华，是由正使和副使率领的。副使范罢览（1739—1801）身兼广州荷兰馆大班，在清代官方文书中具衔"副使大班"，其人其事已另文记述，此处从略。

正使德胜，又译得胜，或余悚第生。原名伊萨·蒂特辛格（Isaac Titsingh，1745—1812），出身于阿姆斯特丹一个显贵家庭，属于中产阶级的上层。18世纪荷兰的许多行政要职，几乎都由这个社会阶层包揽。德胜自1766年（乾隆三十一年）起供职于东印度公司，常住巴达维亚。随后被委以重任，成为驻日本（出岛）的荷兰商馆大班。他于1779年和1784年，曾两度出使江户将军的幕府。由于荷印当局的器重，德胜又奉调到孟加拉，担任钦苏拉的荷兰馆大班达七年之久（1785—1792）。卸职后，改任巴达维亚总督府枢密顾问，成为荷兰东印度殖民机构的头面人物。①

作为一个有教养的荷兰商务官员，德胜对方兴未艾的东方学兴趣颇浓。他是加尔各答东方学会的创始会员，收藏过江户初期的文物和文献，包括藩主德川光国主持修撰的《大日本史》，并致力搜求耶稣会士编著的汉语拉丁语辞典。他还雇用过两名福建籍的中文书记。诸如此类的文化背景，说明德胜是一名资深的"东方通"，巴达维亚荷印当局派他充当访华使团的正使，是经过认真物色的，决非什么随意的选择。

18世纪末的荷兰殖民帝国，遭受法国大革命的冲击，已经江河日下。德胜访华前夜的巴达维亚，到处呈现衰败的景象。1793年4月路经此处的马戛尔尼使团，作过如下的披露：

在荷兰直接统治下的巴达维亚区，有将近五万户爪哇人定居，以

---

① C. R. Boxer, *Dutch Merchants and Mariners in Asia*, 1602—1795, London, 1988, Ⅷ, pp. 3—4。

平均每户六人计算，约共三十万本地人。巴达维亚城，包括郊区，约有八千户房子。中国人的住宅矮小拥挤。荷兰人的住宅宽敞、干净，建筑的确适于热带气候居住，门窗高而且大，大理石地板上经常洒水使其凉爽。但这些住宅大部分都空着无人住，这说明荷兰人在这块土地上已经日趋没落。除此而外，由于无货可装，或者由于无人驾驶，大批荷兰东印度公司船只在停泊处荒废没用。①

德胜出使北京之日，正是荷兰东印度公司濒临解体之时，所谓"重译来朝贺圣人"即叩贺"天朝大皇帝六十年大庆"，只不过是一个适时的借口，真正动机是为荷印公司谋求对华贸易的新权益。在德胜挽狂澜于既倒的努力失败之后，他告别巴达维亚，于1796年12月转抵伦敦闲居。随后又移居巴黎，与一批东方学家切磋有关中国、日本的学问。例如，首倡"扶桑即墨西哥说"的法国学者德经，就是他的密友。可惜，其手稿未公开出版。1812年（嘉庆十七年）2月9日，德胜在巴黎病逝，享年66岁。

三、"荷兰贡舶"和"船商咭时"

"荷兰贡舶虎门收，蠔镜声嚣水上楼。"诗句为押韵而倒装，其实是先经"蠔镜"（澳门）才驶入虎门的。在康乾时代，荷兰舶多次出入广州黄埔港，早已为人所熟知。著名诗人兼学者屈大均和赵翼都曾先后登临过荷兰舶，并写下直观的印象。屈大均的《广东新语》卷一八，记述"舶腹凡数重，缒之而下。有甜水井、菜畦。水柜水垢浊，以沙矾滤之复清。悬釜而饮。张锦绷白毡而卧，名曰软床。"赵翼于乾隆中期任广州知府，对"其帆尤异"津津乐道："红毛番舶，每一船有数十帆，更能使横风、逆风作顺风云。"（赵翼：《檐曝杂记》卷四）他在虎门曾"梯登试一观"，并赋长歌《番舶》，分门别类地写下自己的观感：（一）长度和容量："峨峨百丈船，横潮若山嶂。一载千婆兰（原注：番语三百斤为一婆兰），其巨不可量。"（二）船舱和装备："其舱分数层，一一横板档。辟窦列铣炮，皮阁实货藏。水柜百斛泉，米囷千石饷。入则缒而下，出则缒以上。"（三）导航和帆桅："柁师视罗经，芒芴辨厥响。张帆三桅

---

① 斯当东著，叶笃义译：《英使谒见乾隆纪实》，香港三联书店1994年版，第123页。

竿，卷舒出意创。颓若垂天云，足使红日障。瞬息千百里，凌虚快奔放。操舟不以力，役使罡风壮。"①

清代诗文关于来粤荷兰舶的记述，与年代相近的日本史料是一致的。德川幕府晚期画家林子平（1738—1793），在所绘《阿兰陀船之图》附有一段如下的图说：

> 船长十四丈余，幅三丈八尺，高三丈五尺。总柱长十四丈余，旗竿三丈余。帆数十八。石火矢三十六挺，烟出三丈余。人数百余人。②

当年德胜所乘的"荷兰贡舶"也属"红毛番舶"或"阿兰陀船"，形制大同小异。王文诰的《韵山堂诗集》卷三，收《洋舶》诗一首，内有句云："独樯牛头料河舶，其尤广者千婆兰。沥青石脑锢铁力，思劳瘦削磷磷攒。蛇膏淬钉制碱水，直犯磁石冲危滩。"又有句云："会噶罗巴走岭海，帆张四百翻洪澜。"按"噶罗巴"是马来语"椰子"的音译，指巴达维亚。可知王文诰所咏的洋舶，就是荷兰舶。据荷方记载，该舶名为"暹罗"号，1794年8月15日自巴达维亚启航，一月后抵虎门。这艘海舶原为荷兰西部城市代尔夫特商会所有，返航后改隶挪威。③

在清代官方文书中，荷兰贡舶"暹罗"号的船长，被称为"船商咭时"（梁廷枏：《粤道贡国说》卷三）。"咭时"一名，是船长盖斯（Gas）的广州话译音。该船放洋回国前，被豁免应纳船料及买带货物等税，经粤海关监督传谕"外洋行商人蔡世文、潘致祥等知悉"，时在乾隆六十年（1795）二月十三日。据正使德胜1796年3月20日致巴达维亚荷印当局函件，"暹罗"号共免税银8670两。④

"荷兰贡舶"的航行使命，与英国马戛尔尼使团的"狮子"号大异其趣。后者自始至终都是特使及其随员的乘舰，而"暹罗"号则只是营业性的"红毛番舶"，并没有运送正副使回航。范罢览于1795年12月3日

---

① 赵翼：《欧北集》（上），上海古籍出版社1997年版，第334页。
② C. R. Boxer, *Dutch Merchants and Mariners in Asia*, 1602—1795, Ⅶ, p69.
③ C. J. A. Jörg, *Porcelain and the Dutch China Trade*, Hague, 1982, p201.
④ J. J. L. Duyvendak, The Last Dutch Embassy to the Chinese Court (1794—1795), *T'oung Pao*, XXXⅣ, L1-2, pp93-94.

在广州乘"路易莎夫人"号赴美国，德胜于1796年3月25日在广州乘东印度商船"西伦舍斯特"号赴英国，各奔前程。① 贡舶与贡使分离，正使与副使分手，荷兰来华使团的结局如此分崩离析，这是寄望"从此葵心依北阙"的诗人王文诰所始料不及的。

四、"金叶表"译文中的人和地

王文诰称为"金叶表"的"贡表"，原是荷印当局在巴达维亚草拟的一份国书，即所谓"代缮表文"。中译本是一位华裔（据译音用字推断，应为福建人）的手笔，署名"噶喇吧土库内朱葛樵书"。全文如下：

> 和兰国王勃嶙氏，委吧国公勃沙里仁直唠，兼管牛屿暨公班衙等处地方事务，泥律帽禄、沃力丁、勃里稽年、时袂力等顿首顿首奉书：皇帝陛下以德临御，宜履四海之福；以仁恤众，将来无疆之寿。溯自圣祖仁皇帝以至于今，敝邑在粤东贸易，永承圣泽之广被，而远迩无不向化者也。来岁恭逢国寿，天下咸庆之期，万民乐德之秋，历稽开古以来，未有我皇上圣神建极之盛也。勃嶙属在逖陬，历受惠泽，敢不闻风而致敬焉。谨遣来使余悚第生，恭赴阙下，谨行朝贡，兼贺皇太子来年践祚，庆万国之咸宁，叶千龄之广运。来使倘礼法疏略，万乞包容。仍恳速赐旋棹，曷胜激切仰慕之至。伏惟圣慈垂鉴。谨奉表以闻。乾隆五十九年六月三十日，和兰七月廿六日。

荷兰"金叶表"并附一份"副启"，即《上两广总督大人书》，年月日及书写人与表文相同。照录如后：

> 和兰国王勃嶙氏，委吧国公勃沙里仁直唠，兼管牛屿暨公班衙等处地方事务：泥律帽禄、沃力丁、勃里稽年、时袂力等顿首拜书：总督大人阁下，溯自百余年来，敝邑具舟通商贵治，深蒙惠恤俯下，实仰荷圣泽之所远被，而外方莫不向化者也。来岁恭逢圣上在位六十年，天下恭庆国寿，当此天下升平、万国欣庆之秋，历稽前史，暨览

---

① C. R. Boxer, *Dutch Merchants and Mariners in Asia*, 1602—1795, Ⅸ. p29.

于今，未有若斯之盛也。勃嶙虽隔遐方，应为闻风而预向，兹谨差来使余悚第生职居奚黎力协理公班衙事务，又差治下广班和兰伴勿南侯屺为副使，同进发赴阙恭贺国寿，兼庆皇太子来年践阼。欣万国之咸宁，叶千龄之广运。敝使恐有礼数疏略，曲荷成全，导之礼法，无致获愆。所差之使倘有不虞，以副代之。敝舟到时，更恳垂照，曷胜感激之至。临楮神遄，统祈炳监，不宣。

上引的表和书，虽格式有别，但基调相同。其中涉及的人物、职称和地名，佶屈聱牙、晦涩难解。经荷兰著名汉学家戴闻达（1889—1954）逐一考释，始得其实。① 现按行文次序先后，摘要转述如下：

（一）"和兰国王勃嶙氏"，闽南方言将"威廉"一名读若"勃嶙"，指奥兰治亲王。

（二）"吧国公"，指巴达维亚商务总管。

（三）"牛屿"即好望角（Cape of Good Hope），是一个音义结合的译名。闽南方言"牛"字读音与 Good（好）相近。其余四个地名分别还原为：泥律帽禄（尼德堡）、沃力丁（奥尔廷）、勃里稽年（弗赖肯尼斯）、时袂力（西伯格）。

（四）"奚黎力"，正使德胜担任枢密顾问，在爪哇被尊称为 Edeleer，故有这个独特的译名。

（五）"广班和兰伴勿南侯屺"，是副使"范罢览"的另一译法："伴"（Van）"勿南"（Braam）"侯屺"（Houckgeest）。至于"广班和兰"，则指他当年的职务：广州荷兰馆大班。

（六）"敝舟"，指使团乘船"暹罗"号。

在荷兰来使的"表"和"书"中，一再提及"礼法"问题，这就是乾嘉之际中西关系中议论纷纷的"三跪九叩头礼"。究竟两广总督如何对荷兰使臣"导之礼法"，从而为上京铺平道路，下节将略作分解。

五、长麟与"海幢寺接诏"

接待荷兰使团的两广总督长麟，是乾隆晚年一位较有作为的海疆大

---

① Duyvendak, *The Last Dutch Embassy to the Chinese Court*, pp29-30.

吏。同时代人昭梿，称他"历抚两粤，以能吏名"，并对其家世、政绩和性格作过如下记述：

> 牧庵相国长麟，景祖翼皇帝裔也。成乙未进士，以部曹洊至督抚。性聪敏，历任封圻，以廉明称。任吴抚对，擒获强暴，禁止奢侈，尝私行市井间访察民隐，每就食于面馆，吴人传为美谈。
>
> 余曾与公直宿禁中，问其私行，余以节钺大员，小民皆所熟知，恐无济于实事。公曰："吴中风俗狙诈，故欲其知吾私行以警众也。"余服其言。
>
> 公赤皙，修髯伟貌，言语隽雅，坐谈竟日，使人忘倦，人亦乐与之交。然性好奢华，置私宅数千厦，毗连街巷。铁冶亭冢宰尝规之，公曰："吾久历外任，亦知置宅过多，但日后使此巷人知有长制府之名足矣。"亦善为拒谏也。（《啸亭杂录》续录卷三"牧庵相国"条）

这位聪敏、隽雅而又奢华的两广总督，履任不久就碰上荷兰人"贡"。他为荷兰使团安排的官方接待仪式，时间在乾隆五十九年九月二十日（1794年10月13日），当为上午，故王文浩有"今朝节府承明诏"和"晓钟初动开仙仗"之句。至于地点不在官署而在佛寺，则是循接待马戛尔尼使团的先例。对此，长麟曾面告德胜，说是按例不能在官署接待外宾，上年十二月马戛尔尼勋爵由北京归来，也是在同一地点会晤的。①为什么海幢寺会成为迎宾馆呢？

海幢寺位于广州珠江南岸，与华洋互市的十三行区隔江相望，是清代岭南名刹之一。据阮元《广东通志》云：

> 海幢寺，在河南，盖万松岭福场园地也。旧有千秋寺址，南汉所建，废为民居。僧光牟募于郭龙岳，稍加葺治，颜曰"海幢"。僧月、今无次第建佛殿、经阁、方丈。康熙十一年，平藩建天王殿，其山门则巡抚刘秉权所建也。有鹰爪兰，为郭园旧植，地改而兰仍茂，以亭盖之。有藏经阁，极伟丽。寺中龙象庄严甲诸刹。（黄佛颐：《广州城坊志》卷六）

---

① C. R. Boxer, *Dutch Merchants and Mariners in Asia*, 1602—1795, Ⅸ, pp. 14–15.

九月二十二日，即接见后的第三天，长麟就有关情况写成专折，向乾隆皇帝恭奏请旨：

> 臣等当即会令贡使得（德）胜进见。据该贡使先向北望阙行三跪九叩头礼，并跪称："国王威林华兰至那叟仰慕大皇帝仁德，倾心已久。因相距天朝甚远，每遇庆典，得信较迟。且系海外远夷，不谙天朝体制，是以未敢造次冒昧，国王原叫专主国事之呢德波等四人，在八打味地方就近探听，如遇天朝庆典，即一面启知国王，一面预备表贡，遣官赴粤，不许稽迟。本年呢德波等探知，明年系大皇帝六十普天大庆，若俟回国修表备贡，八打味地方距本国来往十几万里，势必迟误。是以一面启知国王，一面遵奉国王命代缮表文，恭备贡物，遣大头目即贡使得胜由八打味地方起身来粤，吁求臣等代奏，恳恩准其进京叩祝等情。"臣等察其辞色亦甚恭顺，除查照向例，先行敬宣谕旨，赏给筵宴，并将该贡使妥为安顿外，恭折请旨。倘蒙圣恩准其赴阙瞻觐，或应于本年十月内，令其由粤起身，赶于本年十二月到京，随同各国外番输诚叩祝。抑或令其在广东暂住，恭候来年万寿之前，再行到京。或将其表贡即由臣等代进，无庸贡使进京之处，恭候谕旨遵行。（梁廷枏：《粤道贡国说》卷三）

海幢寺的会晤，是荷兰使团能否由粤进京的关键。从上引奏折看，可说双方都达到预期的目的。德胜对"代缮表文"一事自圆其说，取得地方督抚的谅解，排除了"金叶表"具名形式所产生的疑惑。长麟则在"导之礼法"方面取得成功，荷兰使臣驯顺地"向北望阙行三跪九叩头礼"（副使范罢览的《1794年至1795年荷兰东印度公司使节谒见中国皇帝纪实》附有《海幢寺接见图》一幅，并述及荷使行大礼的经过），维护了"天朝"的权威。因此，他的"恭折请旨"，终于博得传谕嘉许的回应，使德胜一行能够及时地趋诣阙廷。

六、"花下开筵"与伍氏行商

继荷兰使团在"海幢寺接诏"之后，长麟即"赏给筵宴"，但他本人并未出席主持宴会。王文诰的恭纪诗，将此举描述为"玉箫金琯隔花听，花下开筵列绮屏",一片绮丽风光,与梵音净界大异其趣。关于开筵之地,荷方有明确记载:"会见大使之后,又赐御宴于隔邻的行商伍氏花园。马戛尔尼停留广州期间,也曾下榻于此。"① 对这座花园式的馆舍,英人曾经形诸笔墨:

> 馆舍共有庭院若干进,非常宽敞方便。其中有些房间陈设成英国式样,有玻璃窗及壁炉。广州虽然接近热带,但现在气候已经快到冬至,对英国人的生活习惯来说,在屋里升一点火感到特别舒服。馆舍四周是一所大花园,有池塘及花坛多起。馆舍的一旁是一所神庙(洋人称海幢寺为"河南庙"),另一边是一个高台。登台远望,广州全城景色及城外江河舟楫俱在眼前。②

荷、英使团光临的河南花园,是十三行行商伍氏家族的园宅。历经沿革,大体包括:(1)南溪别墅。在安海万松园内,即今溪峡街附近。内有宝纶楼。园主伍秉镛,字序之,又字东坪,南海人。贡生,仕至湖南岳常澧道。著有《渊云墨妙山房诗钞》。(2)清晖池馆。在安海万松园内。园主伍平湖,南海人。十三行行商伍氏家族。后此处归伍崇曜所有。(3)听涛楼。园主伍元华,字良仪,号春帆。十三行行商伍氏家族。善画,收藏书画、金石甚富。著有《延晖楼吟稿》。(4)粤雅堂。在安海。后倚乌龙冈,前临珠江,漱珠涌绕流堂前。内有池塘、小丘、石桥,规模甚大。富于藏书,主人酷爱刻书,曾刻《岭南遗书》、《粤雅堂丛书》等,粤雅堂之名遂誉满天下。园主伍崇曜,原名元薇,字良辅,号紫垣。十三行怡和行主人。钦赐举人,加布政使衔。③

伍氏花园有台榭水石之胜,而又富于文化气息,难怪可以承办御宴了。到嘉、道年间,万松园和海幢寺一带,成为官方指定的洋人游散之地,其来有自,并不是没有历史渊源的。

---

① C. R. Boxer, *Dutch Merchants and Mariners in Asia*, 1602—1795, IX, p15.
② 斯当东著:《英使谒见乾隆纪实》,第431页。
③ 黄国声:《清代广州的园林第宅》,载《岭南文史》,1997年第4期,第43页。

七、荷兰使团起程入都

接诏、赐宴过后不久,即从北京传来上谕:

> 长麟等奏荷兰国遣使赍表纳贡,恳求进京叩祝一折,此系好事。披阅长麟等译出原表,该国王因明年系朕六十年普天同庆,专差贡使赍表到京叩贺,情词极为恭顺。长麟等因其表文系公班大臣呢德波等代伊国王出名,与体制稍有不符,复加盘诘,何必如此深论。自应准其来京瞻觐,遂其向慕之忱。着长麟等即传谕该使臣等知悉,并派委妥员护送起程,只须于十二月二十日封印前一二日到京,俾得与蒙古王公及外藩诸国使臣一体同邀宴赉。并着知会沿途经过省份,令各督、抚一体派员按倒照料,以便如期到京。再,荷兰国所进表文,在京西洋人不能认识,并着长麟等于住居内地之西洋人,有认识荷兰字体兼通汉语者,酌派一、二人随同来京,以备通译。钦此。(《粤道贡国说》卷三)

乾隆五十九年十月二十八日(1794年11月20日),两广总督长麟等官员在海幢寺为荷兰使团送行。十月三十日(11月22日),即由广州水路起程,分乘大船30艘。荷兰使团一行27人,除正使、副使外,还有译员小德经、医生布列特曼、瑞士钟匠彼提培尔贝,马来仆人2名,以及11名随团卫士。①

中方护送官员:道员王仕基、参将明善、知州赵鸿文、守备张永成,以及经历把总等5员。②

王仕基和赵鸿文是王文诰的朋友,他们膺此重任,令诗人引以为荣。为壮行色,王文诰赋诗一首,题为《送王香雨观察赵藻庭刺史护送荷兰国贡使入都》(《韵山堂诗集》卷一):

> 赍贡相将觐紫辰,双旌辉映曲江滨。

---

① C. R. Boxer, *Dutch Merchants and Mariners in Asia*, 1602—1795, Ⅸ, pp. 15-16.
② 《文献丛编》第五辑,《军机处进拟赏伴送荷使人员物品单》。

台听钧乐临韶石，驿寄梅花待使臣。
敬礼一人加抚恤，益知万国仰尊亲。
阳和历转随嵩祝，应候先探上苑春。

八、结语

　　清代的广州口岸，是中西通商和文化交流的前沿地带。无论岭南本地的诗人，还是游宦来粤的外省诗人，都对洋人洋事和西洋奇器表示过不同程度的关注。到了18世纪，甚至可以发现，在岭南诗中已经形成一个咏叹"洋气"的主题。尽管它所反映的还不是开放的心态，但毕竟表现出较前广阔的视野，在一定程度上带有新鲜的时代气息。

　　王文诰的《韵山堂诗集》，自称"言怀者约居什七"。本文释证的荷兰国贡使纪事诗，确实流露出一个士大夫对"洋气"的情怀。"重译来朝贺圣人"、"益知万国仰尊亲"之类的诗句，无不打上"朝贡"体制的烙印。但他有关接诏、赐宴和起程的记述，仍足以征故实，使荷兰使团在广州的经历形象化。

　　在两广总督长麟安排下，非官方的海幢寺和伍氏花园，竟然与"荷兰国贡使"结下一段外事因缘。官事民办，是相当耐人寻味的。对封建盛世的乾隆时代来说，这并非衙门对佛门和朱门的青睐，而是一种无可推卸的劳役式的负担。

清代广州行商的西洋观
——潘有度《西洋杂咏》评说

清康熙二十四年（1685），粤海设关，开辟了中西通商的新时代。广州口岸的外洋商务，"令牙行主之，沿明之习，命曰十三行"①。十三行的行商，受命于官，包揽洋务，又称"官商"或"洋商"。如果说，"广东通海最早，得洋气在先"（张焘：《津门杂记》），那么，直接参与华洋互市的广州行商，就是首当其冲，处于中西文化交会的前沿了。他们对西洋文化与中华文化的差异，其感知程度如何，并形成什么样的西洋观，这是一个不易探索然而值得探索的问题。

现存的十三行史料，大多是商业性文件，包括商对官的"禀"，官对商的"谕"，以及行商对外商的"书"，等等。从中固然可以了解跨文化贸易的状况，但难以直接提取跨文化传通的观念。换句话说，广州行商心目中的西洋形象，是要另辟途径才能追寻的。幸好乾嘉年间十三行的总商潘有度，写下了 20 首《西洋杂咏》，抒发自己对洋人、洋风和洋事的"竹枝词"式的观感，使后人得以雾里观花，利用这个独一无二的历史标本，来评说清代广州行商的西洋观。

一、潘有度在乾嘉洋务中的地位

潘有度即潘致祥，字宪臣，又字容谷，出身于广东番禺一个行商世家。② 父启，号文岩，创同文行，是十三行元老之一。潘启深于阅历，壮年离闽来粤经商，办事干练、资力雄厚，成为乾隆年间的头号行商。在广州洋场中享有盛名，被称为"潘启官一世"。乾隆五十二年（1787）十二

---

① 梁廷枏：《粤海关志》卷二五，"行商"条；印光任、张汝霖：《澳门记略》上卷，"官守"篇。

② 潘有度的生卒年，尚难确考，暂采下说：乾隆二十年（1755）生，嘉庆二十五年（1820）卒。见陈国栋：《潘有度（潘启官二世）：一位成功的洋行商人》，《中国海洋发展史论文集》，第 5 辑，台北，中研院中山人文社会科研所印行，1993 年版，第 247 页。

月，潘启死，子承父业，同文行由潘有度主持，行务蒸蒸日上。至嘉庆二十年（1815）改名同孚行，仍居十三行的前列。关于他在乾嘉洋务中的地位和声誉，两广总督蒋攸铦有过如下评价："其自身家素称殷实，洋务最为熟练，为夷人及内地商民所信服。"（《嘉庆外交史料》卷四）这个官方考语，已经将"潘启官二世"的财力、能力和公信力概括无遗了。

自乾隆五十三年（1788）接办行务，至嘉庆二十五年（1820）去世，潘有度的"洋务"生涯长达四分之一世纪（1807—1815年退商居家）。在官、商、夷的三角关系中，他善于周旋，曾多次排忧解难，绕过了一个又一个的暗礁，使潘家在充满风险的商场中免于覆灭的命运。作为十三行的总商，潘有度除承担沉重的捐输任务外，还要面对许多棘手的问题，尤其是清偿行商的"夷债"和解决洋船违章贸易的纠纷。前者如乾隆六十年（1795），而益行石中和拖欠白银五十九万八千余两，弄得家破人亡，连累众商分摊偿债的悲剧性事件。① 后者如嘉庆十年（1805），俄国美洲公司"希望"号和"涅瓦"号违章到广州倾销皮货，清廷一月之内三次寄谕查究，即所谓"俄罗斯夷船来广贸易案"②。经过潘有度从中斡旋协调，当然也有叩求和行贿，上述风波，终告平息。可知，"洋务最为熟练"云云，并非虚誉。

在乾嘉年间广东十三行众商中，潘有度还有一个出类拔萃之处，这就是他的儒商风度。据张维屏记述：

> 容谷文理洋务数十年。暇日喜观史，尤喜哦诗。有园在河南，曰"南墅"，方塘数亩，一桥跨之。水松数十株，有两松交干而生，因名其堂曰"义松"，所居曰"漱石山房"，旁有小屋四"芥舟"。（《国朝诗人征略》）

---

① 马士著：《东印度公司对华贸易编年史》第2卷，中山大学出版社1991年版，第569—577页。梁嘉彬：《广东十三行考》，商务印书馆1937年版，第286—287页；陈国栋前揭书，第265—267页。

② 详见拙著：《俄罗斯馆纪事》，广东人民出版社1994年版，第168—197页。有关俄船事件的香山县正堂公文三份，现存清代澳门中文档案内，即里斯本国家档案馆东坡塔，顺序编号：C063-003、C0611-037、C0611-038。详见刘芳辑，章文钦校：《清代澳门中文档案汇编》下册，澳门文化基金会1999年印行，第696—700页。

除个人喜爱观史哦诗外，潘有度也致力振兴文运，于嘉庆十六年（1811）七月带头捐送公产，在广州西关下九甫创建文澜书院，"为士子会文之所"①。

在幽雅的"南墅"，潘有度多次接待洋商，与他们品茶赏园，纵谈西洋近事。俄国"涅瓦"号船长李香斯基，1806年就曾到南墅一游，在潘氏亲自陪同下，观看过潘能敬堂列祖列宗的五座神主牌。② 美国波士顿商人提登，1815年也受到过潘有度的款待，见到他收藏的"一些当时最佳的世界地图与航海图"，"并在英文地名旁边标注上国家、大城市与海港的中文名字以供他自己使用"。在这次晤谈中，甚至还有"讨论拿破仑战争"之类的话题。③

像潘有度这样一个具有儒商特点的行商，其眼界和学养是远出同辈之上的。他用诗歌形式来表达自己对洋情的理解，尽管浮光掠影，甚至包含着若干有趣的"误读"，但毕竟是早期中西文化交流遗下的吉光片羽，后人没有理由漠然置之。

二、《西洋杂咏》的题材和风格

《西洋杂咏》20首，每首七言四句，附有详略不等的自注。全诗刊于《番禺潘氏诗略》，潘仪增编，潘飞声校，光绪二十年（1894）十一月刻。编者因"其堂曰乂松"，故冠以《乂松堂遗稿》之名。现将全诗及自注录附本文末尾，并依次编号，以便征引。

原诗未署年月。但从最后一首"廿年角胜日论兵"及其自注："外洋争战，廿载未靖"之句来推断，当指震动欧洲的"拿破仑战争"。按中国人用虚岁纪年的习惯，从1793年（乾隆五十八年）法国对英、荷宣战，经过"廿年"，应为1812年，即拿破仑入侵俄国之年。因此，《西洋杂咏》可断为潘有度在嘉庆十七年所作。当时他正"退商"赋闲，隐居南墅，大有余暇可以"酒后高哦"了。

据张维屏《谈艺录》云："容谷善哦诗。土音哦诗，善吹笛者倚笛和

---

① 梁嘉彬前揭书，第410页。
② 李香斯基：《涅瓦号环球游历记，1803—1806年》，莫斯科，1947年俄文版，第255页。
③ 陈国栋前揭书，第254页。

之"(《张南山先生全集》第三〇册)。这种土音吟哦、倚笛和声的逸雅气度,令人联想起"幽咽新芦管,凄凉古竹枝"① 的唐代古风。看来,潘有度创作《西洋杂咏》,从内容到形式,从声到乐,几乎都是模仿"竹枝"风格的。如果将它归入清代海外竹枝词一类,想必不至于会是张冠李戴吧。

潘有度这组"杂咏",题材杂而不乱,可大别为六类:
第一,商业习惯:(一)(二),共二首;
第二,宗教信仰:(八)(十六),共二首;
第三,生活风尚:(五)(六)(七)(九)(十)(十四)(十五)(十七)(十八),共九首;
第四,婚丧礼俗:(三)(四)(十一),共三首;
第五,科学技术:(十二)(十三)(十九),共三首;
第六,外洋争战:(二十),一首。

这 20 首诗中,生活风尚类和婚丧礼俗类共 12 首,占 60%,可知潘有度咏写海外风土的重点所在。至于各诗的自注,旨在释名物,明词意,同时也就进一步把作者的西洋观具体化了。因此,对《西洋杂咏》的评说,应当是诗、注并重的。

三、中西差异与文化误读

《西洋杂咏》对 19 世纪初的西洋文明,有咏有叹,亦赞亦议。它所流露的主体意识,既反映了中西差异,又包含着文化误读,是相当耐人寻味的"格义"现象。

一个妻妾成群的封建行商,怎样看待近代西洋人的婚姻生活呢?
《杂咏》第三首写道:

> 缱绻闺闱只一妻,犹知举案与齐眉。
> 婚姻自择无媒妁,同忾天堂佛国西。

夹于诗句中的自注,又合成一段对洋人婚俗的具体描绘:

---

① 《白居易集笺校》外集卷上,"听芦管",上海古籍出版社 1988 年版,第 3829 页。

> 夷人娶妻不纳妾，违者以犯法论。夷人夫妇之情甚笃，老少皆然。男女自主择配，父母皆不与闻。合卺之日，夫妇同携手登天主堂立誓。

在潘有度心目中，一夫一妻与一夫多妻，婚姻自主与父母择配，这种显而易见的文化差异，竟然还有可以认同的一面："犹知举案与齐眉"。言下之意，似乎"夷"俗也沾沐华风，岂不是咄咄怪事？众所周知，"举案齐眉"尽管是中国婚姻史上传诵百代的美谈，但它所表现的毕竟是妻子对夫权的婉娈依附，并不意味着夫妻双方在道义上的均衡。换句话说，梁鸿、孟光的故事。告诉人们的只是"和谐"而不是"平等"，其伦理取向是对男方倾斜的。因此，所谓"犹知"，其实正是潘有度不知不觉的"误读"。他作为行商，在英国东印度公司的"大班"面前低三下四，委曲求全；而作为儒商，文化上依然居高临下，"夷"不绝口。这种表卑里亢的精神状态，说明潘有度尽管处于中西通商的前沿，却抱着"朝贡体制"的老眼光远远没有跨越华、洋之间文化传通的心理障碍。

近代西洋的决斗之风，大悖温良恭俭让的儒家伦理。对潘有度来说，自然是闻所未闻、不可思议的异俗了。《杂咏》第七首云：

> 拌将性命赌输赢，两怒由来大祸成；
> 对面一声枪并发，深仇消释大轻生。

自注进一步解释道：

> 夷人仇深难解，约定日期，各邀亲故知见。各持鸟枪，入铁弹，对面立定。候知见人喝声，一齐放枪。死者不用抵偿。如不死，冤仇立解，永不再斗，以示勇而不怯之意。

从中世纪骑士文明演变而来的西洋"决斗"，与中国古代的阵前"斗将"和近代的宗族械斗，可说完全风马牛不相及。潘有度虽然隐约地看出这种解仇方式的公正性，并觉察到"决斗"的文化内涵具有"示勇而不怯之意"，但他还是指鹿为马，视之为"赌命"和"轻生"，直截了当地将骑士风度当做君子风度的对立物了。

在清朝专制体制中被确定为"沐恩洋行商人"① 的潘有度,对民主也像对平等一样,是非常隔膜的。当他咏写君民关系的时候,西方那套简化的威仪,难免要令他望"洋"兴叹了。《杂咏》第十首可作例证:

> 戎王匹马阅齐民,摘帽同呼千载春。
> 简略仪文无拜跪,逢人拉手道相亲。

自注无多,意思却一清二楚:

> 外洋国王出巡只单骑,不用兵侍从。外洋以摘帽为敬、夷俗无拜跪礼。

"戎王"的简朴,尽管并非平民化,但较之"天朝"那套三跪九叩首的繁文缛节,确实叫人耳目一新。潘有度对此津津乐道,未必没有一点言外之意。

至于近代科技如何引发这位行商浮想联翩,他从"千里镜"中看到了什么奇景,《杂咏》第十二首说得有声有色:

> 万顷琉璃玉宇宽,镜澄千里幻中看。
> 朦胧夜半炊烟起,可是人家住广寒?

自注云:

> 千里镜,最大者阔一尺长一丈,傍有小镜看月,照见月光约大数丈,形如圆球,周身明彻,有鱼鳞光。内有黑影,似山河倒照,不能一目尽览,惟向月中东西南北分看。久视则热气射目。夜静,有人用大千里镜照见月中烟起,如炊烟。

望月而思广寒,对喜爱观史哦诗的潘有度来说,原是一种顺理成章的

---

① 许地山编:《达衷集(鸦片战争前中英交涉史料)》,商务印书馆 1935 年版,第 170 页。

思绪，老生常谈，未可厚非。不过，他的思想境界，倘若拿来与另一位也是"镜澄千里幻中看"的同时代人对比，那就相去远甚了。嘉庆二十五年（1820），两广总督阮元（1764—1849）在广州作《望远镜中望月歌》，却道出完全别样的感慨：

> 别有一球名曰月，影借日光作盈阙。
> 广寒玉兔尽空谈，搔首问天此何物？
> 吾思此亦地球耳，暗者为山明者水。
> 舟楫应行大海中，人民亦在千山里。①

以上对《西洋杂咏》的择要评说，属于历史视域的个人观察，谈不上严格意义的文化分析，但愿不会苛求于前人。事实上，即使进入近代，敢于走向世界的中国人，要消除对西洋文化的"误读"，也并不是轻而易举的。

四、潘有度西洋观的历史特征

在广东十三行的历史上，"潘启官二世"是一个有见识、有作为的代表人物。他的传世组诗《西洋杂咏》，并不是亲历其境的直观吟咏，其中包含着大量得自"夷商"的传闻。对西洋文明的认识程度上，所述各节，自然有深浅之别。甚至个别场合，咏写海外风土，变成传播海外奇谈。他对外洋各国贫富关系赞不绝口（第九首），表现出理想化的倾向，就是一个例证。

乾嘉年间的广州口岸，享有独口贸易的优势，万商云集，"夷务"纠纷丛生。按道光初年两广总督李鸿宾的说法，西洋通商各国"气习各异：米利坚、港脚、吕宋、荷兰等国，虽非驯服，尚少刁顽；唯英吉利国夷商最为桀骜"②。潘有度本人，正是在与英商的长期交往中形成他的西洋观的。然而，对被官方视为"桀骜"不驯的贸易伙伴，《西洋杂咏》反而称许他们的商业信用："忠信论交第一关"，"聊知然诺如山重"（第一首），

---

① 阮元：《研经室集》，下册，中华书局1993年版，第971—972页。
② 道光九年两广总督李鸿宾奏折，见梁嘉彬前揭书，第238页。

等等。这说明，作为从朝贡体制向条约体制过渡时代的官商，潘有度尽管与自由贸易格格不入，但他在"理洋务"即介入世界市场的实务中，却已感受到"重然诺"即重契约的近代意识，合乎中华的"太古纯风"。韦伯曾经"对和外国人做生意的中国行商的信誉卓著大感不解，以为或是因为行商垄断对外贸易，地位稳固之所致。他并且进一步推论，如果行商的诚实是真的，那一定也是受了外国文化的影响"①。行商重"义"，植根于儒商传统，韦伯的"影响"说可以休矣。

《西洋杂咏》的创作时代，还不是中国人"开眼看世界"的自觉时代。在潘有度的诗歌和自注中，往往流露出主体文化的优越感。"以夏释夷"的思维倾向，不能不导致他对客体文化的"误读"。历史上已有先例，就是东晋时代的佛徒用外书配拟内典的"格义"："为我民族与他民族二种不同思想初次之混合品"②。从比较研究的角度看，《西洋杂咏》所表现的独特理念，正是19世纪初夷夏两种异质文化的"混合品"。潘有度留给后世的这个文本，是值得研究中西文化交流史的学人认真解读的。

广东十三行的历史，有经济方面，也有文化方面。前者早就引人注目了，后者则还不入时眼。本文通过《西洋杂咏》来评说清代广州行商的西洋观，探测一代巨商的文化心态被中西交会打上什么样的烙印，旨在推动广州口岸的研究"更物质化"和"更精神化"③以适应当代史学的深层追求。

附录：

《西洋杂咏》

（一）忠信论交第一关，万缗千镒尽奢悭（华夷互市，以拉手为定，无爽约，即盈千累万皆然。既拉手，名为"奢忌悭"）。聊知然诺如山重，太古纯风羡百蛮。

---

① 余英时：《中国近世宗教伦理与商人精神》，安徽教育出版社2001年版，第237页。
② 陈寅恪：《支愍度学说考》，《金明馆丛稿初编》，三联书店2001年版，第173页。
③ 勒高夫等著，姚蒙译：《新史学》，上海译文出版社1989年版，第22页。

（二）客来亲手酌葡萄（客到饮葡萄酒，不饮茶，酒皆葡萄酿成），响彻琉璃兴倍豪（每饮以碰杯为敬）。寒夜偎炉倾冷酒（夷人饮冷酒，冬夏皆然），不知门外雪花高。

（三）缱绻闺闱只一妻（夷人娶妻不纳妾，违者以犯法论），犹知举案与齐眉（夷人夫妇之情甚笃，老少皆然）。婚姻自择无媒妁（男女自主择配，父母皆不与闻），同忏天堂佛国西（合卺之日，夫妇同携手登天主堂立誓）。

（四）生死全交事罕闻，堪夸诚悫质于文。素衣减食悲三月（夷人丧服，周身上下元色。父母妻俱服期年，朋友服三月），易箦遗囊赠一分（夷人重友谊，临终分财，友亦与焉）。

（五）金藤一丈绕银壶（夷人吸水烟，用银壶注水，约高二尺。烟斗大如碗，金饰藤管长一丈余。烟斗内载糖和烟叶，用炭烧），炉焚薰烟锦上铺（以锦铺地盛银壶）。更有管城分黑白（口衔火烟如笔形黑者烟叶卷成白者纸裹碎烟叶），无人知是淡巴姑（烟叶产自吕宋国，夷人名"淡巴姑"）。

（六）头缠白布是摩卢（摩卢，国名。人皆用白布缠头），黑肉文身唤鬼奴；供役驶船无别事，倾囊都为买三苏（夷呼中国之酒为"三苏"。鬼奴岁中所获，倾囊买酒）。

（七）拌将性命赌输赢，两怒由来大祸成。对面一声枪并发，深仇消释大轻生（夷人仇深难解，约定日期，各邀亲故知见。各持鸟枪，入铁弹，对面立定。候知见人喝声，一齐放枪，死者不用抵偿。如不死，冤仇立解，永不再斗，以示勇而不怯之意）。

（八）养尊和尚亦称王（澳门大和尚，俗称"和尚王"），妇女填门谒上方（澳门妇女，日临大和尚寺，跪求忏悔）。斋戒有期名彼是，只供鱼蟹厌羔羊（葡萄牙等国，逢彼是日斋戒，只食鱼蟹海错，不食牛羊。斋戒期名"里亚彼是"，"里亚"，日期也；"彼是"，鱼也）。

（九）痌瘝胞与最怜贫，抚恤周流四序均，岁给洋钱过百万，途无踝丐忍饥人（外洋各国，岁敛洋钱百余万元，周给贫民，途无踝丐）。

（十）戎王匹马阅齐民（外洋国王出巡，只单骑，不用兵侍从），摘帽同呼千载春（外洋以摘帽为敬）。简略仪文无拜跪（夷俗无拜跪礼），逢人拉手道相亲。

（十一）一枪一剑渡重关（夷人出外，恒以一枪一剑自卫），万里浮航久不还，积有盈余归娶妇，问年五十须丝斑（夷人远出贸易，必俟富厚始归娶妇。年五十娶者甚多，新妇少艾，不以为嫌）。

（十二）万顷琉璃玉宇宽，镜澄千里幻中看（千里镜，最大者阔一尺长一丈，傍有小镜看月，照见月光约大数丈，形如圆球，周身明彻，有鱼鳞光，内有黑影），朦胧夜半炊烟起，可是人家住广寒（夜静，有人用大千里镜照见月中烟起，如炊烟）。

（十三）起居饮食定时辰（夷人饮食起居，皆按时辰表），人事天工善保身。见说红轮有迟速，一阳来复影初均（据称，夏至前太阳约慢两刻，冬至前太阳约快两刻。钟表准者，虽不对日圭，不可推快慢轮。每岁俟冬至后十日，自然与日圭相合。验之果然。是以夷人取所用之表，多不对日圭，名为"民点"，即准时辰也）。

（十四）弟恭兄友最深情，出入相偎握手行（夷人兄弟之情甚重，出入握手同行）。海外尚饶天性乐，可怜难弟与难兄。

（十五）红灯白烛漫珠江（燃白蜡为烛），万颗摩尼护海幢（海幢寺与夷馆隔江相对）。日暮层楼走千步，呢喃私语影双双（夷人每日黄昏后往来行动，以运血气，俗称"行千步"。行必有偶，偶则私语）。

（十六）十字门中十字开（澳门海口有十字门，西洋教大庙内虔供"十字"，咸称天主），花王庙里证西来（澳门有花王庙）。祈风日日钟声急（夷俗日日撞钟求风，以盼船行），千里梯航瞬息回。

（十七）百尺樯帆夜款关，重洋历尽贸迁艰。孩童不识风波险（孩童长成四五岁，即随父兄泛洋），笑指天南老万山（老万山在虎门外洋面，夷船到老万山，便无风波之险）。

（十八）数历三年无闰月（夷俗无闰），阳回三日是新年（中国冬至后十日，即夷人元旦，岁岁皆然）。头施白粉家家醉（夷人发涂白粉，新岁亦然），乱掷杯盘乐舞筵（故事：每逢新岁及大会，尽碎杯盘为乐，近日此风稍敛）。

（十九）术传星学管中窥，风定银河月满地。忽吐光芒生两乳，圭形三尺最称奇（夜用外洋观星镜，照见一星圭形，长三尺，头尾各穿一孔）。

（二十）廿年角胜日论兵（外洋争战，廿年未靖），望断遐方结好盟。海水不扬依化日，玉门春到自输平。

清初岭南僧临终偈分析

在中国佛门的精神遗产中，历代禅僧临终时留下的偈语，是一批丰富多彩的思想材料。可惜，如此独特的"僧宝"，至今尚未受到足够的重视和系统的研究。本节选取岭南三高僧：天然（1608—1685）、剩人（1611—1659）和澹归（1614—1680）的临终偈，结合其生平遭际，试作历史分析，借以说明岭南僧的死生去就与社会变迁的关系。

一、佛门临终偈概说

佛教的生死观，是一个十分复杂的问题。如果说，"死"被看作"往生"，那么，临终之际就是由死往生的关键时刻了。这里只限于探讨禅门对临终心态的关注，至于玄奥的生死循环观则暂置不论。

9世纪中期，唐代黄檗山著名禅师希运和尚，在其《传法心要》中说道：

> 凡人临终时，但观五蕴皆空，四大无我，真心无相。不去不来。生时性亦不来，死时性亦不去，湛然圆寂，心境一如，但能如是直下顿了，不为三世所拘系，便是出人世也。切不得有分毫趣向。若见善相诸佛来迎，及种种现前，亦无心随去；若见恶相种种，现前，亦心无怖惧。但自忘心，同于法界，便得自在，此即是要节也。

据此，当临终之际，"忘心"才得"自在"，这是必须坚守的"要节"。希运本人，正是这样身体力行的。他临终时，向徒众宣告"无声三昧"："静思静虑，谛听谛听"，言毕端坐而逝。①

既然忘心，当然也应该忘言，为什么还会有临终偈呢？与一般的口头遗嘱和书面遗嘱不同，临终偈是生死关头的自我表白。南宋临安径山寺禅

---

① 《祖堂集》，卷十六。

师宗杲,就是在遗嘱之外说偈的:

（绍兴三十一年）寻示微疾,八月九日谓众曰:"吾翌日始行。"是夕五鼓,手书遗表并嘱后事,有僧了贤请偈,杲乃大书曰:"生也只么,死也只么,有偈无偈,是甚么热!"委然而逝。①

临终之际"有偈无偈",禅门之内,看法并不一致。宋代相国寺著名禅师圆照,坚决拒绝弟子请偈的要求:

元符二年十二月甲子,将入灭,沐浴而卧。门弟子环拥请曰:"和尚道遍天下,今日不可无偈,幸强起安坐。"师熟视曰:"痴子!我寻常尚懒作偈,今日特地图个甚么?寻常要卧便卧,不可今日特地坐也。"遂酣卧若熟睡,撼之已去矣。②

到了明代,金陵安隐寺的法舟禅师,甚至认为临终偈毫无必要:

（嘉靖三十九年）寝疾且革,或劝起坐说偈,师曰:"此皆文饰,非吾事也。"以手摇曳而逝③

尽管临终之际"有偈无偈",并未在禅僧中间达成共识,但从宋代开始,临终偈已在丛林中逐步流行。据《古尊宿语录》卷三十四,宣和二年（1120）,佛眼禅师将逝,谓其徒曰:"诸方老宿必留偈辞世。"可知北宋末年,高僧遗偈已屡见不鲜,到明代相沿成风,几乎遍及南北诸刹。这种以偈颂为形式的遗言。有的笔授,有的口占,四、五、七言不等,或雅驯,或粗鄙,杂然并陈,构成佛门一种独特的文体。按其内容来说,主要是表达个人的生死观,以及对自己生活道路的回顾。例如,北宋末的禅师道楷,死于重和元年（1118）,遗偈付侍者云:"吾年七十六,世缘今已

---

① 《新续高僧传》,卷十二。据《五灯会元》卷十九,原偈为五言四句:"生也只怎么,死也只怎么。有偈与无偈,是甚么热大?"
② 《补续高僧传》,卷八。
③ 《补续高僧传》,卷十六。

足。生不爱天堂,死不怕地狱。撒手横身三界外,腾腾任运何拘束!"①

临终偈既然要表达生死、凡圣之类的严肃内容,就不可能是脱口而出的即兴之作。它的随意性只是外观,其实是经过深思熟虑的。明代杭州普明禅师的示偈方式,就露出了这方面的蛛丝马迹:

> 一日谓弟子曰:"我五月十八日逝矣。"弟子以五月非吉为对,明日:"然则八月也。"既订,即归嘉善(指嘉善妙常庵)。届时弟子来视,明方扫地,语之曰:"汝不来,吾几忘矣。"命声钟集众,书偈曰:"这个老汉,全无思算,神不会参,经不会看。生平百拙无能,晦迹青松岩畔。静如磐石泰山,动如雷轰掣电。"掷笔端坐而化。②

从五月出现死亡的预感,到八月最后示寂,整整经过三个月的沉思。书偈之前,还要"声钟集众",谁会相信这个老汉"全无思算"呢!

临终偈一旦成风,就不仅限于禅院之内,在善男信女中间,仿效者也颇有人在。兹举两例:

(1)北宋驸马李遵勖,学佛参禅,将薨,自写遗颂曰:"拈下幞头,脱却腰带。若觅生死,问取皮袋。"③

(2)清代苏州昆山才女徐若冰,性爱梅花,喜学佛,临殁,神识不乱,起坐说偈云:"来从梅花来,去向莲花去,去来本无心,无相亦无住。"④

可见,作为一种禅门习尚,临终偈传播于僧徒和善信之间,由来已久。它既是一种修慧的表现,又是一种修习的成果。岭南丛林也沾此风,自不待言。例如,被明太祖赐号"弘教大彻禅师"的昙谡和尚,洪武二十六年(1393)逝于广州光孝寺,临终集众示偈:"以缘而幻生,缘尽是今日。踢倒五须弥,揣出空虚骨。"(《光孝寺志》卷六)至于清初岭南三高僧的临终偈,则与前辈尊宿相比,除承袭这种禅门古风外,还具有独特的遗民色彩,因而,是值得格外重视的。

---

① 忽滑谷快天著,朱谦之译:《中国禅学思想史》,上海古籍出版社1994年版,第483页。
② 《补续高僧传》,卷二十一。
③ 文莹:《湘山野录》,卷下。《宋史》卷四百六十四《李遵勖传》,及《五灯会元》卷十二,均缺载这则遗偈。
④ 吴德旋:《初月楼续闻见录》,卷六。

二、天然和尚临终偈

天然和尚俗姓曾，名起莘，番禺古逻村人，出身世家而厌弃仕途。崇祯十三年（1640）到庐山归宗寺祝发，后随道独法师返罗浮山华首台。按道独制订的世偈"道函今古传心法"之句，取法名"函罡'，别号"天然"。顺治十八年（1661），道独疾逝，天然继主华首法席，成了曹洞宗第三十四代传人。

在明清之际，天然和尚创立海云、海幢、别传诸刹，道声远播，徒众千数，被誉为南粤的法门砥柱。当年逃禅的著名遗民，如今种（屈大均）、今释（金堡），都出自他门下。对教外的死难臣民，他无限悲悯，屡次赋诗哀挽，寄托遥深。如南海举人霍子衡父子，于顺治三年（1646）广州城陷时殉难，天然和尚以诗哭之："父子情俱重，君臣义独深。"次年，陈子壮、张家玉、陈邦彦死难，他又悼之以诗："万古江山皆易主，一朝簪绂自从王。"这位岭南高僧的风度和抱负，可从他的《自作像赞》略家端倪：

> 汝形短小，汝量急狭，汝眼深阔，汝情疏达，汝心不可测。有时雷轰电急，有时青天白日，问汝汝不知，人亦不能无物，惟有齐云顽石头，终日与汝相对默。呵，呵，呵，破衲蒙头一道翁，推移与世无拘执。绘亦得，不绘亦得。天下万世谁人识！①

康熙十六年（1677），天然七十大寿，著名岭南诗人陈恭尹作《寿雷峰天然禅师》，诗云：

> 孤高如月万方看，至道无言仰颂难。
> 垂老尚闻勤梵行，太平先已薄儒官。
> 身为硕果时方剥，书满名山墨未干。

---

① 汪宗衍：《明末天然和尚年谱》，台北，商务印书馆1986年版，第27—28页。以下略作《天然年谱》。

曾住朱明洞天上，仙人不敢爱还丹。①

　　上引陈诗"太平先已薄儒官"之句，当指崇祯十二年（1639）天然辞亲北上，父祝愿说："此行当得官帽归。"他答道："帽子倒有一顶，只恐不是乌纱。"② 至于"书满名山墨未干"，则有天然著述为证：《楞伽心印》四卷、《首楞严直指》十卷、《金刚正法眼》、《般若心经论》及《天然昰禅师语录》十二卷，还有后人汇编的诗集《瞎堂诗集》二十卷等等。

　　作为岭南遗民的精神领袖，天然和尚虽身在方外，但目睹国破家亡的惨剧，难免五内悲戚，忘不了孤怀遗恨。康熙二十四年（1685）八月二十七日，天然逝于海云寺丈室，享年七十八岁。他临终亲书一偈，告别徒众，辞曰：

　　生也如是，死也如是，如是不是亦如是，是不是亦是。星宿经天，霜风匝地，汝诸人到者里，大须仔细。七十八年老道翁，翻转面来，不知是我是你，信手拈来，犹较些子。③

　　用"霜"、"雪"一类字眼来暗示南天巨变，屡见于晚明的岭南遗民诗。如屈大均诗云："一自边人至，南中得雪看。炎天无旧暖，涨海有新寒。"（《广东新语》，卷一）天然之言，当也同寓此意。至于"犹较些子"一句，字面浅而不显，应该略加分解。此词早见于敦煌发现的王梵志诗，后又作为俚语见于四川俗谚。据《苕溪渔隐丛话》前五十四：

　　东坡尝曰：吾乡有一谚云："富因较些子，贫为不争多"，此极有理。

　　难怪宋代蜀僧的禅谈，会有上述乡谚中的乡音，只不过含义由计较变成比较罢了。《五灯会元》卷十五，记荆门军玉泉承浩禅师（四川眉州人）云：

---

① 陈恭尹：《独漉堂集》，中山大学出版社1988年版，第183—184页。
② 《天然语录》，第18页。
③ 《天然语录》，第91页。

制犊鼻裈,书历代祖师名字。乃曰:"唯有文殊、普贤较些子",且书于带上。故丛林目为"皓布裈"。

大概,"校些子"或"较些子",是由"校量"或"比较"引申出来的,借以表示事物在程度上的差别。它既屡见于禅宗语录,天然和尚自不妨在临终偈中采入此词,借古喻今,以表达"七十八年老道翁"在"霜风匝地"的严酷现实中较人高出一筹的气节。作为外禅内儒的遗民僧,天然在方内外都获得很高的声价。张南山作的《天然和尚像赞》,明白了畅,概括出这位岭南佛教史上一代高僧的生活道路和精神面貌:

是明遗老,是名孝廉。是二是一,亦儒亦禅。①

三、剩人和尚临终偈

清初的著名"罪僧"剩人,是天然和尚的法弟,号函可,俗姓韩,博罗浮碇岗人。他生于岭南,死于辽海,十二年的流放生涯,构成一首"袈裟作楚囚"的空门悲歌,足以令人感泣。陈寅恪先生在《柳如是别传》中,用数千字考释"剩和尚之狱",②揭示了他在反清复明运动中担负的特殊使命。

崇祯十二年(1639),剩人二十九岁,礼道独和尚剃度出家,其后,在广州城东黄花塘创不是庵为静修之所,又名"黄花寺"。顺治二年(1645),自广东赴金陵印刷藏经,值清兵征服江南,剩人手记事变,被查察,械送京师。这部手记,是失传的"禁书",只能间接了解它的内容。据徐世昌《晚晴簃诗汇》邢昉《读祖心师再受记漫述五十韵》云:

维岁昨在申,九州始破碎,旧京虽一隅,形势东南会。我皇秉圭瓒,雨泣面如靧,臣民尽惊呼,少康实可配。史公践台斗,心赤当时最,云台占紫气,恍惚嘉祥届。亡何变氛浸,太白垂天戒,宵光尽炯炯,白日犹未退。咄哉夜郎人,小器自矜大,入手事排挤,持议夸

---

① 杨钟羲:《雪桥诗话三集》卷十一。
② 陈寅恪:《柳如是别传》第五章,并参邓之诚《骨董琐记》卷七。

拥戴。朝廷一李纲，不容密勿内，狡狳本在野，抵死呼朋类。赫赫先帝书，翻案神灵慨，谊士惜繁缨，凶党蒙冠带。从此问王纲，解带随尘塕，貂蝉并鍨斧，颠倒弄机械。人心二坚灰，世事长江败，洎乎皇舆播，临轩曾召对。出奔忽异域，此事令人怪，得非靴中刀，凛凛恶奸桧。所恨丧乱朝，不少共欢辈，城头竖降旗，城下迎王旆。白头宗伯老，作事弥狡狯，捧献出英王，笺记称再拜。皇天生此物，其肉安足噉，养士三百年，岂料成狼狈。幸有两尚书，臣节堂堂在，又有杨中丞，甘死如饮瀣。呜呼黄祠部，刀锯何耿介，郎吏及韦布，一二更奇怪。吁嗟郡国英，螳臂堪一喟，宣歙始发难，战血涂草莱。麻生怒冲发，气作长江挂，松林战尤苦，婺女兵终溃。吴子要离烈，张朱俱慷慨，我悲黄相国，绝食经颠沛。海上王将军，就死迹愈迈，此纪已至丙，大书得梗概。正义苟勿渝，细不遗群黎，倘非斯人俦，乾坤真愦愦。大师南海秀，琼立风尘外，辛苦事掇拾，征词缀丛荟。毛睢逐行脚，蝇头塞布袋，前日城门过，祸机发逅邂。命危频伏锧，鞠苦屡加钛，良以笔削劳，几落游魂队。诸方尚云犹，颃洞势未杀，虽然怵罗网，慎勿罢纪载。伊昔郑忆翁，著书至元代，出土十载前，金石何曾坏。

据此，可知剩人的手记名为《再变记》。"此纪乙至丙，大书得梗概"，即记述乙酉（1645）至丙戌（1646）清兵攻陷南京的重大事变，这就构成"干预时政"的罪名。顺治五年（1648），奉旨宽宥，剩人流放沈阳，焚修于慈恩寺。他与当时谪戍辽海的道俗名流三十三人，共建冰天诗社，吟咏抒怀，不失遗民本色。如《怀岭南》有句云："不知岭海风波后，若个犹存着个亡。"顺治八年（1651），始悉博罗城陷之日（顺治四年八月二十八日），阖家殉难之耗，满腔悲愤，写下了"地上反奄奄，地下多生气"这样渗着血泪的名句。清初山东遗民张尔岐（1612—1678），写过一首《读剩和尚诗》寄予深切的同情："新诗读罢奈君何，泪点青衫较旧多。信是文章能作佛，岂知忠孝转成魔。"①

剩人和尚的流放生涯，博得很多人的思念和关注。诗人屈大均曾于顺治十五年（1658）秋赋《寄剩人禅师二首》，其一云：

---

① 张尔岐：《蒿庵集捃逸》，罗振玉辑本。

> 黑水黄沙满塞天，穹庐深处一灯燃。
> 三更望断罗浮月，十载春残北海氈。
> 水月道场宜宴坐，山林心史好重编。
> 苏卿有节终归汉，只是须眉白可怜！

顺治十六年秋季，因"丁酉科场案"被遣戍宁古塔的江苏诗人吴兆骞（1631—1684），作《奉赠函公五十韵》（《秋笳集》卷七），内有句云："缁衣空掩泣，青盖竟贻羞"，"徒下遗民泣，还来弋者求"，"空法原无住，穷荒任所投"，也对剩人的悲剧命运一唱三叹，无限钦仰。不幸，"穹庐深处一灯燃"已经到了油尽的时刻，就在这一年十一月，剩人逝寂于沈阳金塔寺，终年四十九岁。他的"山林心史"，只好用如下的临终偈来做结：

> 发来一个剩人，死去一具臭骨。不费常住柴薪，又少行人挖窟，移向浑河波里赤骨律，只待水流石出。①

所谓"水流石出"的期待，无异于等人给他还个"清白"，这是不说自明的。至于"赤骨律"一语，前代禅僧已使用过。南宋《佛海慧远禅师广录》就有这样的禅语："净裸裸空无一物，赤骨律贫无一钱。"此外，《增集续传灯录》卷五，也载明初慧昙禅师之语："今朝正当六月一，无位真人赤骨律。"均可供参证。按佛门有"骨律锥"之说，指削肉修行露出的骨骼。剩人的临终偈，既自称"臭骨"，又重提"赤骨律"，用意是强调尸骨既"臭"又"赤"，借以宣泄内心的悲愤。

剩人死后，讣至广州。天然和尚作《哭千山剩人法弟》三首。其二云："乌玄鹄白尽乾坤，侠骨平心欲并论。至性自应投绝域，深悲何必恨中原。十年膻雪酬先泽，七刹幢铃答后昆。觉范子卿终一死，空余骸骨吊关门。"像屈大均一样，在天然心目中，剩人是遗民中的"苏武"，他的气节足与日月同光。

---

① 江宗衍：《明末剩人和尚年谱》，台湾，商务印书馆1986年版，第38—39页。以下略作《剩人年谱》。

四、澹归和尚临终偈

澹归是一个比天然和剩人更复杂的人物。出家前，他处于南明小朝廷政治漩涡的中心，忠直敢谏，纠弹权佞，号称"虎牙"；避世逃禅，却又不甘寂寞，竟为平南王尚可喜歌功颂德，撰述《元功垂范》二卷，被人讥为"势利和尚"；身后九十年，其遗民言论被乾隆皇帝所察觉，下诏刨塔磨骸，诗文尽毁。澹归的生活道路，反复出现俗缘与法缘的纠葛，可说是一名充满矛盾的遗民僧。[①]

他俗姓金，名堡，出身于浙江仁和（今杭州）一个书香世家。二十七岁（崇祯十三年，1640）成进士，出任山东临清州牧，五月去官。顺治二年（1645），清兵破杭州，金堡弃家走福州，投奔唐王绍武。顺治五年（1648），赴广东肇庆谒永历帝，经瞿式耜推荐，投兵科给事中，上疏痛陈时弊。因其《时政八失疏》（《岭海焚余》中卷）言论过激，遭帝怒斥。至顺治七年（1650），竟被诬为误国，拘禁拷打，遣戍贵州清溪县。途中逢清兵截击，得以脱身逃往桂林。颠沛流离，万念俱灰，遂于茅坪草庵落发为僧。顺治九年（1652），来粤参天然和尚，受具足戒，法名今释，字澹归。到康熙元年（1662），澹归抵仁化丹霞山（晚明进士李孝源、鉴湖兄弟施赠的地产），建别传寺，自充监院。他亲自奔波策划，除"狂歌为拜主人翁"外，还精心撰作《丹霞营建图略记》，全力以赴，在粤北兴修了一处世外桃源："此山三重，重重陟入，一径独上，旁无岐路。卑者更显，高者更隐，奇而不危，旷而不露。若道场遂立，敢谓与曹溪、云门鼎分三足，为岭表梵刹冠冕。"（见《仁化县志》卷七）得意之色，溢于言表。

康熙十八年（1679），澹归率门徒自南雄度岭，赴嘉兴请藏经。次年病发，死于吴门，享年六十七岁。他对后事精心安排，有条有理：

吾去世后，即剃发澡身，外衣旧葛布长衫，内衣旧葛布裤，披茶褐布通肩祖衣，露顶跣足，便入龛。龛取旧杉木板极薄者，不用费

[①] 关于澹归晚节的种种评议，参见陈垣：《清初僧诤记》，中华书局1985年版，第90—91页。

工，足以蔽形一时而已。入龛讫，不停龛，不设供，不请尊宿举火；侍者举毗卢遮那如来号十声，即下火。次早检骨，不用坛盛，随所在水清深处．散投其中，不设灵位，不守七，侍者即日各随缘好去。其入岭南者，持吾遗命谒净成老和尚，及丹霞、海幢诸刹，此即报闻矣。吾生平以蓄积为耻，今所存资斧之余，并随身衣单书籍，别有板帐，除吾别有支分外，俱现前侍者均分，此僧法也。汝等不得留吾臭皮囊，作扶龛回山择地建塔之局，累诸护法。随处死，随处烧，随处散骨水中，吾出岭时便有此语，非今日始作此语也。若违此语，恶同凶逆。——遍行老僧澹归手勒。

澹归对自己的"臭皮囊"，从入殓、火化到散骨，周详考虑，仔细安排，早已成竹在胸，"非今日始作此语也"。同样的，他的临终偈也绝不是灵机一动，随手拈来的。当侍者求偈示别，澹归即举笔书曰：

入俗入僧，几番下火，如今两脚掑空，依旧一场忙愡。莫把是非来辨我，刀刀只砍无花果。①

上引偈语中"一场忙愡"，来自宋代《碧岩录》的禅宗公案。"忙愡"是梵文 mura 的音译，意为"羞愧"。至于"无花果"，梵文称 udambara 即"优昙钵"。李时珍记其性状如下："枝柯如枇杷树，三月发叶如花构叶。五月内不花而实，实出枝间，状如木馒头，其内虚软，采以盐渍，压实令扁，日干充果食。熟则紫色，软烂甘味如柿而无核也。"②偈语中的"无花果"似非实指，也许只是"果"的泛称，另有寓意。所谓"刀刀只砍"，即断，"断果"也就是断除生死苦恼的果报。以上云云，未敢视为确解，聊备一说而已。总之，这位六十七岁的老和尚，在临终之际，回顾自己出入于僧俗两界，游移于是非之间，愧从中来，倒是相当符合他的矛盾性格的。

天然和尚在澹归死后，赋诗三首悼亡。《瞎堂诗集》十五有如下一首：

---

① 吴天任：《澹归禅师年谱》，香港版线装本，第 128 页。
② 《本草纲目》卷三十一，果部。

> 爱物情深转似瞋，随缘衣钵散僧贫。
> 生营狮座酬初志，死塔他山见凤因。
> 每念孤怀真类我，尝于歧路愧求人。
> 师资相构何期合，百劫千生两认真。

天然宣称澹归"孤怀真类我"，当不止肯定这位法嗣的地位，也将他作为遗民僧，郑重地加以认同。

五、岭南僧临终偈的遗民特色

明末改朝换代的政治危机，在岭南佛门的僧徒中，已经有人超前地感知了。十力禅师在光孝寺的一席议论，可以为证：

> 崇祯十四年（1641），从空隐说法于广州光孝寺，与二樵薛起蛟同乡旧识。梵修之暇，辄抵掌谈四方兵将强弱，险要塞厄，密语薛曰："汝辈经生不知兴废大势，何伊吾为？大事去矣！不久将革命。"薛曰："代兴者闯（李自成）耶？"曰："非也。中国之民与中国之君相终始。日月既没，虽有爝火，尚不能以微光自存，况腐草之萤哉？""然则谁得之？"曰："有天命者得之，老僧不及见矣。"崇祯十六年（1643）八月，坐化于罗浮山。①

十力禅师所谓"革命"，就是革天命，也即改朝换代。明室倾覆后，南明的流亡政府由闽入粤，以肇庆为中心，展开征服与复国的斗争，揭开了岭南历史上悲壮的一页。在这个风云突变的年代，志士烈女活跃于南粤大地，有的浴血奋战，有的抗节自存。像江南和滇南一样，岭南的遗民也逃僧成风。正如邵廷采《遗民所知传》说的那样："明之季年，故臣庄士，往往避于浮屠，以贞厥志，非是，则有出而仕者矣。僧之中多遗民，

---

① 檀萃：《楚庭稗珠录》卷四，广东人民出版社 1982 年版，第 130 页。这则纪事采自钮琇《觚剩》续编卷三，"十力前知"条。

自明季始也。"本节论述的岭南三高僧,正是"以忠孝作佛事"的故臣庄士,并非"跳出三界外,不在是非中"的消极遁世者。他们的临终偈尽管语意隐晦,但仍然或浓或淡地显示出遗民的特色。

天然和尚三十二岁出家,时在崇祯十二年(1639)。他皈依佛门前后的行迹,与明末苏州灵岩山的弘储和尚(号退翁,临济宗第三十二代传人)颇有近似之处。全祖望的《南岳和尚退翁第二碑》云:

> 易姓之交,诸遗民多隐于浮屠,其人不肯以浮屠自待,宜也。退翁本国难以前之浮屠,而耿耿别有至性,遂为浮屠中之遗民,以收拾残山剩水之局,不亦奇乎![①]

无独有偶,天然作为"浮屠中之遗民",也有弘储那样的高风亮节。《胜朝粤东遗民录》卷四作过如下评价:

> 函罡(即天然)虽处方外,仍以忠孝廉节垂示,以故从之游者,每于死生去就多受其益。

他的临终偈对徒众悲切叮咛:"星宿经天,霜风匝地,汝诸人到者里,大须仔细。"正是着眼于世变,在"死生去就"的问题上,不忘"以忠孝廉节垂示",绝非什么多余的话。

剩人既是遗民僧,又是流放僧,他的命运包含着令人同情的双重悲哀。在经历过国变、家难和冤狱之后,剩人仍坚强地维持着自身的精神支柱——不是"空",而是"仁":

> 忆罪秃未剃发前,曾于孔门诸子问仁处,发大疑情,累日不食,既而恍然有会于仁也,既详阅诸儒语录,益确然于所谓仁也。迨至出家,遍参历诸甘苦,卒无异于昔之所谓仁,无加于昔之所谓仁,而愈了然于无非仁也。皇天无二道,圣人无两心,何止六经皆仁注脚,三藏十二部亦注脚也。何也?非此则断断不可谓是人,非此则断断无别有可以为人之道。苟知所以为人,则知所以为儒与所以为佛,儒佛异

---

① 全祖望:《鲒埼亭集》卷十四。

而所以为人则同也。①

这名高度"仁"化了的岭南僧,本质上是一个志士仁人。他临终之际呼唤"水流石出",完全可以看作是"一清"(水)"二白"(石)的自我鉴定。

至于矛盾重重的澹归和尚,正如他临终所言:"入俗入憎,几番下火",到头来却不得不自悔平生:"依旧一场忙啰"。如此伤心悟道,当然事出有因。澹归的归宿并不淡泊,晚年拥有大量寺产,被视为"肥汉可啖"。前人对此已有评议:"尤有甚者,结交贵游,出入公庭,如澹归晚节之所为,则不如即返初服之为愈矣。"② 然而,这并不能概括他晚节的全部。澹归和尚悲天悯人,到晚年仍一如既往。康熙十七年(1678),这位六十五岁的老僧,乘小舟,率徒众,在粤北检埋白骨,对死于战乱的难民深表慈憨,为时达一个多月。《遍行堂续集》卷五,有《检白骨疏》,可以看出澹归的思想感情:

> 攻战之余,遗骸遍野,乌鸢狐鼠,砸食已尽,荆棘未长,风霜相薄,磷火微明,啼呼间作,此仁人君子所不忍见闻也。今将选苦行僧,以念佛三昧,消其往愆,助其新福。必借工力,备器具,给食用,敢告同志,相与有成。西伯葬枯骨之被发者,吏曰:"此无主矣!"西伯曰:"吾即其主也。"士大夫具万物一体之怀。当随处作主,使不失所;无间幽明,无分亲怨,以一抔土,入平等法。于上帝好生,圣王泣罪,若合符节,则回杀运,迎和气,悉从总憨一念,具足无遗。倘能于未尽之遗黎,常作白骨之想,则吾民庶几有起色矣。

在收埋遗骨的善举中,澹归以"仁人君子"之心恤死愍生,对当道者发出道德的呼吁,为民请命,企望拯"遗黎"于水深火热之中,他的人道主义精神是不能抹杀的。

清初岭南三高僧,出世而不厌世,可说都是志士仁人。他们的临终偈具有共同倾向,即不同于一般禅家的遗民特色。本来,"禅家以无善无恶

---

① 《剩人年谱》,第10—11页。
② 陈垣:《清初僧诤记》,第90页。

为宗旨，凡纲常名教，忠孝节义，都属善一边，指为事障、理障，一切扫除，而归之空"。① 与此相反，三高僧并非"枯木禅"，他们的临终心态没有灰暗的消极色彩。剩人的"赤骨律"，饱含节义；天然在"霜风"中对忠孝的悲切，一点也不"空"；就连澹归的"忉怛"，也蕴涵着死生去就的追悔和严于律己的精神。可以说，他们皈依佛门之后，"亦儒亦禅"，一直到死，仍在不同程度上弘扬士风。

当然，遗民僧中也曾发生分化，出现过一批穿袈裟的佛门新贵，黄宗羲将这种遗民僧权贵化的反常现象，视为清初一"怪"：

> 近年以来，士之志节者多逃之释氏，益强者销其耿耿，弱者泥水自蔽而已。有如李燮避仇，李姓名为佣保，非慕佣保之业也。亡何而棒篦以为仪杖，鱼螺以为鼓吹，寺院以为衙门，语录以为簿书，挝鼓上堂，拈香祝圣，不欲为异姓之臣者，且甘为异姓之子矣！②

黄氏之言，并非过激的苛论。从历史上看，空门不"空"，像任何社会机体一样，它的纯正性，只有在不断的净化过程中才能实现。如果仅就17世纪中期而言，岭南佛门的主流，还是健康的、向上的。弘法护生与忠孝节义相结合，提升了广大僧徒的思想境界，使滨海法窟放出世纪之光，与唐代南宗禅的兴起前后辉映。

---

① 《明儒学案》卷六十二，忠端刘念台先生宗周语。
② 黄宗羲：《南雷文集》卷十《七怪篇》。

岭南尼庵的女性遗民

明清易代之际,岭南妇女经受着比男性更为严峻的血与火的考验。拒辱轻生者有之,忍辱偷生者也有之。她们的悲苦命运,构成乱世春秋中非常激动人心的一幕。对佛门来说,遗民潮中的女弟子尽管人数不多,但作为一种社会动向,仍然是值得记述的。

清朝顺治初年,广州流传过一个烈女显灵的故事。屈大均为此写了《韩烈女哀词》,有序云:

> 广州有周生者,于市买得一绔,丹縠鲜好,置于床侧。夜将寝,褰帷忽见少女,惊而问之。女曰:"无近,我非人也。"生惧,趋出。比晓,率闾里来观,闻其声娇啼幽怨,若近若远。久之而形渐见,姿首绰约,阴气笼之,若在轻尘,谓观者曰:"妾博罗韩民处女也。城陷被执,蕃兵见犯,不从,触刃而死。绔平生所著,故附而来西方净土。诸君见怜,为佛事,则游魂有归矣。"观者泣下,忏礼绔焚,自是遂绝。①

博罗城陷于顺治四年(1647)八月,这位韩烈女与剩人和尚同姓同乡,有人疑为其第五妹,未得确证。她是死后才魂归"西方净土"的,至于那些生而遁入空门的女性,又是一番什么情景呢?换句话说,女性遗民的出家因缘究竟怎么一回事?

岭南尼庵有悠久的历史。它是佛门中不甚引人注目的一隅,文献缺略,只能钩沉索隐,作些粗浅的回顾。

一、比丘尼制度在岭南的展开

早在南朝时代,已有发愿渡海求法的尼姑在岭南行道。元嘉年间

---

① 《屈大均全集》,第一卷,人民文学出版社1996年版,第315页。

（424—453），会稽籍的尼姑僧敬，"欲乘舶汎海寻求圣迹，道俗禁闭，留滞岭南三十余载。风流所渐，旷俗移心，舍园宅施之者十有三家，共为立寺于潮亭，名曰'众造'。宋明帝闻之，远遣征迎。番禺道俗，大相悲恋"。① 到南齐建元（479—482）年间，广州已有独立的尼庵了。据《法苑珠林》卷十四，当时番禺的毗耶离精舍，有尼姑十余人。

唐代南宗禅的起源，也与岭南尼姑有一段因缘。当慧能尚未发迹的时候，"咸亨（670—674）中，往韶阳，遇刘志略，略有姑无尽藏，恒读《涅槃经》，能听之，即为尼辨析中义。怪能不识文字，乃曰：'诸佛理论，若取文字，非佛意也。'尼深叹服，号为行者"。② 尼姑读经，慧能析义，"岭南人无佛性"云云，未免是一种偏见了。

岭南的尼众，甚至还有人敢于加入东渡弘法的行列。唐天宝十二年（753）十月，随鉴真和尚从扬州赴日本的24名弟子中，就有"滕州通善寺尼智首等三人"，③ 她们是汉地尼姑出国的先行者，其献身精神，足以为暮鼓晨钟的女性世界增光。

北宋初年，有位新会籍的尼姑，为岭南佛门捐施了大量寺院地产。据《广东通志》三二八云："黄道姑者，新会人，女释也。生于皇祐间（1049—1054），父母富而无子，惟道姑承业，性少慧，因有所感，遂不适人，工纺织，买田万顷施于广之光孝、韶之南华及开元、东禅、西禅、仁王、龙兴诸寺，而光孝尤多。绍兴元年（1131）卒，年八十三。光孝僧为立祠墓左，即圆明庄聚宝庵也。"④

经过两宋之后，岭南佛教的势力在元代除继续以粤北为基地外，珠江三角洲一带也略有发展。《元史·祭祠志》说："道释祷祠荐禳之盛，竭生民之力以营寺宇者，前代所未有。"大德八年（1304），广州路统辖的一司（录事司）七县（南海、番禺、东莞、增城、香山、新会、清远），共有僧尼行童1643名。⑤ 可见，诗人贡奎《次王士容经历赋广东三十二韵》所说的"贾客财常万，僧尼寺或千"，⑥ 并不是夸大之辞了。

---

① 宝唱：《比丘尼传》卷三。
② 赞宁：《宋高僧传》卷八。
③ 真人元开：《唐大和上东征传》。
④ 阮元：《广东通志》，卷三百二十八，《释老列传》。
⑤ 《元大德南海志残本》，广东人民出版社1991年版，第4—7页。
⑥ 胡朴安编：《中华全国风俗志》上篇，卷八引。

从明代中后期开始，随着民间佛教和居士佛教的兴起，比丘尼制度在岭南城乡进一步展开，其社会联系较从前更为广泛了。佛门对尼众的教育，也相应加强。鼎湖高僧弘赞法师（1612—1686）于顺治七年（1650）辑《式叉摩那尼戒本》，从《序》中可知此书的宗旨："嗟夫，末代大尼罕遘，知律者全稀。既不蒙于亲授，复不许阅篇聚之文，无由得知，止持作犯。纵有向上之志，而无措足之方。爰是稽诸律本，编集所应学法，俾有惭有愧，乐学戒者，时而习之。"尼庵门庭的整肃，是适应时代的需求的。

在社会动乱中，人命危浅，妇女所受的威胁更大。为了保持清名贞操，幸存者不惜遁入空门，观变待时。在岭南遗民向僧尼转化的过程中，涌现出三个著名的女性：一个出身朱明王族，一个来自番禺世家，甚至还有一位平藩闺秀。她们的生活道路殊异，但都以"独卧青灯古佛旁"为共同的归宿。岭南三尼的命运，生动地表现出世缘对佛缘的制约关系，虽属宗教史的范围，却具有政治史的意义。

二、望云庵里的流亡郡主

甲申（1644）之变，明室倾覆，燕都换了主人。在此之前，外地藩王更早遭到灭顶之灾，世代食封中州的周王，就是其中之一。

崇祯十五年（1642）九月，李自成的大军决黄河，灌开封，周王率眷南逃，先依南京的弘光帝，后又投奔广州。顺治三年（1646）十二月，他与绍武帝一起被俘，"俱杀于广州府布政司前双门下"。① 在颠沛流离中，周王将自己的女儿付托给南明礼部尚书黄锦。这个无异"托孤"的行动，使流亡郡主的命运，从此与黄尚书在宦海中的浮沉连成一体。

黄锦，字孚元，号絅庵，广东饶平人，天启壬戌（1622）进士，由吏部左侍郎出补南京礼部尚书。后以病乞归，居郡城（今潮州市）。"甲申，闻变痛悼欲绝。未几，隆武即位福建，起为礼部右侍郎，寻晋尚书，以优老加太子太保。二年（1645），给假归。令与惠潮新抚议乘胜出虔，以谢良有所募三千众，听其调用。未行，而清兵已陷闽，继下潮广。锦韬

---

① 计六奇：《明季南略》卷九，"辛朝荐献策下广州"条。

晦林下。郝尚举反正，锦预其谋，倾家助饷。及败，匿免。"①

黄尚书府位于潮州郡城西北隅。他的夫人，早在崇祯末年已皈依佛门，建长寿庵（今潮州市中山路53号）作祀佛之所。在她的感染下，国破家亡的周王郡主，伤心悟道，祝发为尼，也焚修于附近的望云庵。据《韩江记》卷七云：

> 望云庵，在郡西北隅，俗名"王姑庵"，明季周王讳崇政，郡主出家处也。当神州之陆沉，王仓皇以郡主付黄絧庵尚书，间关来潮。闻燕京残破，遂祝发为尼，法名"日曜"，尚书乃建庵居之。②

从此之后，望云庵或王姑庵，便成了潮州一处胜迹。到同、光年间，前来凭吊的诗人大有人在。他们的诗作，以庵内的王姑遗像为题材，在抒发兴亡之感中，也记录了若干史事，有助于了解这位流亡郡主出家前后的故实。

其一，同治壬申（1872）林淇园的《望云庵王姑像》：

> 龙种飘零剧可嗟，青丝卸却著袈裟。
> 春添国愤眉尖锁，梦失宫装额上花。
> 死傍梵王犹有像，生怜帝子已无家。
> 空林谁说前朝事，独上钟楼看暮霞。

其二，光绪丁丑（1877）倪鸿的《四绝》，也是为王姑像而作的：

> 故国河山化劫尘，出宫不改女儿身。
> 可怜玉叶银潢裔，来作长斋侍佛人。
> 金山山畔筑精庐，日诵楞严闭户居。
> 岂料蒲团成结局，白头愁煞老尚书。

---

① 饶宗颐：《潮州先贤像传》，《黄尚书锦传》，汕头艺文印务局1947年版，第18页。
② 释慧原编纂：《潮州市佛教志·潮州开元寺志》，上册，1992年版（非卖品），第16页。据光绪《海阳县志》卷四十六："王姑庵，前明名大士阁。自黄絧庵尚书絜郡主来潮居住，遂称王姑庵。至望云庵，乃嘉庆时杨捷中所建，别为一庵。"所述与《韩江记》异，附此备考。

绝代娥眉寄梵宫，神京万里路难通。
等闲定洒思亲泪，染得袈裟似血红。
体论成佛与登仙，小像流传二百年。
凄绝望云庵畔路，梵香谁礼女婵娟。①

其三，光绪戊戌（1898）丘逢甲的《王姑庵绝句》，并有《序》记此庵的变迁：

二百年来，香火繁盛。法徒千指，雅志禅修。庵之前楹，像设精丽。重楼后峙，翼以绀宇。花竹森郁，钟磬清严。郡于斯庵，称为胜地。每当春秋佳日，士女游观。钗翠照人，车马喧巷，布金输帛，常填积焉。边防事起，将不戢兵，清净道场，杂居白芳，尘涴日久，法众星散，梵诵已缺，檀施亦稀，事过境迁，旧观难复。东风庭院，燕麦摇春，老尼三五，曝檐话故，盖黯然有今昔之感矣。嗟乎！王姑废兴之慨，异代同符。慧眼以观，何者非幻？大地变灭，尚复无常；区区一庵，藉佛仅存，宁足悲乎！戊戌人日，来游斯庵。佛堂尘积，遗画如新。为题绝句十六章，以贻好事，传之后世，亦潮中一故实也。②

丘逢甲的组诗，篇幅太长，不必全录。其中据老尼口述，可补史文之缺者，计有四端：（1）"芳心漂泊总思明，日曜亲书作法名"：郡主自取的这个法名，出自"七曜历"（日月加五星），表示她对亡明永志不忘。（2）"汴城宫殿郁嵯峨，已逐禅心委逝波"：周王的封邑在开封．据《皇明通纪》："亲王女曰郡主，食禄八百石。"（3）"故事姜凉说粉侯，西风梧落梵宫秋"：原注引老尼语："仪宾实以死殉国。"按明制，亲王、郡王之女婿称"仪宾"，可知王姑出家前已是有夫之妇了。（4）"二百年来一帧完，九莲遗像已飘残"：原注说"九莲菩萨，思宗曾祖母也。遗像已佚"。思宗曾祖母即神宗生母孝定李太后，"好佛，京师内外多置梵刹"。

---

① 《甲乙之际宫闱录》卷二，引《倪鸿诗集》。同治癸亥（1863）羊城内西湖富文斋刊本第八册倪鸿《曼陀罗庵诗钞》，缺辑此诗。
② 《岭云海日楼诗钞》卷四。

其牌位绘九朵青莲花,故名。① 王姑庵悬九莲菩萨像,无异于公开打出故明王族的旗号,这位落发为尼的流亡郡主,看来还是有几分胆量的。

尼日曜的逃禅,确实是朱明遗族的一段悲歌。至于是否像丘逢甲所描述的那样:"夜半闻鹃停梵诵,泪花红溅水田衣",那就只好留待心态史的研究者去探索了。

三、一代名尼来机大师

明清之际,岭南遗民的精神领袖,是曹洞宗第三十四代传人天然和尚。据今辩撰《行状》云:"吾粤向来罕信宗乘,自师提持向上,缙绅缝掖,执弟子礼问道,不下数千人,得度弟子,多不胜纪。尤喜与诸英迈畅谈,穷其隐曲,以发其正智,于死生去就,多受其法施之益,即一阐提,与自负奇才而不可一世者,见之无不心折。"② 天然和尚的大师风范,有很强的凝聚力。当年逃禅的著名遗民,如今种(屈大均)、今释(金堡)、今竟(陆圻)等人,都是从他受法的。据《粤东道民传》说:"函罡虽处方外,仍以忠孝廉节垂示,以故从之游者,每于死生去就多受其益。"在他主持下,海云、海幢、别传诸刹,成为岭南遗臣志士的活动中心。天然和尚本人,也因而道声远播,被誉为南粤的法门砥柱。

在天然和尚感化下,他一家六口:父母兄嫂和两个妹妹,都先后皈依释氏,以眷属而为法属,成了岭南佛教史上的一段佳话。小妹今再,"笄年入道",时间大约在顺治四年(1647)。③她法号"来机",是广州丽水坊无著庵的创建人。经过10年募建,费银35800余两,该庵于康熙十七年(1678)落成。佛殿、祖堂、观音阁、斋堂、客堂而外,住房三十余间,放生塘一口,共约占地8亩。这座颇具规模的无著庵,可以说是清初广州女性遗民的庇护所。据《鼎建无著庵碑记》云:

明季寇乱之余,乡闾荡析化离,家人妇孺不得相保守,穷嫠苦

---

① 《明史》卷一百十四,"后妃传"。并参(日本)冈田玉山(唐土名胜图会)上册,卷四,北京,古籍出版社1985年影印本,第16页。
② 汪宗衍:《明末天然和尚年谱》,台北,商务印书馆1986年版。
③ 汪宗衍:《明末天然和尚年谱》,台北,商务印书馆1986年版。

节，弱息无归，触目皆是。机师乃出其余力，从而招之，止其愁苦惨怛之声，置之清净安稳之处。出家在家，弟子恒数百人。①

按其行事而言，来机大师着眼于社会救济，较之同时同地的总持庵尼成慈、真梵庵尼成静仅限于坐禅持斋、贞洁自处，她显然有更大抱负。庵如碑记所志："止其愁苦惨怛之声，置之清净安稳之处"，将慈心变成善举，真不愧为一代名尼。

康熙十六年（1677），来机六秩初度，著名的今释法师送她一幅祝寿诗轴，内有句云："调御人天即丈夫"，可说对其功业和气概，赞扬备至了。今无法师也赋《寿来机师太六十初度》二首：

坐消冰雪见凄清，万顷鸿濛未可名。
妙得空王些子意，梅花岁岁满空庭。

空悬慧日照须弥，六十还将六十期。
三界总来无变相，何人识得末山机。②

第二首末句的"末山机"，是禅门公案，指唐代瑞州（江西高安）末山尼用机锋逼使灌溪闲和尚"伏膺"的典故。整个禅辩的核心，在于能否领悟"非男女相"的空玄本质。今无借用此典，意在歌颂来机不可企及的造诣。至于第一首，则因她生于冬月，故喻之为冬梅，也是赞美之辞。

今释和今无，都是与今再同辈的僧人。在他们的笔下，这位岭南尼姑别具幽响、了悟上乘的风度，可以说是跃然纸上了。

四、从朱门遁入空门的王姑姑

"王姑姑"是平南王尚可喜的第十三女。她的逃禅，表现出一名新贵之女的精神危机，属于乱世尼姑的独特类型，与一般遗民出家不可相提

---

① 《番禺县续志》，卷三十六。
② 江宗衍：《明末天然和尚年谱》，台北，商务印书馆1986年版，第4页。

并论。

据《番禺县续志》卷四十一云：

> 檀度庵在清泉街。康熙四年（1665），平南王尚可喜建。王有子二十三人，女十七人。其第十三女生即茹素礼佛，睹诸兄之横恣，忧患成疾，力恳为尼。王乃选宫婢十人为侍者，建此庵为其静室，法名"自悟"，人称之为"王姑姑"。目悟博通梵典，戒律精严，先平藩示寂，不睹家难。今庵尚存影容，披发衣紫，蛾眉双感，若重有忧者。咸丰七年（1857）兵燹，庵毁。同治初重修。

王姑姑的出家因缘，在清代笔记中还有更合理的表述：

> 女生而明慧，稍知书，识人事，即病其父之降本朝，日夕披袈裟，茹素礼佛，不语人间事。可喜不能夺，为选民间女子数人充侍者，建庵居之。奏诸朝，赐号"自悟大师"，导人群称之曰"王姑"。乾隆时，樊上舍封谒庵，以诗吊之云："一串牟尼出火坑，庸中佼佼铁铮铮。蒲团不堕红羊劫，笑彼飘零孔四贞。"四贞，为定南王孔有德女，于姑为甥舅行，适孙延龄。康熙初，延龄为吴三桂所杀，由滇归京师者也。①

根据上述记载，结合平藩治粤的史实，对王姑姑从朱门遁入空门的生活道路，似可做出如下的分析：

第一，平藩父子的横恣和伪善。尚可喜，辽东人。原为明将，守广鹿岛，天聪七年（1633）降清，授总兵。从入关到南下，屡建汗马功劳。顺治六年（1649），封平南王。七年，陷广州，屠城七日。镇粤二十余年，怨声载道。长子之信，"酗酒嗜杀"，肆行暴虐，令人切齿。"坐则辄饮，饮醉则必杀人。深宫静室，无以解醒，即引佩刀刺其侍者，虽宠仆艳姬，瘢痍满体。"② 满身血腥气的尚可喜，也曾在广州摆出"护法"姿态。至于他建庵给女儿焚修，扮演慈父兼檀越双重角色，也无非是欺世盗名

---

① 《清稗类钞》第十册，中华书局1986年版，第4860页。
② 钮琇：《觚剩》，上海古籍出版社1986年版，第152页。

而已。

第二，"自悟"赐号的由来。尚小姐自愿出家，使老父获得一个向朝廷申请"荣典"的机会。顺治一朝，多次给高僧赐号赐衣，如木陈赐号"弘觉禅师"，玉林赐号"大觉禅师"之类。如前所引，自悟赐号的由来，正是"奏诸朝"的结果。除赐号"自悟大师"外，应该同时赐紫袈裟。她的遗像"被发衣紫"，就是证明。

第三，王姑姑与孔四贞的比较。前引乾隆诗人"樊上舍封"，即樊昆吾。他所作《檀度庵》一诗，见《南海百咏续编》卷二。孔四贞是定南王的女儿，"王姑姑"是平南王的女儿，都是"绣户侯门女"，这就构成她们的可比性。至于孔四贞如何"飘零"，详见孟森先生《孔四贞事考》，① 此处不赘。应该指出的是，尽管"王姑姑"没有孔四贞"旌旗月落松楸冷，身在昭陵宿卫中"（吴梅村诗）那样的遭际，但她也经历过自身的精神危机，如"病其父之降本朝"、"睹诸兄之横恣，忧患成疾"等等。其结果，便是带发焚修，虽未剃度，也算是"一串牟尼（珠）出火坑"了。她"先平藩示寂"，即死于康熙十五年（1676）十月尚可喜病卒之前，显然也是一名夭寿者。

第四，自悟大师的侍者。在檀度庵里，有一位法名"无我"的妙龄尼姑，她是自悟大师"青灯古佛旁"的女伴。据沙门震华编述的《续比丘尼传》卷四云：

> 无我，平南王尚可喜宫人。随王女自悟出家于南海，为檀度寺尼。能诗善画，人物尤工。庵有自悟像，披发衣紫，蛾眉双蹙，若重有忧者。相传即无我手笔。又曾写通体小影，支颐枕石而卧，蕉阴苔色，上下掩映。题句云："六根净尽绝尘埃，嚼蜡能寻甘味回。莫笑绿天陈色相，谁人不是赤身来！"寄托遥深，见地高妙，盖取《维摩经》是身如芭蕉、中无有坚之意而为之也。字体亦娟秀熟练，得兰亭遗意。我焚香礼课，梵韵悠扬，勤翻贝叶，少拈笔竿。故其写作，极为世重云。②

---

① 孟森：《明清史论著集刊》下册，中华书局1984年版，第453—469页。
② 《高僧传合集》，上海古籍出版社1991年版，第999页。

像无我这样的才女，兼擅诗、书、画、呗四种艺术才能，却沦为宫人，并奉命去过"嚼蜡"式的清修生活，真是人寰中的大错位了。甚矣，历史喜欢捉弄人。小小的"无我"，又怎能抗拒"心比天高，身为下贱"的命运呢。

对自悟大师来说，能够不与父兄同流合污，而力求洁身自处，就是她的大悟了。因此，尽管檀度庵也像平藩府一样，实际主人无非是尚可喜，我们还是应当肯定"王姑姑"选择的道路，仍然带有"铁铮铮"的叛逆意义。

五、岭南三尼的遗民品格

以上论述的岭南三尼，按其出身来说，都属贵族尼姑；但她们洁身自持，并没有变成尼姑贵族。这是难能可贵的。请看清初宗门女戒的招摇之风："予观近日宗门，女戒锋起。阇黎上座，林立镜奁。语录伽陀，交加丹粉。咸有尊宿印证，支派流传。可羞可悯，莫斯为甚。"① 而岭南三尼，则别具面貌。无论日曜、今再，还是自悟，作为不同类型的焚修者，是各有其孤怀遗恨的：一个"帝子已无家"，一个"冰雪见凄清"，一个"牟尼出火坑"。当然，由于个人背景的特殊性，后者享有新朝荣典，成了一名可以衣紫的"自悟大师"。不过，正如古人所说："爱僧不爱紫衣僧。"紫衣尼也是如此，她更荣耀，但不见得更崇高。幸好，自悟的遗像"蛾眉双蹙，若重有忧"，仍不失其遗民尼姑的本色。

按其社会意义来说，明清之际岭南尼庵的女性遗民，是不能与一般遁世者等量齐观的。在她们身上，体现着家国之痛和兴亡之感。日曜、今再和自悟，尽管各有一格，但都是17世纪政治风云的产物："胜朝遗老半为僧，短发萧萧百感增。谁识天家留佚女，比丘尼派衍南能。"丘逢甲为潮州王姑庵而发的这段感慨，可说是异代同悲，给岭南三尼的历史形象，注入了一股庄严的气息。

---

① 《牧斋有学集》下册，上海古籍出版社1996年版，第1276页。

狮在华夏

在西域文化与华夏文化的交叉点上，狮子的历史命运带有两极化的特点：一方面，作为西域的贡品，狮子只有观赏性而无实用性，因而不能得到像汗血马那样的养殖和调习，甚至自唐代至明代多次出现"却贡"的事例，被官方拒之境外。另一方面，狮子作为瑞兽形象，长期与中国"灵物"共居显位，遍布通都大邑和穷乡僻壤，并向文化生活各个领域扩散，成为民间喜闻乐见的吉祥的象征。可以这样说，"狮"在中国的历史，对于研究文化传播过程中物质和精神两种体系的转换，以及外来文化与本土文化的融合，都有非常典型的意义。

一、狮从西域来

《说文》无"狮"字。古代汉语中的狮子名称是外来语，著名语言学家罗常培作过详细考证：

> 从命名的对音来推求，华特尔认为狮 ši 是由波斯语 sēr 来的。劳佛对于这个说法不十分满意。"因为在纪元88年第一个狮子由月氏献到中国的时候，所谓'波斯语'还不存在。大约在第一世纪末这个语词经月氏的媒介输入中国，它最初是从某种东伊兰语来。在那里这个词的语形素来是 šē 或 ši（吐火罗语 A，sisāk），也和中国师 ši（šʼi）一样没有韵尾辅音。"沙畹、伯希和、高体越等法国汉学家也都注意到这个字的对音。伯希和以为"关于波斯语 šēr，伊兰学家采用过一些时候的语源 xša – θrya 必得放弃了。因为高体越已经指出这个字是从粟特语的 šryw、šarγə '狮子'来的"。总之关于这个语词虽然有人不承认它是所谓"波斯语"，但对于它是伊兰语属几乎没有异议。高本汉也采取莫很斯廷教授的话，说"狮 si 在那里是伊兰语

śar 的对音"。①

古代西域是狮崇拜的流行区。从印度到波斯，狮子被涂上浓重的神话色彩，享誉僧俗两界，成为神力和王权的象征。

（1）印度。佛经赋予狮子在动物界至高无上的地位。《大集经》卷一〇说："过去世有一狮子王，在深山窟常作是念：我是一切兽中之王，力能视护一切诸兽。"作为"兽中之王"，威武的狮子一开始就是护法之物。《佛说太子瑞应本起经》写道："佛初生时，有五百狮子从雪山来，侍列门侧。"从此，佛陀说法坐狮子座，演法作狮子吼，成了"人中狮子"。公元前3世纪阿育王为弘扬佛法而建造的鹿野苑法敕石柱，就是用四头雄狮雕饰柱头的。②

（2）波斯的狮崇拜，也是源远流长。搪《隋书》卷八三《波斯传》："王着金花冠，坐金狮子座。"古代波斯诗人菲尔多西994年完成的长篇史诗《王书》，其中的英雄人物，大多冠上"狮子"的雅号，如"狮子达斯坦"、"狮子苏赫拉布"之类。

（3）大食（阿拉伯）的立国传说，竟然与狮子的神谕有关。《旧唐书》卷一九八《大食传》写道："大业（605—617）中，有波斯胡人牧驼于俱纷摩地那之山。忽有狮子人语，谓之曰：'此山西有三穴，穴中大有兵器，汝可取之。穴中并有黑石白文，读之便作王位。'"

古代西域的贡狮，就是以上述的狮崇拜为其宗教文比背景的。

现存的古代文献，找不到中国产狮的确切记载。历代学者几乎众口一词，都肯定狮从西域来。唐代高僧慧琳说："狻猊即狮子也，出西域。"（《一切经音义》卷七一）明代科学家李时珍也说："狮子出西域诸国。"（《本草纲目》卷五一）晚清学者文廷式论证更详："狻猊即狮子，非中国兽也。三代之前若果有之，则诗、书记载必不称犀象而转遗狮子。"（《纯常子枝语》卷二三）从历史上看，狮子是作为西域贡品被引进中国的。《后汉书》卷三有最早的记录：汉章帝章和元年（87），月氏国献狮子；

---

① 罗常培：《语言与文化》，语文出版社1989年版，第19—20页。并参薛爱华：《康国金桃》，伯克利，1963年英文版，第86—87页。
② 斯塔维斯基：《坦密故城出土的石狮柱础》，《东方文化遗产》，列宁格勒，1985年俄文版，第193—194页。

二年（88），安息国献狮子。随后历代均有贡狮记录，直到清康熙十七年（1678），葡萄牙使臣本笃贡非洲狮为止。在这持续16个世纪的漫长岁月里，西域贡狮以陆路运输为主，海运是罕见的。限于文献的记载，不可能逐一查明历代贡狮的下落。唯一知其终始的，是北魏孝明帝正光（520—525）末年"波斯国胡王所献"的一头狮子。在中国境内滞留六年之后，到"普泰元年（531），广陵王即位，诏曰：'禽兽囚之，则违其性，宜放还山林。'狮子亦令送还本国。送狮子者以波斯道远，不可送达，遂在路杀狮子而返"（《洛阳伽蓝记》卷三）。至于其他贡狮的命运，很可能像中唐诗人牛上士在《狮子赋并序》中感慨的那样："顿金锁而长縻，闭铁牢而永固。悲此生之窘束，怀旧国而愁慕。"（《全唐文》卷三九八）

如果说，遣返是西域贡狮在中国受到的一种待遇，那么，"却贡"则是更加强烈的反应。唐代武后万岁通天元年（696）三月，姚璹在《请却大石国献狮子疏》中这样申述不宜受贡的理由："狮子猛兽，唯止食肉，远从碎叶，以至神都，肉既难得，极为劳费。"（《全唐文》卷一六九）唐代廷臣这种旨在节省"劳费"的却贡理由，到明代又添加了新的内容。成化十七年（1481），撒马儿罕苏丹进二狮，职方郎中陆容上疏："狮子固奇兽，然在郊庙不可以为牺牲，在乘舆不可以备骖服，不当受。"弘治二年（1489），撒马儿罕又进狮，礼部尚书倪岳请却其贡，更加义正辞严："臣观撒马儿罕所进狮子，乃夷狄之野兽，非中国之所宜蓄。留之于内，既非殿廷之美观；置之于外，亦非军伍之可用。且不免以彼无用之物，易此有用之财。"明孝宗嘉纳其言，李东阳为此写了一首歌颂圣明的《却贡狮诗》：

　　万里狻猊初却贡，一时台省共腾欢。极知圣学从心始，谁道忠言逆耳难！汉代谩夸龙是马，隋家空信鸟为鸾。非才敢作清朝颂，独和新诗写寸丹。（《殊域周咨录》卷一五）

"却贡"，也就是把狮子宣布为不受欢迎的动物。这种与西域狮崇拜大异其趣的舆论反应，应该从古代中国人的狮子观中去寻求文化的阐释。

二、古代中国人的狮子观

狮子虽非中国所产,但因历代贡狮不绝,提供了直接观察的机会,因此,古代中国文献关于狮子的描述,具有颇高的纪实性。明代黄省曾写过一卷《兽经》(《夷门广牍》卷二一),有专项记狮子事,但简略太甚,未能全面反映古人对狮子的具体观察。现按个人辑集所得,将狮子资料分类缕述如后。

(一) 形体

(1)《东观汉记》:"狮子形如虎,正黄,有髯耏,尾端茸毛大如斗。"《通典》卷一九二"条支"所记相同。

(2) 虞世南《狮子赋》:"其为状也,则筋骨纠缠,殊姿异制,阔臆修尾,劲豪柔毳,钩爪锯牙,藏锋畜锐,弥耳跪足,伺间借势。"

(3) 刘郁《西使记》:"狮子雄者鬛,尾如缨,拂伤人。吼则声从腹中出。"

(4) 陶宗仪《南村辍耕录》卷二四:"身材短小,绝类人家所蓄金毛猱狗。诸兽见之,畏惧俯伏,不敢仰视,气之相压也如此。"

(5) 马欢《瀛涯胜览》阿丹国:"其狮子形似虎,黑黄无斑,头大口阔,尾尖毛多,黑长如缨,声吼如雷,诸兽见之,伏不敢起,乃兽中之王也。"

(二) 习性

(1)《穆天子传》卷一:"狻猊□野马,日走五百里。"

(2) 杨衒之《洛阳伽蓝记》卷三:"庄帝谓待中李彧曰:'朕闻虎见狮子必伏,可觅试之。'于是诏近山郡县捕虎以送。巩县、山阳并送二虎一豹。帝在华林园观之。于是虎豹见狮子,悉皆瞑目,不敢仰视。园中素有一盲熊,性甚驯,帝令取试之。虞人牵盲熊至,闻狮子气,惊怖跳踉,曳锁而走。"

(3) 陶宗仪《南村辍耕录》卷二四:"各饲以鸡鸭野味之类,诸兽不免以爪按定,用舌去其毛羽。惟狮子则以掌擎而吹之,毛羽纷然脱落,有若燖洗者。此其所以异于诸兽也。"

（三）饮食

(1)《明史·西域传》："狮日啖生羊二，醋、酐、蜜、酪各二瓶。"

(2)《真珠船》："狮子房狮子二号，日食活羊一只半，白糖四两，羊乳二瓶，醋二瓶，花椒一两三钱。"

（四）驯养

(1) 陈诚《西域番国志》："初生时目闭，七日方开。欲取而养之者，俟其始生未开目之际取之，易于调习。若至长大，性资刚狠，难于驯驭。"

(2) 梁章钜《浪迹丛谈》卷六记明代虫蚁房："狮居之阱，浑铁作柱，复以铁索二条系其颈，左右链之，若欲放出，则先将大铁桩长可六七尺，围径尺，末有二大圈，以桩钉入地中，止余二圈在上，然后牵狮铁索，出扣于上，两狮蛮左右掣之，不令动。内监命戏采毡，蛮取两毡大如斗，五色线结成，蛮先自戏舞，狮伏地注目，若欲起而攫者，乃掷与，狮以两足捧之，玩弄不置。"田艺蘅《留青日札》卷二九，所记大体相同。

(3) 王有光《吴下谚联》卷一："性喜滚球。球非野处得有，惟以小狮入贡，乃取锦绣簇成球团，与之戏弄舞跳，投其好乐，以驯其性，为花圃珍奇之兽。"

（五）制克

(1) 马欢《瀛涯胜览》忽鲁谟厮国："出一等兽，名草上飞，番名昔雅锅失（据冯承钧注：波斯语名 siyāhnōs 之对音，此言"黑耳"，即学名 Felis Caracal 之山猫），如大猫大，浑身俨似玳瑁斑猫样，两耳尖黑，性纯不恶，若狮、豹等项猛兽，见他即俯伏于地，乃兽中之王也。"

(2) 沈周《客座新闻》记明代西番贡狮事："畜二小兽，名曰吼，形似兔，两耳尖长，仅长尺余。狮作威时，即牵吼视之，狮畏服不敢动。盖吼作溺，上着其体，肉即腐烂。"

如上所述，可知在古代中国人心目中，来自西域的狮子只是"异兽"或"奇兽"，并未将它作为"瑞兽"看待。封建仪制中的祥瑞名物，完全把狮子排斥在外。据《唐六典》卷四，无论大瑞、上瑞，还是中瑞、下瑞，都没有狮子的份儿。这种视狮子为"狰狞之兽"（明代韩鼎语）的物种观念,与"却贡"的行为相表里,反映出文化交流过程中根深蒂固的选择性。

康熙十七年(1678),意大利耶稣会士利类思(P. Ludovicus Buglio, 1606—1682)著《狮子说》,刊刻于北京。他在序中写道:"今述狮之相貌、形体,及其性情、能力,不徒以供观玩、畅愉心意而已。要知天下间有造物大主,化育万物,主宰安排,使物物各得其所,吾人当时时赞美感颂于无穷云。"① 利类思这篇天主教神学与近代动物学杂糅的《狮子说》,没有也不可能改变中国人传统的狮子观。

下面,我们将从物种的考察转向形象的考察,看一看"狮"在中国如何大放异彩。

三、狮子形象的华夏化

西域狮文化在中国的传播,有一条影响深远的渠道,这就是佛教美术。僧徒用佛画和佛像来把佛经中的"狮子王"形象化。按《涅槃经》卷二五的描述,印度式的狮相是这样的:

> 方颊巨骨,身肉肥满,头大眼长,眉高而广,口鼻奯方,齿齐而利,吐赤白舌,双耳高上,修脊细腰,其腹不现,六牙长尾,鬃发光润,自知气力,牙爪锋芒,四足据地,安住岩穴,振尾出声。若有能具如是相者,当知真狮子王。

文殊菩萨骑狮子,是佛教美术中常见的题材,它在唐代的两处胜迹中获得鲜明的表现。其一是五台山的菩萨堂院,"骑狮子像,满五间殿在,其狮子精灵,生骨俨然,有动步之势,口生润气,良久视之,恰似运动矣"。(圆仁:《入唐求法巡礼行记》卷三)其二是甘肃榆林窟第25窟壁画,绘文殊以威武雄壮的青狮为坐骑,旁有昆仑奴御卫。佛画的狮并非动物图谱,它与兽类的狮在形态上的差异,常常引起古代中国人的困惑。有

---

① 徐宗泽:《明清间耶稣会士译著提要》,中华书局1989年版,第307页。并参吴振棫:《养吉斋丛录》卷二六:"康熙十七年戊午,西洋古里国贡狮子,诏群臣观之。毛奇龄有诗纪其事。"

的人埋怨画狮失真，如北魏使者宋云6世纪初在跋提国（今 Balkh）见到两头活狮，便慨叹道："观其意气雄猛，中国所画，莫参其仪。"（《洛阳伽蓝记》卷五）有的人则怀疑贡狮作假，元时"有贡狮子者，首类虎，身如狗，青黑色。宫中以为不类所画者，疑非真"（周密：《癸辛杂识》续集）。这个似真非真、似假非假的狮文化之谜，应该怎样解释呢？

古代西域输入的狮子形象，无论印度风格还是波斯风格，均属外来文化，不能不受到中国传统文化的制约：张牙舞爪的波斯狮变得和气了，"吐赤白舌"的印度狮也缩回了舌头。经过长期的融合和改铸，华夏化的狮子形象，终于形成了独特的面貌。

（一）狮在龙下

古代中国人崇拜"四灵"：麟、凤、龟、龙。华夏的始祖神伏羲和女娲，都是人首龙身。皇帝也被尊为龙种。整个中华大地，几乎成了龙的国度。外来的狮子要在这样的文化生态中存活，自然不能享有它在西域那样崇高的品位，只能纳入"狮在龙下"的格局，以致形成"龙生九子，狮居第五"的古老传说（参《格致镜原》卷九〇）。这里不妨举出几个物证：第一，唐代武则天登基后，铸造"颂德天枢"，即八棱铜柱。这座巨型"圣器"的灵物位置，龙居中，狮在侧。第二，五代前蜀高祖王建的永陵，在后室置一座仿御床的石床，正面的浮雕，也是盘龙居中，雄狮在侧。① 第三，唐代官服的绣袍，"诸王则饰以盘龙及鹿"，"左右监门卫饰以对狮子"（王溥：《唐会要》卷三二）。这种尊卑分明的龙、狮袍文，一直沿用到清代：皇子、亲王用"团龙"图案，武官一、二品才穿狮子袍。很明显，在古代中国的世俗性和封建性的礼仪中，狮既不能凌驾于龙之上，也不能与龙平起平坐，完全丧失了它在西域作为神力与王权的象征的显赫地位，只能厕身于仪卫性的行列，以走狮或蹲狮的姿态，出现在历代帝陵的墓道上，守护着"西风残照，汉家陵阙"。②

---

① 冯汉骥《前蜀王建墓发掘报告》，文物出版社1964年版，第37—38页，第39图。

② 程征、李惠编：《唐十八陵石刻》，陕西人民美术出版社1988年版，第97—107页。公元2世纪中期，东汉安邑县长尹俭墓"阙南有二狮子相对"，是已知镇墓狮的最早记录，参见杨宽：《中国古代陵寝制度史研究》，上海古籍出版社1985年版，第73页。

（二）威而不怒

在佛教昌盛的南朝，印度风格的狮子形象，曾一度风行于中国的造型艺术中，其代表作就是吐舌石狮。梁代忠武王萧憺，卒于普通三年（522），其陵墓东侧的大、小石狮，一律口露长舌。平忠侯萧景，卒于普通四年（523），墓前的石狮系列，"现存为东狮，公兽，体形肥硕，胸突腰耸，首仰舌伸"。① 按华夏文化的传统观念，舌是"灵根"，宜藏忌露。到了唐代，"吐赤白舌"的狮相已越来越罕见，常见的造型只是张口露齿而已。对"吐舌"的修正，是狮子形象华夏化的重要步骤。开元（713—741）文士阎随候的《镇座石狮子赋》，为我们描述了一幅形神俱备的盛唐狮相："威慑百城，褰帷见之而增惧。坐镇千里，伏猛无劳于武张。有足不攫，若知其桀扰；有齿不噬，更表于循良。"②

事实证明，这种威而不怒的镇座石狮，不仅丰富了盛唐气象，而月提供了标准化的风格，成为后代狮子形象的规范。

（三）人狮和谐

在古代波斯艺术中，常见一种人狮搏斗的题材，因盛行于萨珊时代（226—642）而被称为"萨珊风格"。风气所及，使当时西亚和中亚的织物图案和金银器纹饰，普遍出现狩猎场面：全副武装的骑士，反身射杀猛扑过来的雄狮。现存日本的"法隆寺四骑狮子狩猎文锦"，以及阿姆河畔出土的"狩猎纹银碗"，就是"萨珊风格"的典型器物。③ 一方杀气腾腾，一方张牙舞爪，这种人狮搏斗的"壮观"场面可以流行于西域，却不能传播于中土。因为，按华夏文化的传统，人（人文界）与天（自然界）的关系，应该是和谐的，而不是对抗的。从唐宋到晚清，几乎家喻户晓的"狮子戏绣球"图（以中国式驯狮术为生活原型），就是人狮和谐

---

① 姚迁、古兵编著：《南朝陵墓石刻》，文物出版社1981年版，图版73、74、76、77。
② 《全唐文》卷四〇〇。唐代宫殿摆设镀金铜狮，引发出一段弘扬佛法的佳话：法藏和尚给武则天说法，指镇殿的"金狮"为喻，写成著名的《华严金狮子章》。
③ 桑山正进：《法隆寺四骑狮子狩纹饰的制作年代（一）》，《江上波夫教授古稀纪念论集·考古美术篇》，山川出版社1976年日文版，第143—150页。关于萨珊风格的狮子狩猎纹及其对唐代金银器的影响，参看瑞典学者葛兰域：《唐代金银器》，《斯德哥尔摩远东博物院院刊》，第29卷，1957年英文版，第117—119页，图版65。

的艺术表现，它不仅被用作铜镜和瓷器的纹饰，而且成了民间年画和剪纸工艺的重要题材。

（四）家族群体

狮子的拟人化，在佛经故事和《伊索寓言》中，都是屡见不鲜的。至于狮子的家族化，则是华夏文化独有的范畴。大狮、幼狮和母子狮，组成一个狮子家族的群体，类似古希腊的群雕。古代中国的寺庙、官署和祠宇门前，通常都设置一对石狮，左雌右雄，均为蹲式。雄狮左爪下有绣球一个，雌狮右爪下安抚一头幼狮。这个家族化的群体，颇有人世风范，因而，成了一切门狮的模式。例如，清代北京香山的碧云寺，"山门东向，石狮二。雄瘦露骨，雨溜为皮，黑色。雌肥见肉，苔绣为皮，绿色。腹皆纯白，雕楼工巧"。从麟庆撰述的图记看，碧云石狮的造型，无非是戏球狮和母子狮的合二而一。① 《红楼梦》里贾府门前那对著名的石狮子，也同样是配套的。这种狮子形象的家族化特征，不仅反映了家族本位的华夏文化的同化能力，同时，也表现出古代石工独具匠心的艺术造诣。

到了清代，狮子在中国绘画和雕刻中已经完全定型，并且出现了相应的理论概括。关于画狮，郑绩在《梦幻届画学简明》（1866年作）中写道："狮为百兽长，故谓之狮。毛色有黄有青，头大尾长，钩爪锯牙，弭耳昂鼻，目光闪电，巨口须髯，蓬发冒面。尾上茸毛斗大如球，周身毛发松猱如狗。虞世南言其拉虎吞貔，裂犀分象，其猛悍如此。故画狮徒写其笑容而不作其威势，非善画狮者也。"② 关于雕狮，李斗在《扬州画舫录》（1795年作）卷一七，制定如下的营造规格："狮子分头、脸、身、腿、牙、胯、绣带、铃铛、旋螺纹、滚凿绣珠、山凿崽子。"③ 所谓"旋螺纹"，指的是螺髻式的狮鬣，时至今日，仍然是民间石匠雕狮的程式之一。

---

① 麟庆著文、江春泉等绘图：《鸿雪因缘图记》，北京古籍出版社1984年版，第3集下册"碧云抚狮"篇。
② 《中国画论类编》下卷，人民美术出版社1986年版，第1200页。
③ 李斗：《扬州画舫录》卷一七，江苏广陵古籍刻印社1984年版，第387页。

四、民俗中的狮子

从历史上看，华夏化的狮子是芸芸众生喜闻乐见的形象，普及城乡，妇孺皆知，极大地丰富了中国民俗的文化内容。举其著者，则有舞狮、糖狮和雪狮三项。这些唐宋时代的遗风余韵，到现代仍传承未废，是值得加以回顾的。

（一）舞狮

狮子舞自唐代以来盛行于中国民间，遍及南北各省。据《新唐书·礼乐志》，当时的"五方狮子舞"，艺人和道具均有定制：

> 设五方狮子，高丈余，饰以方色，每狮子有十二人，画衣执红拂，首加红抹，谓之狮子郎。

参照其他文献，可对"五方狮子"作两项具体分析：第一，狮状。白居易的《新乐府·西凉伎》这样描写："刻木为头丝作尾，金镀眼睛银帖齿。奋迅毛衣摆双耳，如从流沙来万里。"现代的"醒狮"，就是以此为雏形的。第二，狮色。五色之中，"黄"是帝王之色，除天子之外，谁也不能舞黄狮子。著名诗人王维，就曾经触犯禁忌而吃了大亏："王维为大乐丞，被人嗾令舞黄狮子，坐是出官。黄狮子者，非天子不舞也，后辈慎之。"（王谠：《唐语林》卷五）

经过世世代代的传承和提炼，狮子舞已经退尽西域色彩，变成群众性的中华风俗舞了。在逢年过节或迎神赛会的喜庆活动中，舞狮出场，司空见惯。当然，南北风俗各异，舞法也不尽相同。在清代粤东地区，"舞"与"武"相结合，可说是中国舞狮艺术的奇葩。张心奉笔下的同治年间（1862—1874）潮州狮子戏，是颇能开人眼界的：

> 潮嘉新年有舞戏，以五色布为狮身，狮头彩画。如演剧式：一人擎狮头，一个擎狮尾。一个戴大头红面具、褐裘短衣，右手执竹梢，左手蒲葵扇，为沙和尚。别一短小精悍者为小鬼，蒙鬼面。随行十余少年，手戈盾叉棒之属，红巾结束，鸣锣杂沓。于正月朔日至各村庄

人家家庙参谒,谓之"狮参"。是日参拜而已,不使拳棍。至初二日以后来者,则沙和尚与狮交战,战毕出竹架,令小鬼跳之,为小鬼跳架,再弄拳棒则诸少年齐至广场,各逞武艺。始交拳技,继以戈盾叉棒,最后则攒刀:设大桌,尖刀矗其前,矫捷少年超逾桌,刀尖摩腹,危若剖分,观者心怖气夺。盖即古傩礼意。然习俗相传则曰"狮者师也",乡人岁晚无事,习武艺,习必延师指示,借狮戏为名。(张心泰:《粤游小志》,《小方壶斋舆地丛钞》第九帙)

像这样的狮子舞,已经将舞蹈、杂技和武术熔为一炉。难怪在现代的潮州方言里,武术教练被称为"拳头狮父"了。

(二)糖狮

中国的饮食文化,不仅讲究色香味,而且非常重视造型美。北宋汴京(开封)的饮食店已经出售"狮子糖"(孟元老:《东京梦华录》卷二"饮食果子"条)。到了清代,糖狮风靡江南各地,孔尚任有诗吟咏:"东南繁华扬州起,水陆物力盛罗绮。朱桔黄橙香者橼,蔗仙糖狮如茨比。"(《孔尚任诗》卷二)糖狮是"兽糖"中的一种,其制法包括熬糖、入模、脱胎等工序,明末的科学家宋应星有详细记载,见《天工开物》卷上"造白糖"法。

(三)雪狮

顾名思义,"雪狮"之戏属于北国风光。北宋的贵族之家,每逢隆冬,开筵宴乐,塑雪狮是一种豪华的排场。孟元老《东京梦华录》卷一〇记其事云:"是月(十二月)虽无节序,而豪贵之家,遇雪即开筵,塑雪狮,装雪灯,雪口以会亲旧。"尽管用瑞雪塑狮,寓有吉祥之意,但无法持久,气温一升就非融化不可。对此,宋诗中也偶有讥讽。宋代赵德麟《侯鲭录》卷八引张文潜《戏作雪狮绝句》云:"六出装来百兽王,日头出后便郎当!"所谓"六出",既是"雪花六出"之略,又是唐宋狮子戏的术语。请看中唐高僧药山(惟俨)和云岩(昙晟)谈禅的一段对话:

　　山又问:"闻汝解弄狮子,是否?"曰:"是。"曰:"弄得几出?"师曰:"弄得六出。"曰:"我亦弄得。"师曰:"和尚弄得几出?"

曰："我弄得一出。"师曰："一即六，六即一。"（《五灯会元》卷五）

"六出"即是六套，组成一个狮子戏的系列。和尚也擅此道，可知狮子戏为僧俗所共好。

除节庆宴乐的场合外，狮子在殡葬礼俗中也扮演独特的角色。清代济南民间，出殡有"送狮豹"的吊祭仪式：

> 殡期至亲及最契之友送狮豹：狮豹者，用花毯作身，木作首尾，一人裹于其中。开吊时，列于大门左右。及启灵，狮豹先入于灵前舞蹈。丧家先备制钱一千或两千，置于灵几。舞蹈毕，卧于旁，从腹中出小狮讨喜钱，即攫几前钱而去。间有用数人假戏场衣冠，于狮豹舞毕演戏一折，然后启灵。此等乡间皆亲友为之，城市有用贫人者。近于鞭子巷设狮豹局，然用之者犹谓之"请"，不得出钱雇赁。狮豹送葬不及坟。（孙点：《历下志游》，《小方壶斋舆地丛钞》第六帙）

狮子不仅融入人事的哀乐之中，甚至还被视为耕畜的保护神。清代成都曾流传过这样的《狮王神疏》：

> 伏以狮为百善之尊，尊者莫如狮也，况狮而神乎！我境狮王尊神，历神显圣，六畜有病，符水多灵，可云利物利人，惟是无灾无害。今某家有牛受病，水草不沾。特备香楮等敬祈尊神降敕符水，俾其服之，有力如虎，不染瘟灾，大武如龙，长生水草。群物叨爱育之德，益显仁民之恩矣。谨疏以闻。①

据上引证，可知在民间传统中，狮子被视为哀乐与共，利物利人的神秘力量，这是华夏狮文化区别于西域狮文化的历史的和民族的特色。

狮子形象的华夏化，从移植、归化到创新，经历了漫长的过程，凝聚着历代能工巧匠的心血。潜移默化之后的中国狮，独立于世界艺术之林，堪称"中华一绝"。它的独特面貌，并不是套用"神似"的传统画论所能解

---

① 傅崇矩：《成都通览》上册，巴蜀书社1987年版，第531页。

释的。正如以上的论述所表明的那样，狮子形象之所以大放异彩，完全是由于输入华夏文化的血液。既保存狮子威武的气派，又赋予它祥和的面貌。

五、"狮子吼"——从佛的法音到人的呐喊

佛经称佛为"人中狮子"，并用"狮子吼"来形容他庄严的法音。据说，这种吼声能够震撼天地、扫荡邪恶，具有无比的威力。

随着佛教的中土化和狮子的华夏化，"狮子吼"也从神坛降落到民间，被用来表达尘世的抗争和人的呐喊。

人们没有忘记，当中华民族备受西方列强压迫和欺凌的时候，曾被形容为"睡狮"，借以讽刺尚未觉醒的国民性。汪康年的名著《汪穰卿笔记》写道：

> 西人言中国为睡狮。狮而云睡，终有一醒之时。以此语质之西人，西人皆笑而不答，于是乎莫知其何取义矣。后见驯狮者，叩其解。驯狮者曰："此义遥深。吾辈从前习驯狮之术，皆捕小狮子使母狗乳之。及其长成则狮形而狗性矣，易驯之以为戏。后有人与之戏，至张口数狮齿，时适狮饥甚，乘势一口，将人之头颅咬下。观者震骇，咸咎吾术之未精。因复深思，乃得一法，以生鸦片抹于牛肉以饵狮，初仅少许，继则渐加，鸦片之量既广，狮则终日昏昏，皆在睡梦中，尽人调戏。虽能张拳开口，发声嗥吼，不过如梦谵而已，实不能咬人。盖有狮之形，无狮之质，并前之狗性亦无矣。殆将长睡，永无醒时。贵国之大，犹狮之庞然也。受毒之深，奚止于鸦片耶！以此为譬，庶乎近之。"噫，可惧哉！吾愿中国人憬然悟之。

在近代中国，民族民主革命的呼声曾经借助"狮子吼"的形式，向"满街狼犬"的严酷现实发出了挑战。辛亥革命时期的宣传家陈天华的革命小说取名《狮子吼》，① 大声疾呼"扬狮旗，扫狼穴"，为共和而奋斗。

1934 年，正当民族危亡的关键时刻，满腔悲愤的徐悲鸿，挥笔画了一幅雄狮图，题词是："新生命活跃起来！"

---

① 《民报》第二号，1906 年。

陈天华的《狮子吼》和徐悲鸿的雄狮图，都是凄风苦雨年代的救亡之作，表达了炎黄子孙的拳拳之心。今天的神州大地，已经旧貌换新颜。在这种情况下来回顾狮在中国的历史，完全没有必要再弹弦外之音。根据本文的初步考察，这个体现中外文化关系的问题，应作两面观：从贡品史看，狮子作为"西域异兽"，没有任何实用价值，难免遭受一连串的冷遇：却贡、遣返或老死于虫蚁房中，终于销声匿迹，对中国历史进程毫无影响。另一方面，从民俗史看，经过华夏文化的陶冶，狮子形象大放异彩，变成"四灵"的同伴，取得在形和神两个方面的中国气派。因而，既受民间喜爱，也可登大雅之堂。事实表明，历代中国人所赞赏的，并非狮的形体，而是狮的精神。

哈巴狗源流

唐代从西域引进的新物种，有所谓"猧子"者，即后世的哈巴狗。它从王朝贡品到民间宠物的演变，史籍、文物和诗文均有反映，可说是源远流长的。

在《陈寅恪诗集》中，有一首作于1954年的《无题》七律，意蕴弘深，堪称绝妙好词。其中对"猧子"附加的自注，长达七十多字，相当耐人寻味：

  《太真外传》有康国猧子之记载，即今外人所谓"北京狗"，吾国人则呼之为"哈巴狗"。元微之《梦游春》诗"娇娃睡犹怒"与《春晓》绝句之"狌儿撼起钟声动"皆指此物，《梦游春》之"娃"乃"猧"字之误，浅人所妄改者也。

这段郑重其事的注文，除释词和校字外，按照金明馆主人在《读哀江南赋》及《论再生缘》一贯阐释的诗说，尚应解读其中包含的古典、今典二重结构。"今典"涉及1854年那场席卷南北的"红学"风波，其人其事，隐约可见，均非本文所欲论。至于"古典"，则纯属文化史的考证，从中可以引发出一段长达千余年的哈巴狗源流，说明7世纪奉献给大唐天子的西域贡品，历经唐、宋、元、明、清，怎样逐步本土化和商品化，终于演变成非特权的民间宠物，跻身于"中华一绝"的行列。像狮子一样，猧子也是中西文化交流的镜子。可惜学人少加拂拭，以致真相晦而不显。

猧子是天外来客，其故乡在东罗马，即拜占庭帝国，唐代称为"大秦"或"拂菻"。据《旧唐书》卷一九八《高昌传》载：

  （武德）七年（624）（麹）文泰又献狗，雄雌各一，高六寸，长尺余，性甚慧，能曳马衔烛，云本出拂菻国，中国有拂菻狗，自此始也。

高昌位于新疆吐鲁番盆地。麴氏王室奉李唐为上国，职贡常修，故有"献狗"之事。1972年吐鲁番县阿斯塔那出土的绢画《双童图》，左侧童子抱黑色猧子一头，栩栩如生，① 可作拂菻狗初传中国的物证。至于杨贵妃在后宫玩弄的猧子，虽同属拂菻种，却是由中亚城邦撒马尔罕入贡的。史载开元十二年（724）康国献"马、狗各二"，至天宝年间仍陆续进奉不绝。

在宋乐史撰《杨太真外传》之前，五代王仁裕的《开元天宝遗事》，已于卷下备载"猧子乱局"之事：

> 一日，明皇与亲王棋，令贺怀智独奏琵琶，妃子立于局前观之。上欲输次，妃子将康国猧子放之，令于局上乱其输赢，上甚悦焉。

这种能够在棋局上捣乱的小狗，是唐代后宫常见的"活宝"。贞元进士王涯所做的《宫词》，写其娇惯之态相当传神："白雪猧儿拂地行，惯眠红毯不曾惊。"周昉的名画《簪花仕女图》，就有"猧儿拂地行"的生动形象。上行下效，猧子的豢养并不限于内府，外廷的某些朱门也成了它的安乐窝。据《太平广记》卷三八六引《玄怪录》说："洺州（河北永平）刺史卢顼表姨常畜一猧子，名花子，每加念焉。"又，敦煌歌辞《渔歌子》云："绣帘前，美人睡，庭前猧子频频吠。"西蜀名媛薛涛那首《犬离主》的绝句，旨在宣泄被遗弃的哀伤，文章却做在猧子身上："驯扰朱门四五年，毛香足净主人怜。无端咬着亲情客，不得红丝毯上眠。"薛才女以犬喻人，并非自我作孽，而是它非同凡犬，才有资格在失宠之后呼吁"主人"回心转意。

以上这些唐人唐事，说明拂菻狗由高昌传入长安之后，或经繁殖，或再输入，到8至9世纪之间，已向南北两方扩散，远达四川的成都和河北的永平。至于唐代猧子"毛香足净"的技术措施，例如是否喷洒西域"蔷薇水"，由于文献缺略，已经无从探其究竟了。

10世纪中期，赵宋立国汴京（开封），在彤庭金屋之中，难免也有猧子的踪迹。宋太祖时代的进士宋白，撰写过这样的《宫词》："春宵宫女着春绡，铃索无风自动摇。昼下珠帘猧子睡，红蕉槛下对芭蕉。"在春宵

---

① 《新疆出土文物》，文物出版社1975年版，第74页。

里，猧子与宫女相映成趣，闲适中颇有几分升平气象。坐享荣华二十年（976－997）的宋太宗，丰乐无事，更是一名超级的猧子迷。他在世养哈巴狗做伴，死后由哈巴狗守陵。据李至《呈修史钱侍郎桃花犬歌》（《宋诗纪事》卷二）云：

> 宫中有犬桃花名，绛缯围颈悬金铃。先皇为爱驯且异，指顾之间知上意。珠帘未卷扇未开，桃花摇尾常先至。夜静不离香砌眠，朝饥只傍御床喂。彩云路熟不劳牵，瑶草风微有时吠。

这头善解人意的桃花犬，作为猧子的名贵品种，在北宋后宫享受特殊待遇，不仅可以"傍御床"，而且"绛缯围颈悬金铃"，显然比它在唐代那群"毛香足净"的先辈，出落得更加光彩夺目了。太宗赵光义虽不算昏君，然而爱狗甚于爱民，这对大宋的国运，可不是什么好兆头啊。

蒙古族入主中原之后，以北京为大都。从穹庐走向宫殿，城市化的程度迅速提高。来自西域的"色目人"，也有不少成了元朝的新贵。犬马、声色和豪宴，林林总总，蔚为一代侈靡之风。据陶宗仪《南村辍耕录》卷二四云：

> 国朝每宴诸王大臣，谓之大聚会。是日，尽出诸兽于万岁山。若虎豹熊象之属，一一列置讫，然后狮子至。身材短小，绝类人家所蓄金毛猱狗。

元代的"大聚会"，也是一次猛兽博览会。在这则纪事里，陶氏用常见的猧子来形容罕见的狮子，借民间宠物来比喻"帝廷神兽"，表明元代蓄养"金毛猱狗"的人户，应有不少属于"寻常百姓家"了。

"金毛猱狗"即哈巴狗，屡见于元代杂剧。王学奇、王静竹撰著的《宋金元明清曲辞通释》，已辑集一批资料：

孟汉卿《魔合罗》二折白："红油门儿，绿油窗儿；门上挂着斑竹帘儿，帘儿下卧着个哈巴狗儿。"

郑光祖《三战吕布》一折白："帐前打两面引军旗，旗上描成哈巴狗儿。"

无名氏《连环计》二折白："我若说谎，就变一个哈巴狗儿。"

此外，还有另一无名氏《渔樵记》二折白："哎呀，连儿，盼儿，憨头，哈叭，刺梅，鸟嘴；相公来家也，接待相公。"

据方贵龄先生考释，哈叭乃蒙古语 qaba（-n，-ng）的对音，意为"小犬"① 作为一个汉语借词，它流行至今已有七百多年历史了。只是在明代，由于忌"胡"，才换上"獬犺"的别称。译音无定字，俞樾《茶香室丛钞》卷二三认为俗书哈叭"当作獬犺"，未可视为确断。

明王室代兴之初，立即颁令铲除元朝的胡习。洪武元年（1368），朱元璋下诏"禁胡服、胡语、胡姓"（《明大政纂要》卷一），雷厉风行，震慑朝野。在一片排胡声中，"胡狗"的命运怎样呢？从文献看，似乎对它法外施恩，未加格杀。幸存下来的猧子能否逍遥度日，无从确知。到明代后期，此物仍得宠于太监，则有刘若愚《明宫史》"神宫监"条可以为证："万历（1573—1620）年间，掌印杜用养一獬犺小狗，最为珍爱。"明人谢肇淛（1567—1624）记京师贵戚"蓄狗，则取金丝毛而短足者，搬跚地下，盖兄事猫矣，而不吠盗"。② 可供参证。

按明代宫制，杜用在神宫监的职务是掌管太庙洒扫和灯火，他珍爱的小狗，当也有机会出入庄严的殿堂。至于外省情况，有田艺蘅《留青日札》卷三〇，记明末杭州猧子的性状、数量和来源，明确具体，如数家珍：

> 今之矮爬狗，即古小狗之种，盖与中国狗交而渐高大者也。马镫狗，长四五寸，可藏之马镫中者。……今杭城此种甚多，其最小者，沈举人汝文家得一对自徐阁老处，紫毛可爱。

"徐阁老"即徐光启（1562—1633）。此老道貌岸然，竟也养起小哈巴，并且赠予沈举人。可知明末京杭两地的士大夫，对此宠物已有共好了。这种社会风尚，也被摄入文艺创作；除霖的《绣襦记》三一，描述过"五花马儿骑着，獬犺狗儿随着"的派头；连《西游记》第五十回，也虚构出这样的场面："后边跑出一个哈巴狗儿来，望着行者，汪汪的乱吠。"

---

① 《古典戏曲外来语考释词典》，汉语大词典出版社 2001 年版，第 401—402 页。
② 《五杂俎》，卷九。

入清之后，蓄哈巴狗之风，较前代更盛。17至18世纪，可说是哈巴狗的"黄金时代"。自北而南，同时存在三个豢养中心：北京、扬州和广州。狗主的行列，包括汉人、旗人和洋人。在市场上，哈巴狗待价而沽，已经完全商品化了。

一、北京

清代著名诗人王士禛（1634—1711），在《池北偶谈》卷二谈及自己康熙年间在北京庙会上的一段经历："尝于慈仁寺市见一波斯犬，高不盈尺，毛质如紫貂，耸耳失喙短胫，以哆哆呢覆其背，云通晓百戏. 索价至五十金。"渔洋先生不忘历史，还补上一句"亦宋太宗桃花犬之属也"。

李振声的《百戏竹枝词》，所记也是康熙时代的都门习尚。内有《哈巴狗》题序，介绍它的杂技本领如下："狗之小者也，教其拱双蹄作拜状，或呼吁如唱，或设圈十余，令其往来循行，名'狗钻圈'。"

这种"通晓百戏"的哈巴狗，既能街头献技，自然妇孺皆知。难怪《红楼梦》第三十七回写晴雯、秋纹众丫头轻狂笑谑，会将一副媚骨的花袭人讥嘲为"西洋花点子哈巴儿"了。

到了乾嘉之际，北京哈巴狗比康熙时代繁殖更多，但身价仍不减当年。黄竹堂在《日下新讴》"锦鞾骄眠拂菻花"句下注云："拂菻狗极小，今为京师土产。其种之佳者，值数十金。蓄养家怜惜爱护，甚于童稚。"黄氏不仅指出拂菻狗本土化的事实，并且披露"重狗轻人"的畸形心态，可能寓有对玩物丧志者规劝之意。

本土化的哈巴狗，是晚清京师贵族之家的宠物。陈师曾的著名画册《北京风俗》，第十六图《旗装少妇》，画上题诗云："一套新衣费剪量，淡红衫子内家妆。金铃小狗随侬走，饭罢衔烟逛市场。"可见一时风尚。著名的满族贵妇兼词人顾太清，怜惜猧儿，形诸吟咏，俱见《东海渔歌》卷二。其《浣溪沙·咏双鬟猧儿》，绘声绘影，情文并茂：

怀里温存袖里藏，蒙茸两耳系金珰。双鬟小字最相当。竹叶上帘惊月影，花枝照壁吠灯光。深夜轻睡枕头旁。

两字柔憨作性情，十分妩媚特聪明。得人怜处是天生。睡去拳拳堪入画，戏时小小可奇擎。娇音学吹未成声。

狗死主悲，顾太清又和泪写下《满庭芳·瘗鬟铭》：

> 璧月常亏，彩云易散，惜哉况我痴情。天乎何意，尤物太精灵。犹记憨憨样子，尚依稀，身畔金铃。妆台侧，衔脂弄粉，难忘小芳名。　　罡风。吹短劫，优昙才见，一霎飘零。费主人老泪，啼雨难晴。怕向瘗杨楼下，伤心处，芳草青青。栏干角，一抔黄土，记取瘗鬟铭。

顾太清词中描述的可以"袖里藏"的小哈巴，俗称"鞋狗"，是京华宠物市场上的"迷你"式珍品。晚清北京的养狗专业户，为了投合"宫中"的好奇心，不惜用药物来控制狗种的遗传，培育出一种形体特小的"鞋狗"：

> 光绪庚辛间（1900—1901），西人有自京至沪者，携鞋狗三只求售，索价百金，云得之宫中。此盖以人工之法为之：法取普通哈巴狗，搀朱砂于饭中以饲之，则所生者必小于常狗，又饲之如其母，所生者必更小。比至三四，小仅如鞋，售诸宫中，可得重价。（《古今怪异集成》下编）

至于当年宫中的御犬厩，有四名太监专司其事，以及慈禧太后本人对哈巴狗如何迷恋，德龄的《御香缥缈录》已详细披露，就不必赘述了。

二、 扬州

扬州位于长江、淮河汇合处，号称"淮左名都"，是清代"两淮盐运都转"衙门的所在地，富甲东南，人文荟萃。扬州人在18世纪追求"适性余闲"的诸多活动中，有一种就是"养小虎头狗"。据林兰痴《邗江三百吟》卷八云：

> 狗之为类不一，虎头狗较雄。扬城近日多自京都买来小哈巴狗，以取其灵，更取形之如虎者，藏而养之。但不在大，而在小。

看来"雄、灵、小"三字,就是扬州人到北京选购哈巴狗的秘诀了。

"扬州八怪"之一的金农(1687—1763),也是爱狗成癖的怪人。他遗世独立,不屑仕进,格调奇逸。汪鋆在《扬州画苑录》卷三,记下这位杰出画家与其宠物"阿鹊"的生死之交:"蓄一洋狗,名阿鹊,每食必投肉齑饲之。后阿鹊死,为诗哭之。"金农对阿鹊之死如此动情,难免在朋辈中传为佳话。著名诗人袁枚,写过一首《题冬女先生像》(《小仓山房诗集》卷二八),内有"忽共鸡谈,忽歌狗曲"之句,指的就是金农为爱狗歌哭的故实。董伟业的《扬州竹枝词》,也咏此事:"苦心文字多情事,春雨桃根瘗狗铭。"

三、广州

清代广州最著名的哈巴狗养主,是平南王尚可喜之子尚之信。平藩的"狗房",与"虫蚁房"、"雀鸟房"和"鹰鹞房"配套,建于越秀山下的沙地,"养关东猎犬及哈巴细狗"。王府的宠物养尊处优,有专人服侍:"狗有'相公'、'小哥'之号。日令宫监衣锦衫抱之以游于市。"(黄佛颐:《广州城坊志》卷一)似此行径,不能不发人遐思,想象当年在平南王血腥统治下的广州市民,一旦逢到"小哥"们出游,恐怕对这类官狗是避之唯恐不远的。

康熙十九年(1680),尚之信于"撤藩"后被清廷赐死,他的"狗房"也散伙了。至二十四年(1685)粤海设关,洋人洋狗接踵而来,十三行成了新的宠物中心。下面是清凉道人的目击记(《听雨轩笔记》):

> 予于广东十三行见洋犬数对,状如巨茄,与常犬初生者无异,色为黑、白、苍褐三种,摇尾点头,性甚驯扰,每对值番钱二三十元。

乾隆四十七年(1782),山东嘉祥举人曾七如,也在广州的荷兰馆亲眼见过被称为"短狗"的洋犬(《小豆棚》卷一六《南中行旅记》)。当年按番钱论价的洋犬,估计是直接从澳门输入的,与北京土生的哈巴狗,同祖异宗:一从西域来,一从南海来。屈大均《广东新语》卷二一早已提供这方面的信息:"蚝镜澳多产番狗,矮而小,毛若狮子,可值十余金。"至于各类番狗的性状,《澳门纪略》卷下已经逐一登录,就不赘引了。

道光十四年（1834），广州洋商在街头张贴寻找洋狗的赏格，蔚为奇观。失主为瑞行和荷兰馆，大狗名"罗弗"，小狗名"博普"。悬赏花红，计大者二大洋，小者一小洋。事详亨特著《广州番鬼录》。

顺带说明一下，哈巴狗早已入画，而且南宋诗人王炎也曾在《题徐参议所藏唐人浴儿图》（《宋诗纪事》卷五四）加以吟咏，"有犬斓斑受摩抚，与人习熟无猜疑"。晚明的佚名春宫画《惊春图》，甚至将哈巴狗画成幽会的卫犬，真是别出奇想了。但从画论的高度来论证其审美价值，则为清代广东画家所首创。嘉、道年间岭南名师郑绩，新会人，著《梦幻居画学简明》，在"论兽畜"章中提出如下的新见解：

> 狗为家畜，其形式固多，更有一种番狗，高三尺如小马，或黑或白或苍。又一种小番狗，毛长如狮，入画更趣。凡狗头如葫芦，耳如蚬壳，其腹则上大下小，其尾则常竖摆摇，种类虽多不外实毛松毛两种耳。画宜以写狮写马之法参之。

在这里，郑绩明确主张番狗可作国画题材，并对技法和造型精心策划，如果说这是在艺术理论上第一次为哈巴狗创立"画格"，也许不至于言过其实吧。到了清末，天津杨柳青年画，也有哈巴狗形象了。

自李唐来，世人甚爱"猧子"。此中秘密，借用郑绩前面说过的话，就在一个"趣"字。哈巴狗既非门犬、猎犬，更不是力能负重的雪犬。如果仅仅着眼于功利，说"百无一用是哈巴"，并不过分。在历史和现实中，它之所以得宠，犹如鱼类中的金鱼、鸟类中的鹦鹉，完全是因为此犬具有常犬所无的那种观赏价值，能够牵动思绪，令后宫佳丽乃至文人雅士乐观其态、其慧，及其对人的若即若离的依恋。哈巴狗作为移情对象的独特作用，是任何其他物种所无法取代的。因此，从西域来的拂菻狗，尽管无补于国计民生，但对中国人的精神生活，毕竟带来了新的乐趣。正是在这样的意义上，它才成为华夏文化中雅俗共赏的一绝，历千年而不衰。至于哈巴狗的豢养属于有闲阶级的炫耀性消费，凡勃伦的《有闲阶级论》已经对这类宠物作过经济学分析了。

关于哈巴狗源流的回顾，是一项"长时段"的作业，要跨越唐、宋、元、明、清五代。有关资料分散流失，犹如断线铜钱，难以收拾。以上粗略的考察，倘能阐述"猧子也是中西文化交流的镜子"于百一，作者到故纸堆中"寻狗"，也就不算是"可怜无补费精神"了。

最后，将爬梳所得的哈巴狗二十一个异名辑录成表，权当全文的小结。

历代哈巴狗异名录

朝代	名称	地区
唐	拂菻狗	高昌
	康国猧子	长安
	白雪猧儿	长安
	花子	洛州
宋	猧子	汴京
	桃花犬	汴京
元	金毛猱狗	大都
	哈巴狗儿	亳州
明	獬犼小狗	北京
	矮爬狗	杭州
	马镫狗	杭州
清	波斯犬	北京
	哈巴狗	北京
	西洋花点子哈巴儿	北京
	拂菻花	北京
	鞋狗	北京
	虎头狗	扬州
	洋狗	扬州
	哈巴细狗	广州
	短狗	广州
	番狗	广州

附录

蔡鸿生主要著述目录

[1]《蔡鸿生史学文编》,广东人民出版社 2014 年版。
[2]《读史求识录》,广东人民出版社 2010 年版。
[3]《学境》,中山大学出版社 2007 年版。
[4]《中外交流史事考述》,大象出版社 2007 年版。
[5]《俄罗斯馆纪事(增订本)》,中华书局 2006 年版。
[6]《仰望陈寅恪》,中华书局 2004 年版。
[7]《唐代九姓胡与突厥文化》,中华书局 1998 年版。
[8]《清初岭南佛门事略》,广东高等教育出版社 1997 年版。
[9]《尼姑谭》,中山大学出版社 1996 年版。